EVA-MARIA UND WOLFRAM ZURHORST
Liebe dich selbst und entdecke, was dich stark macht

Zu diesem Buch gibt es auch eine Übungs- und Meditations-CD bei Arkana Audio:

Liebe dich selbst und entdecke, was dich stark macht.
Praxisprogramm (1 CD, 33972)

Von den Autoren sind im Goldmann Taschenbuch außerdem erschienen:

Liebe dich selbst und es ist egal, wen du heiratest (21903)
Liebe dich selbst und freu dich auf die nächste Krise (21969)

EVA-MARIA & WOLFRAM ZURHORST

Liebe dich selbst

und entdecke,
was dich stark macht

Der Königsweg aus Burn-out
und Beziehungsstress

GOLDMANN

Dieses Buch basiert teilweise auf überarbeiteten Auszügen aus dem Buch *Liebe dich selbst, auch wenn du deinen Job verlierst*, das 2009 bei Arkana, München unter Mitwirkung von Dr. Christoph Quarch erschienen ist.

Verlagsgruppe Random House FSC-DEU-0100
Das für dieses Buch verwendete FSC®-zertifizierte Papier
Enviro liefert Cordier Spezialpapier GmbH, Bad Dürkheim, Deutschland

3. Auflage
Vollständige Taschenbuchausgabe Dezember 2012
© 2009 und 2012 Arkana, München und Wilhelm Goldmann Verlag, München
in der Verlagsgruppe Random House GmbH
Lektorat: Diane Zilliges
Umschlaggestaltung: UNO Werbeagentur, München
Umschlagmotiv: Design Team München, Fond: FinePic®, München
WL · Herstellung: cb
Satz: EDV-Fotosatz Huber/Verlagsservice G. Pfeifer, Germering
Druck und Bindung: CPI – Ebner & Spiegel, Ulm
Printed in Germany
ISBN: 978-3-442-22022-9
www.goldmann-verlag.de

Für unsere Väter

Finde heraus, was du tun willst,
und tue es dann aus vollem Herzen.
Buddha

Inhalt

Brief an die Leser................................... 9
Spaß bei der Arbeit – Glück in der Liebe.................. 11
Erst die Arbeit, dann das Vergnügen?.................... 15

I. Teil: Erfahrung

Mit sofortiger Wirkung 27
Der Anfang im Ende............................... 41
Wieder zu Hause – Fluch oder Segen?.................. 51
Zu schnell zurück 64
Von Ehefrauen, Exkollegen und anderen gut meinenden
Ratgebern 71
Weniger Karriere, mehr Leben 80
Eine Krise trifft selten nur einen allein – oder: Krise im Job,
Krise zu Hause................................... 89
Sparringspartner 100
Mehr Angst vor der Arbeit oder vor der Arbeitslosigkeit?..... 105
Beruf oder Berufung?.............................. 114
Wie der Elefant seine Freiheit entdeckte 129
Wenn Gefühle zu Widerstandskämpfern werden............ 143

II. Teil: Der Königsweg

Rückkehr ins eigene Leben 157
   Bestandsaufnahme. 159
   Lernen Sie Ihre Komfortzone kennen 162
   Seien Sie bereit, mit Frustration umzugehen 164
Wie Sie Blockaden in Ressourcen verwandeln 170
   Lernen Sie innere Zielkonflikte zu lösen. 171
   Sorgen Sie für inneren Dialog und Verbindung. 176
Abgucken erlaubt! Suchen Sie sich Vorbilder 179
   Bleiben Sie bei sich. 180
   Suchen Sie sich Mentoren und Gleichgesinnte. 182
   Gehen Sie ungewöhnliche Wege. 184
   In Vorbildern die eigenen Ressourcen entdecken 187
   Verabschieden Sie sich vom Vergleichen 188
Sie brauchen Licht, Dünger und den richtigen Boden. 190
Stopp sagen und den Sprung wagen. 203
Nur wenn Sie Ihr Leben verändern, verändert sich Ihr Leben . . 217
   Still werden und bei sich ankommen. 219
   Ankommen, Annehmen und Anheben 222
   Durch die Angst hindurchgehen 225
   Ziele von innen erreichen 227
Führung ist passiv 232

Nachwort 241
Danke 247
Literatur 249
Kontakt zu den Autoren. 251

Brief an die Leser

Liebe Leser,

bei diesem Buch ist vieles anders als bei all unseren bisherigen Büchern. Ende 2009 bekamen wir eine E-Mail von einer Leserin unseres damals gerade erschienen Titels *Liebe dich selbst, auch wenn du deinen Job verlierst.* Sie schrieb uns: »Schade um dieses Buch. Es hat mir so geholfen, aber warum hat es so einen schrecklichen Titel, dass ich es vor anderen Leuten verstecken muss?« Sie erzählte in ihrer Mail, dass sie das Buch auf dem Küchentisch hatte liegen lassen, als sie Besuch bekam. Und wegen des Titels hätte sie sich dann peinliche Fragen anhören müssen, wie etwa ob sie keine Arbeit mehr habe. Nun würde sie es immer weglegen, wenn jemand käme, und es auch niemandem weiterempfehlen.

Nur ein paar Tage später rief uns eine Mitarbeiterin aus unserem Verlag an und druckste herum. Leider hätten Buchhandlungen geplante Lesungen mit uns abgesagt, weil sie den Titel des neuen Buches in Zeiten der Wirtschaftskrise zu provokant fänden. Und bald kamen die ersten Retournierungen von Buchhändlern, weil der Titel die Käufer verschrecken würde.

Wir beide waren genauso sprachlos wie alle im Verlag, die an dem Buch mitgewirkt hatten. Selten waren wir als ganzes Team mit so viel Herzblut und Überzeugung gemeinsam am Werk gewesen wie bei diesem Buch. Wir alle waren uns sicher, den Lesern ein kraftvolles

Werkzeug für den Umgang mit Jobverlust, Burn-out und Beziehungsstress gerade in den damaligen Hochzeiten der Wirtschaftskrise an die Hand zu geben. Wir wollten ihnen einen Weg zu ihrem Potenzial für ein Leben in mehr Verbundenheit und in ihre Berufung zeigen. Wir wollten Mut machen und nicht Angst.

Es hat uns nicht in Ruhe gelassen, dass unser Titel die Leser so verschreckte und das Buch deshalb seine Wirkung nie in vollem Umfang entfalten konnte. Bis heute haben wir alle unseren Glauben an dieses Projekt nie verloren. Und so haben wir uns in diesem Jahr entschlossen, es noch mal neu anzugehen. Natürlich unter einem neuen Titel: *Liebe dich selbst und entdecke, was dich stark macht.* Aber auch mit viel neuem Inhalt, einem stärkeren Fokus auf Partnerschaft und einer kraftvollen Ergänzung: einem CD-Arbeitsprogramm mit dem gleichlautenden Titel *Liebe dich selbst und entdecke, was dich stark macht,* mit dessen Übungen Sie Ihre Stärke nicht nur entdecken, sondern auch tatsächlich ins Leben bringen und Ihre Ängste überwinden können.

Von Herzen unser Dank an alle, die immer an dieses Projekt geglaubt haben!

Eva-Maria und Wolfram Zurhorst
August 2012

Spaß bei der Arbeit –
Glück in der Liebe

Eigentlich ist die Vision, von der dieses Buch getragen ist, eher schlicht: Wir glauben, dass Beziehung und Beruf enger zusammengehören, als viele sich eingestehen. Dass sie beide nach den gleichen Gesetzen funktionieren. Und dass wir selbst und unsere Partnerschaften genauso unsere Leidenschaft, unsere Aufmerksamkeit und unser Engagement brauchen wie unser Beruf.

Wir sind außerdem überzeugt – und fühlen uns von immer neuen wissenschaftlichen Forschungsergebnissen bestätigt –, dass jeder Mensch große Ressourcen in sich trägt, die ihn befähigen, ein Leben in Harmonie und Fülle zu leben. Vorausgesetzt, er findet den Weg, diese Ressourcen für sich zu nutzen.

Und wir glauben, dass diese Welt, unsere Partner und unsere Kinder zur Reorientierung und Heilung dringend Menschen brauchen, die den Mut haben, dem Ruf ihres Herzens zu folgen und ihr volles Potenzial zu entfalten. Die bereit sind, Sicherheit und Erfolg versprechende, aber auslaugende Karrieren gegen einen anfänglich unüberschaubaren Weg in die eigene Berufung und mehr Nähe zu sich und zu anderen einzutauschen. Menschen, die wieder stärker auf die eigene innere Führung und ihre natürlichen Stärken vertrauen. Die ihre Gaben ins Leben bringen und damit auch die Menschen um sie herum inspirieren, das Gleiche zu tun. Menschen, die für Gesundung und Wandel in ihrem Leben sorgen und deshalb auch in der Lage sind, für Gesundung und Wandel auf dieser Welt zu sorgen.

Wir erleben seit einiger Zeit eine deutliche Veränderung bei den Menschen, die zu uns kommen und nach Rat für ihre Beziehung suchen. Immer häufiger klagen vor allem Männer darüber, dass sie sich in einem Spagat zwischen ihrem Beruf und ihrer Partnerschaft fühlen. Dass sie Angst haben, ihre Frauen zu verlieren, wenn sie weiter wie bisher arbeiten. Aber auch Frauen stellen ihre Karrieren zunehmend infrage. Wohlstand und berufliche Anerkennung bringen nicht die erhoffte Erfüllung. Männer wie Frauen fühlen sich gehetzt, ausgebrannt und müde und finden kaum Ruhe für sich oder für echte Zweisamkeit.

Wie geht es Ihnen? Haben auch Sie das Gefühl, dass Arbeit und Beziehung in keiner gesunden Balance sind? Sehnen auch Sie sich nach Veränderung? Nach mehr Lebendigkeit, Freiheit und Erfüllung in Beruf und Partnerschaft? Fühlen Sie sich festgefahren oder ausgelaugt? Sind Sie des gewohnten Räderwerks müde? Stecken Sie beruflich in einer Sackgasse? Fühlen Sie sich desorientiert und überfordert ob der unzähligen Anforderungen? Haben Sie das Gefühl, Ihre Software in Sachen Work-Life-Balance ist veraltet? Und sehnen Sie sich nach einem Update?

Die Software, die wir Ihnen hier vorstellen wollen, trägt den auf den ersten Blick vielleicht herausfordernden Titel: *Spaß bei der Arbeit – Glück in der Liebe.* Das mag für manch einen unter Umständen etwas verwegen, zu risikoreich oder gar realitätsfern klingen. Tatsächlich ist es praxisnah und entspricht unser aller natürlicher Veranlagung.

Wie wäre es, wenn *Spaß bei der Arbeit – Glück in der Liebe* zu Ihrem neuen Lebensmotto würde? Das ist es zumindest, wofür wir Sie hier begeistern möchten: für ein neues, lebendigeres, gesünderes und erfüllendes Lebensmodell und eine engere Verbindung zwischen Beziehung und Beruf, in der Sie wieder aufblühen und zu Ihrer natürlichen Stärke zurückfinden können. Wir möchten Sie dazu ermuntern, Beziehung und Beruf in eine harmonische, sich gegenseitig befruchtende Verbindung zu bringen und dabei Ihre Berufung zu entdecken.

Wir sind davon überzeugt, dass Berufung nichts ist, das nur wenigen vom Leben besonders reich Beschenkten vorbehalten bleibt. Jeder von uns hat seine Berufung. Sie ist die unverwechselbare Kombination aus Begabungen, Persönlichkeitseigenschaften und Erfahrungen, die in jedem von uns ganz individuell und einzigartig angelegt ist. Sie ist Ihr Schatz, Ihre Stärke, Ihr persönlicher Erfolgscode. Diese Anlagenkombination ist nichts, das Sie irgendwo da draußen mit einem generalstabsmäßigen Karriereplan erreichen könnten oder müssten. Sie ist Ihr Wesenskern, der nur leider oft unter Rollen, Ängsten, Wertlosigkeitsgefühlen, Pflichten und Ansprüchen verschüttet ist – und den wir hier wieder freilegen möchten.

Auch wenn es heute ganz selbstverständlich erscheint, eine deutliche Trennlinie zwischen Beruf und Privatleben, zwischen Job und Beziehung zu ziehen, so können wir Ihnen nur sagen: Beides gehört zusammen und kann sich gegenseitig enorm stärken, wenn Sie die Grenzen zwischen Arbeit und Freizeit, zwischen emotionaler Leidenschaft und beruflichem Engagement, zwischen Familie und Beruf öffnen. Der Erfolg kommt leichter, Sie haben mehr inneren Halt, Ihr Grundzustand wird entspannter, Ihr Handeln authentischer und im Umgang mit anderen verbundener, wenn Herz und Verstand in allen Lebensbereichen wieder eng beieinander sind und Sie privat wie beruflich lernen, vom Machensmodus loszulassen und mehr Sie selbst zu sein.

In diesem Sinne sind wir davon überzeugt: Wenn dieses Buch den Weg zu Ihnen gefunden hat …

Spaß bei der Arbeit – Glück in der Liebe   ∞   13

... dann ist es jetzt für Sie an der Zeit,
Ihrem inneren Ruf zu folgen,
von Altem loszulassen,
den eigenen Weg zu gehen
und das zu leben, was Sie sind.
Denn Sie haben dieser Welt und den Menschen um Sie herum
etwas zu geben.

Erst die Arbeit, dann das Vergnügen?

Wer kennt diesen Satz nicht? Kaum einer, der nicht mit dieser oder ähnlichen Ermahnungen groß geworden ist. Kaum einer, der sich als Kind nicht dagegen gesträubt hat. Aber leider auch kaum einer, dem dieses Sträuben wirklich dauerhaft geglückt wäre. Schauen Sie sich um, wie viele Menschen ihr Leben komplett nach ihrer Arbeit ausrichten. Nach dem Motto »Der Job geht vor, die Beziehung folgt« wird allen beruflichen Belangen stets ganz selbstverständlich bedingungslose Priorität vor den persönlichen oder gar familiären eingeräumt.

Auch wenn »Erst die Arbeit ...« so fest in unserer Gesellschaft verankert ist – ist dieses Programm noch zeitgemäß? Oder ist es nicht eigentlich verrückt und selbstzerstörerisch? Sorgt es nicht dafür, dass sich viele Menschen ganz selbstverständlich krank oder gar zu Tode arbeiten und dabei ihr Herz, ihre Seele, ihre Liebsten, ihren Körper und ihr Privatleben verkümmern lassen? Wir finden es verrückt. Und unsere Erfahrung zeigt, dass es Menschen, Partnerschaften und Familien extrem schaden kann.

Wenn Sie immer alles für Ihren Beruf gegeben haben, dort über viele Jahre Ihre eigenen Grenzen missachtet und Ihren inneren Impulsen sowie Ihrem Wesen keinen Raum gegeben haben, dann verkümmert Ihre natürliche Lebendigkeit. Sie verlieren die Nähe zu sich selbst und damit auch zu anderen. Wenn Sie sich in Ihrem Beziehungsleben nach mehr Verbundenheit, Lebendigkeit und Echtheit sehnen, dann geht es darum, zu lernen, wieder berührbar, lebendig und echt zu sein. Dafür braucht es neue Prioritäten und Ruheräume für Sie selbst. Das geht nicht auf Knopfdruck einmal im Jahr im Urlaub. Oder in einer kleinen Nische am Abend auf der Couch, nachdem Sie den größten Teil Ihres Tages im Job resigniert, lustlos und mechanisch oder im anderen Extrem unter dauerndem Hochdruck, getrieben, hoch effizient, aber emotional kontrolliert und innerlich abwesend waren.

Wir arbeiten seit vielen Jahren in unterschiedlichen Ländern als Coaches und haben schon Tausende von Menschen aller Altersgruppen begleitet. Überall müssen wir das Gleiche erleben: nämlich dass die klassischen, oft statischen Beziehungs- und Berufsmodelle nicht mehr funktionieren. Die traditionellen Modelle sind für die heutigen beruflichen, gesellschaftlichen und persönlichen Anforderungen so hilfreich wie eine Software von 1962 zur Datenverarbeitung auf einem Computer von 2012.

Unsere Gesellschaft bewegt sich gerade mit wachsender Geschwindigkeit durch die am tiefsten greifende Transformation seit der industriellen Revolution. Die Globalisierung reißt alle Grenzen ein. Das Tempo der Entwicklungen verwandelt Unternehmen und die Menschen, die in ihnen arbeiten, rasant. Konstante, beständige Lebensläufe, die noch die Generation unserer Eltern prägten, gehören zunehmend der Vergangenheit an. Stattdessen werden die Innovations- und Entwicklungszyklen immer kürzer und der Druck auf die, die mit diesen Entwicklungen umgehen, immer größer.

Unter dem Diktat des rasanten Wandels in der Weltwirtschaft und der nicht enden wollenden Finanzkrisen können vielversprechende Karrieren über Nacht genauso enden wie seit Jahren fest eingetretene, scheinbar sichere berufliche Trampelpfade. Aber auch bei denen,

16 ∞ *Erst die Arbeit, dann das Vergnügen?*

die äußerlich ungebremst in ihrem Beruf vorangehen, stellen sich immer häufiger Burn-out und Orientierungslosigkeit ein. In der Folge suchen immer mehr Menschen nach neuen Modellen für den Umgang mit ihrer Arbeit.

Und auch in unseren persönlichen Beziehungen passt vieles nicht mehr. Wer will sich heute schon auf Dauer mit einer eher funktions- und versorgungsorientierten Ehe abfinden, wie es viele in der Generation unserer Eltern und Großeltern getan haben? Wir wünschen uns heute lebendige Partnerschaften, zu denen Erfüllung und Leidenschaft genauso gehören wie Vertrauen und Familiensinn. Nur, wie soll das gehen, wenn der eine immer auf Dienstreise ist und der andere alltäglich erschöpft und ausgebrannt von seinem Job nach Hause kommt?

Es geht gar nicht – das ist unsere Erfahrung. Aber dafür geht etwas anderes: eine neue Verbindung von Job und Beziehung. Leider gehen viele von uns diese Verbindung nicht freiwillig ein. Immer noch arbeiten viele Menschen ohne Rücksicht auf ihre Gesundheit, ihren Partner, ihre Freude beim Tun oder ihr Seelen- und Privatleben ganz allgemein. Manch einer wacht erst auf, wenn ihm der Körper oder der Chef eine Grenze setzt. Auch wir brauchten Jobkrisen, um aufzuwachen und zu erleben, wie hilfreich berufliche Engpässe bei genauer Betrachtung für eine grundsätzliche und heilsame Neuausrichtung des Arbeits- und Beziehungslebens sein können.

Wenn auch zu völlig unterschiedlichen Zeiten und in unterschiedlichen Lebensumständen – beide haben wir von einem Tag auf den anderen unsere Arbeit, unsere Perspektiven und unsere Sicherheit verloren. Beide waren wir mehrfach gezwungen, uns beruflich neu zu orientieren, und x-mal haben wir auf dem Weg unserer Berufung Rückschläge erlebt. Beide können wir heute nur sagen: Diese erzwungenen Kurswechsel waren das Beste, was uns passieren konnte.

Wir haben erlebt, wie Kündigung und Burn-out dafür gesorgt haben, dass wir zu unserer Berufung finden, unsere Stärken entwickeln

Erst die Arbeit, dann das Vergnügen?

und unsere Ziele überprüfen konnten. Wir haben erlebt, wie die oft drastischen und existenziellen Einschnitte dazu geführt haben, dass unsere Rollen zerbröselten. Wie sie uns aber gleichzeitig dazu verholfen haben, stattdessen unsere inneren Bedürfnisse wieder ernst zu nehmen, unsere Prioritäten neu zu setzen, unsere Ansprüche zu hinterfragen und uns für unsere Talente, unsere Berufung und für einen ganzheitlichen, auch unsere Seele nährenden Wohlstand zu öffnen, der sich auf neuen, viel lebendigeren Wegen zeigt.

All die scheinbaren Niederlagen haben uns in Wahrheit immer wieder wachsen lassen. Jedes Mal, wenn wir ins Abseits befördert wurden, waren wir gezwungen, still zu werden. Auf einmal konnten wir ohne all die äußere Geschäftigkeit unser eigenes Herz wieder hören und die feineren Kräfte, die unser Leben durchwirken und ordnen, wieder zulassen.

Egal, wie unüberwindbar und existenziell Ihnen die Dinge in Ihrem Leben gerade erscheinen, weil Sie oder Ihr Partner sich in einer persönlichen oder beruflichen Krise befinden – mit einer neuen Sicht werden Sie erkennen, dass Sie gerade an einem Startpunkt für etwas Echteres stehen. Wenn Sie die Widerstände erforschen, verstehen und annehmen, statt sich in die Rolle des Opfers fallen zu lassen, dann können Sie jetzt für sich oder gemeinsam mit Ihrem Partner tatsächlich auf allen Ebenen eine neue Work-Life-Balance finden. Sie werden sehen: Sie müssen keine perfekt funktionierende Erfolgs- und Geldbeschaffungsmaschine sein, um eine wirklich gute Arbeit zu tun und gut versorgt zu sein. Es braucht weder Selbstausbeutung noch die Abspaltung Ihrer Gefühle, wenn Sie privat wie beruflich echten Erfolg wollen. Nämlich Erfolg, der damit zu tun hat, dass Sie sich wieder mehr mit sich im Einklang und lebendiger fühlen. Dass Sie Freude in Ihrem unmittelbaren Tun finden, sich den Menschen in Ihrer Umwelt näher, in den Hüften beweglicher, im Herzen erfüllter und im Körper vitaler fühlen.

18 ∞ *Erst die Arbeit, dann das Vergnügen?*

Wenn Sie sich nach dieser Art von spürbarem Erfolg sehnen, dann sollten Sie dem Wandel in Ihrem Leben vertrauen und nicht gegen ihn angehen. Falls Ihnen gerade etwas Altes wegbrechen sollte – hören Sie auf, es mit aller Macht festhalten zu wollen. Folgen Sie lieber dem Weg, auf den Sie gerade geschubst werden – auch wenn er Ihnen fremd vorkommt und er Sie vielleicht sogar erst einmal ängstigt.

Wenn Sie mit einem Auslösungs-, Umbau- und Neuausrichtungsprozess wach umgehen, sich bewusst für einen Neuanfang entscheiden und bereit sind, ein Risiko einzugehen und die Herausforderung anzunehmen, werden Sie garantiert an einem besseren Platz in Ihrem Leben landen als dem, von dem Sie gerade weggerissen werden. Wenn Sie sich jetzt erlauben, mehr von Ihrem Leben zu wollen, als das, was Ihnen gerade genommen wird, wenn Sie beginnen, die Bedürfnisse Ihres Herzens genauso ernst zu nehmen wie Ihre beruflichen Ziele, dann wird sich alles in einer natürlichen Perfektion neu sortieren. Es wird sich auf eine Weise gestalten, die Sie nie für möglich gehalten hätten, als Sie es noch mit allem Druck und doppelter Leistung erzwingen wollten.

Lassen Sie los! Klingt verrückt? Gerade in diesen Zeiten, in denen Finanz- und Wirtschaftsmärkte weltweit auf immer wackeligeren Füßen zu stehen scheinen und für politische und gesellschaftliche Verunsicherung sorgen. Gerade jetzt, wo viele um Sie herum deshalb noch mehr kämpfen und sich von zunehmendem Sicherheitsdenken immer weiter antreiben lassen. Da sollen Sie ausscheren und den entgegengesetzten Kurs einschlagen?

Ja, genau das schlagen wir vor! Schauen Sie sich doch einfach auf den vertrauten, scheinbar normalen Trampelpfaden um: Müdigkeit, Ausgebranntheit, Erschöpfung, Isolation und ausgelaugte, unter Routine erstarrte Beziehungen … Vielleicht klingt unser Vorschlag ja nur für Ihren Kopf mit seinen gewohnten Denkmustern und Konditionierungen verrückt. Aber was ist mit Ihrem Herz?

Erst die Arbeit, dann das Vergnügen?

Ist es nicht eigentlich verrückt, sich wie die meisten von uns Tag für Tag im Job unter Druck zu setzen und mit den Kräften Raubbau zu betreiben? Ist es nicht tatsächlich verrückt, den beruflichen Anforderungen das eigene Wesen, die Gefühle, die Partnerschaft und die Familie zu opfern?

Für uns ist das mittlerweile verrückt. Deutlich verrückter als der Weg, auf den uns unsere Krisen gebracht haben. Sie haben uns jede sichere Perspektive genommen und uns gezwungen, wieder zu fühlen. Auf einmal mussten wir auf uns selbst vertrauen, weil es draußen nichts mehr gab. Auf einmal waren wir gezwungen, im Moment zu leben und einen Schritt nach dem anderen zu tun, ohne zu wissen, wo es weitergeht. Natürlich hat uns das am Anfang Angst gemacht. Natürlich waren wir tief verunsichert. Aber rückblickend betrachtet war es ein Segen, dass jeder von uns aus seiner Komfortzone und von den vertrauten, aber starren beruflichen Gleisen geschubst wurde.

Seien Sie mutig und legen Sie eine neue Meßlatte für Erfolg, Wachstum und Wohlstand an. Fragen Sie sich: Macht mir meine Arbeit wirklich Spaß? Fühle ich mich in meinem Tun lebendig? Kann ich in diesem Job meine Talente einbringen? Fördert er das Zusammensein in meiner Familie? Bringt er spürbaren Wohlstand auf unterschiedlichen Ebenen? Lässt er mir Raum für Genuss, Stille und Entfaltung? Bringt er mir und anderen Glück und Zufriedenheit?

Im Gegensatz zu früher, als wir noch in den alten, scheinbar sicheren Karrieregleisen unterwegs waren, können wir diese Fragen heute überwiegend mit Ja beantworten. Können Sie das auch? Wenn nicht, dann könnte dieses Eingeständnis der Startpunkt sein. Genau jetzt können Sie damit beginnen, Ihrem Herzen zu folgen, Beruf und Beziehung in Balance zu bringen und einfach wieder mehr Spaß am Leben zu haben.

Wie wäre es also mit folgendem Update Ihrer Arbeits-Software: »Ich bin es mir wert, jetzt alles zu lassen, das mir Kraft raubt und mich daran hindert, meinem Wesen und meiner persönlichen Wahrheit zu folgen.« Und wie wäre es mit einer neuen Sicht auf die Dinge: »Meine Krise hat sich mir gerade deshalb in den Weg gestellt, weil ich auf dem falschen Weg war. Sie hilft mir, meine innere Navigation wieder zu entdecken, um mit dem Wind und nicht gegen ihn auf Kurs zu kommen.«

Tatsächlich trägt jede berufliche genauso wie natürlich auch jede Beziehungskrise – richtig verstanden – enormes Wachstums- und Wandlungspotenzial in sich. Deshalb werden wir Sie ermutigen und anleiten, einen beruflichen und damit meist auch persönlichen Tiefpunkt als Startrampe für ein neues, gesünderes und kraftvolleres Leben, mehr Befriedigung bei der Arbeit und eine Vertiefung der Partnerschaft zu nutzen. Sie können sich von der Krise führen lassen, statt gegen sie anzugehen. Sie können an ihr wachsen, zu neuer Stärke und neuen Perspektiven finden.

Keine Sorge, wir sind keine Utopisten und leben auch nicht im Fantasialand. Wir hegen große Leidenschaft für Selbstdisziplin und Selbstüberwindung. Wir sind durch und durch Praktiker und geben anderen Menschen nur weiter, was wir selbst durchlebt, verstanden und im Alltag erprobt haben. Deshalb werden wir Sie auch hier an gelebten und erprobten Erfahrungen teilhaben lassen. Und zwar nicht nur an denen, die wir über viele Jahre als Berufs- und Beziehungscoaches gesammelt haben. Wir werden auch unsere ganz persönlichen Erfahrungen mit Ihnen teilen, aus den Zeiten, als auch wir scheinbar vor dem beruflichen Aus, in Wahrheit aber eben am Beginn eines völlig neuen Lebensabschnitts standen, in dem unsere Persönlichkeit, unsere Partnerschaft und unsere Arbeit noch einmal neu erblühen durften.

Im Praxisteil des Buches und im begleitenden CD-Arbeits- und Selbstentwicklungsprogramm werden wir Ihnen konkret und praxistauglich zeigen, wie Sie Ihr Potenzial klarer identifizieren und entfalten, wie Sie Ihren persönlichen, maßgeschneiderten Lebensent-

Erst die Arbeit, dann das Vergnügen?

wurf selbst entwickeln und im Alltag gestalten können. Dazu werden Sie lernen, wie Sie besser zur Ruhe kommen und mehr Raum für sich finden. Wie Sie von innen her, aus sich selbst heraus neue, wirklich befriedigende Ziele entwickeln, die eigenen Potenziale deutlicher erkennen, Ihre Berufung Schritt für Schritt entdecken und gleichzeitig herausfinden, wovon Sie sich privat und beruflich lösen sollten. Und Sie erfahren, wie Sie von innen her Kraft und Klarheit generieren, um über alte Ängste hinauszugehen und Ihre Ziele auch tatsächlich zu verwirklichen.

Neben aller Neuausrichtung und Fokussierung zielt dieses Buch aber immer auch darauf ab, dass Sie für mehr Balance zwischen Arbeit und Leben sorgen. Damit dieser Wandlungsprozess funktioniert, geht es nicht darum, sich noch mehr anzustrengen, sondern darum, Ängste zu überwinden und wieder Spaß an der Sache zu haben. Es geht darum, sich wieder mutig Freiräume zu schaffen und das Loslassen zu lernen. Darum, dass Sie Ihr Bewusstsein verändern und lernen, sich von überholten, meist unbewussten, seit Ewigkeiten verinnerlichten Programmen zu lösen.

Leider sind wir zu diesem Aufräumen in unserem Leben nur selten freiwillig bereit. Die meisten von uns bewegen sich nur unter Druck. Sie beginnen erst dann, Grenzen zu setzen, sich von ungesunden Gewohnheiten oder zerstörerischen Umständen zu lösen, wenn das Leben ihnen jeden Weg zum Weitergehen versperrt. Dann sind sie gezwungen, Neues zu lernen und zu wagen. Weil das so ist, werden wir mit Ihnen im ersten Teil dieses Buches auch nicht gleich an einer aktiven Neuausrichtung arbeiten. Zuerst werden wir Sie an unseren Erfahrungen teilhaben lassen, aus der Zeit, als wir unsere Jobs verloren haben und uns gezwungenermaßen persönlich, beruflich und in unserer Ehe völlig neu definieren mussten. Wir werden mit Ihnen im ersten Teil anschaulich und offen teilen, was uns beruflich ins Aus manövriert und was unserer Beziehung geschadet hat. Und wir werden Ihnen zeigen, wie wir aus diesen Erfahrungen einen neuen Weg – unseren »Königsweg« – entwickeln konnten, der uns damals dann ganz unerwartet sowohl beruflich als auch persönlich sehr weit nach vorn katapultiert hat. Sie werden sehen, was wir damals tatsächlich verloren und was wir überraschend gewonnen haben.

Jeder von uns beiden hat diesen Wandel an einem anderen Punkt seines Lebens gemacht. Ich (Wolfram) war verheiratet, Vater, Ernährer, mein Leben lang immer in der gleichen Branche und in Sachen Karriere gewohnt, auf der Überholspur zu fahren. Bis mich völlig überraschend und ohne Vorwarnung eines Tages die Kündigung mit sofortiger Freisetzung aus allem Vertrauten herauskatapultiert hat.

Mich (Eva) hat es noch als Single gleich zweimal ereilt: Erst musste ich meinen Kindheitstraum beerdigen und meinen gelernten Beruf schweren Herzens an den Nagel hängen. Und beim zweiten Mal hat mich erst ein kompletter Zusammenbruch dazu bewegen können, endlich das zu tun, was ich schon seit langer Zeit vor mir herschob: zu kündigen, ohne zu wissen, was dann kommt.

Aber wir beide haben nach Burn-out und Kündigung ein neues Berufs- und Beziehungsleben gefunden, das heute in nichts unserem alten gleicht und das wir für nichts auf der Welt gegen unsere einstige Karriere eintauschen wollten. Dieses Leben funktioniert nach völlig anderen Gesetzen und sorgt für eine ganz andere Art von Wohlstand und Erfolg. Es ist ein Leben, dessen größte Herausforderung darin besteht, auf sich selbst zu vertrauen. Und darauf, dass die eigene Arbeit nicht nur einem selbst, sondern auch dieser Welt dient, dass man tatsächlich etwas zu geben und mit anderen zu teilen hat.

Das größte Geschenk an diesem neuen Leben: Es ist lebendig und immer in Bewegung. Unsere Arbeit vermittelt uns unmittelbare Befriedigung. Wir haben zugleich messbaren äußeren Erfolg und deutlich mehr Freiheit in unserem Leben. Dieser Erfolg jetzt ist spürbar ein Ausdruck unserer natürlichen Talente und Gaben und des Engagements für eine Sache, die uns am Herzen liegt.

Erst die Arbeit, dann das Vergnügen?

Früher hatten wir völlig unterschiedliche Jobs und eine schmale, abgetrennte Nische fürs Privatleben. Heute hingegen gibt es eigentlich keinen Job mehr. Und auch keine Privatlebenecke, die allabendlich mit: »Hallo Schatz, wie war's bei der Arbeit…?« eingeläutet wird. Wir leben mehr und mehr uns selbst, orientieren uns enger und feiner justiert an unseren individuellen Stärken und sorgen immer mehr für ein gesundes Leben, das uns nährt. Daraus speist sich unsere Arbeit, genauso wie unsere Beziehung, unsere Familie oder die Dinge, die jeden von uns sonst noch begeistern.

Sind Sie bereit für die Rückkehr von Lebendigkeit und Lebensfreude? Für die Gestaltung eines neuen beruflichen Profils? Für neuen Erfolg? Sind Sie bereit, wieder eine intensivere Beziehung zu leben? Haben Sie Lust, noch ein paar Ihrer Talente zu entdecken und auszuprobieren? Wie wäre es, wenn Sie mit Ihrer Arbeit dieser Welt noch etwas zu geben hätten? Hüpft Ihr Herz bei dem Gedanken daran, mehr von sich mit Ihren Kindern zu teilen? Das alles ist uns nach dem Zusammenbruch unserer einstigen beruflichen Modelle und alten Erfolgsrollen zuteil geworden. Und es ist auch Ihnen möglich.

I. Teil
Erfahrung

Mit sofortiger Wirkung

Wenn Sie wie ich (Wolfram) schon einmal die Erfahrung gemacht haben, beruflich komplett aus der Kurve geschleudert und von einem Tag auf den anderen gekündigt zu werden, dann wissen Sie, dass Sie diesen Moment im Leben nicht mehr vergessen werden. Vor allem dann nicht, wenn der Schock Sie aus heiterem Himmel zu treffen schien, also zumindest auf bewusster Ebene unvorbereitet über Sie hereinbrach. Wirklich vorbereiten kann man sich auf so eine Situation gar nicht. Und das ist vielleicht auch ganz gut so. Denn wenn ich daran zurückdenke, wie es mir bei der Verkündung meiner Kündigung ging, dann war es, als ob von mir selbst abgetrennt worden sei und nur noch irgendein fremdes Wesen in mir reagierte.

Es war ein Montagmorgen im Spätsommer. Ich arbeitete als Geschäftsführer in der Modebranche. Nichts deutete darauf hin, dass dieser Tag mein ganzes Leben verändern würde. Wie sonst auch war ich zur Firma gefahren. Wie sonst auch war ich in mein Büro gegangen. Und auch als mich die Vorstandssekretärin anrief und mir sagte, einer der Vorstände würde gern mit mir reden und ich möge doch bitte gleich vorbeikommen, ahnte ich nichts Böses. Bis der Vorstand mir gegenüber in einem Besprechungsraum Platz nahm und unvermittelt und mit unbewegter Miene sagte: »Herr Zurhorst, Sie wissen ja, dass wir umstrukturieren müssen. In diesem Kontext haben wir uns auch Gedanken über Sie gemacht. Wir schätzen Sie sehr, aber wir haben im ganzen Konzern nichts gefunden, von dem wir glauben, dass es für Sie passt. Und deswegen wollen wir den Vertrag mit Ihnen aufheben.«

Rums! Ich fühlte mich wie schockgefroren. Aber ehe ich denken konnte, schaltete sich auch schon gleich – nüchtern und korrekt, wie er war – der Personalchef ein: »Herr Zurhorst, wir wollen Ihnen keine Steine in den Weg legen, und wir werden eine gute Lösung für Sie finden.« Dann wieder der Vorstand: »Wir haben Ihnen auch nichts vorzuwerfen. Es passt einfach nicht mehr.« Von da an war ich sprachlos. Da waren noch Floskeln. Aber alles war längst endgültig. Die Worte, die ich hörte, schienen aus weiter Ferne zu kommen: Ich solle jetzt mal nach Hause gehen und die Dinge mit der Familie besprechen. Im Übrigen wäre ich mit sofortiger Wirkung freigestellt.

Das war der Beginn der größten beruflichen Krise in meinem Leben. Ich ging in mein Büro, sagte meine Termine ab, packte meine Sachen und machte mich auf den Heimweg. Meine Zukunft war von einem Moment auf den anderen im Nebel versunken. Ich saß wie versteinert, fast taub in meinem Noch-Dienstwagen und lenkte ihn mechanisch nach Hause. Nur ein einziges Gefühl hatte immer wieder die Kraft, meine schockartige Lähmung zu durchdringen: Ohnmacht. Nach all den Jahren von ununterbrochenem Aufstieg und Machtzuwachs war ich auf einmal von einer Minute auf die andere ein Opfer. Einer, den sie hinterrücks kalt erlegt hatten. Einer, dem sie Unrecht getan hatten.

Finanz- und Wirtschaftskrisen, rasanter Wandel im gesamten Weltmarkt, Kündigung, Konkurs, Burn-out – in Zeiten wie diesen haben viele von Ihnen ihre eigenen schmerzlichen Begegnungen mit beruflichen Endstationen. Manchmal ist es der falsche Chef, manchmal die falsche Abteilung, das falsche Produkt, das falsche Unternehmen. Jeder von uns macht im Rahmen seiner beruflichen Laufbahn Erfahrungen, in denen er das Gefühl hat, dass ihm Unrecht geschieht, ihm

Steine in den Weg gelegt werden oder er sich am Ende einer Sackgasse sieht, aus der er keinen Ausweg zu finden scheint.

Der Umgang mit solchen Widerständen ist von Mensch zu Mensch unterschiedlich. Die wenigsten nutzen sie allerdings zu echtem innerem Wachstum, zur Selbsterkenntnis und als Startrampe für einen mutigen Schritt nach vorn. Im Laufe unserer Arbeit mit Menschen haben wir bei den meisten erlebt, dass sie in Krisensituationen entweder zum Angriff oder zu Ablenkung und Verdrängung neigen. Aber kaum jemand stellt sich die simplen Fragen: Was kann ich hier gerade lernen? Wozu ist diese erzwungene Vollbremsung in meinem Leben gut? Wohin zwingt sie mich, wohin hätte ich schon lange freiwillig gehen sollen? Was hätte ich schon lange loslassen sollen?

Wenn Sie sich in Zeiten beruflicher Engpässe oder scheinbarer Endstationen nicht in eine Vermeidungshaltung flüchten oder in Beschuldigungen verlieren, können Sie immer etwas Wichtiges lernen.

Eine berufliche Krise ist nicht das Ende. Sie dient der Kurskorrektur. Wir sind in einer Sackgasse gelandet, weil wir unseren inneren Signalen lange keine Aufmerksamkeit geschenkt haben. Die Krise rüttelt uns wach, zwingt uns aus unserem sicheren Trott in die Präsenz. Nehmen wir sie an, bringt sie uns zurück in die Aufmerksamkeit unserem Inneren gegenüber. Verarbeiten wir sie bewusst, führt sie uns aus der Sackgasse wieder auf den für uns richtigen Weg.

Betrachten Sie also Ihre Krise als Weckruf, der Ihre gewohnheitsmäßige Taubheit gegen Ihre innere Stimme durchdringt. Das Leben ist sehr präzise: Jeden erreicht der Ruf da, wo er besonders hartnäckig weggehört hat. Aber spannenderweise gleichzeitig immer auch da, wo er seine größten Gaben hat.

Zu Hochzeiten der Bankenkrise erzählte uns der Kreditberater einer Bank von den Auswüchsen in seinem aktuellen Arbeitsalltag. Fast täglich saßen ängstliche, verunsicherte Menschen vor seinem Schreibtisch. Manche weinten, aus Angst, ihr ganzes Erspartes zu

Mit sofortiger Wirkung ∞ 29

verlieren. Andere tobten vor Wut über die Verantwortungslosigkeit der Banken. Einer habe gar vor ihm gesessen und plötzlich eine Pistole gezogen mit den Worten: »Die ist geladen! Ich lasse mir nicht gefallen, dass Sie mich ruinieren. Machen Sie sich klar, dass Sie dran sind, wenn ich mein Geld verliere.«

Vielleicht ein drastisches Beispiel für den Umgang mit einer Krise, aber doch ein exemplarisches für unseren Kontext hier: Dieser Mann fühlte sich bedroht und zückte die Waffe, um sich zu wehren. Wenn auch nicht in diesem unmittelbaren Sinne, gehen wir doch alle auf eher kriegerische Art mit den Widerständen des Lebens um. Wir kämpfen ständig gegen Feinde im Außen. Jemand dort draußen macht etwas oder auch nicht – und wir halten ihn für den Verursacher unserer Probleme. Tatsächlich funktioniert die Welt aber genau andersherum. Nicht sie ist verantwortlich für unser Glück und unser Leid. Die Welt spiegelt uns lediglich mit großer Präzision, was wir unbewusst über sie glauben. Wie viel Glück wir uns tatsächlich zugestehen und wie viel Schmerz, Zweifel und Angst wir noch unbewusst und ungeheilt in uns tragen und deshalb nach außen projizieren.

Um diesen Mechanismus deutlich zu machen, möchte ich noch mal zu unserem Mann mit der Pistole zurückkommen. Für ihn war klar: Er ist ein Opfer von äußeren Umständen. Die zugehörigen Täter sitzen auf der anderen Seite des Schreibtisches: ein Banker im Besonderen, die Banken im Allgemeinen. Bei mir waren es der neue Vorstand und der Konzern. Rückblickend kann ich in meinem heutigen Bewusstsein nur sagen: Der Mann mit der Pistole und ich, wir haben beide im Außen erlebt, woran wir innerlich – aber eben unbewusst – glaubten.

Der Mann mit der Pistole fühlte seine finanzielle Sicherheit existenziell durch die Bankenkrise bedroht. Er hatte Angst vor dem Ruin. Die Schuld am möglichen Untergang schrieb er den Bankern zu. Die Angst vor solch einer existenziellen Bedrohung und vor dem Ruin muss allerdings bereits vorher in ihm existiert haben, sonst hätte die

Bankenkrise sie nicht aktivieren können. Das Geschehen im Außen kann nur den verunsichern, der bereits Existenzängste und keinen echten Glauben an seinen eigenen Wert und Wohlstand in sich trägt. Die Menschen und das Geschehen im Außen sorgen lediglich dafür, dass diese verdrängten, aber unterschwellig aktiven Gefühle und Glaubenssätze wieder ins Bewusstsein zurückkehren.

Es geschieht oft, dass wir wieder und wieder mit den gleichen Grundthemen, Situationen, Menschentypen und vermeintlichen Bedrohungen konfrontiert werden, weil wir immer noch die gleichen, unverarbeiteten Ängste und Abwehrmechanismen in uns tragen.

Das Leben ändert sich erst dann, wenn wir uns ändern: wenn wir uns wieder uns selbst zuwenden und lernen, mit Ängsten umzugehen, Verantwortung für unsere aktuellen Lebensumstände zu übernehmen und über einschränkende Glaubenssätze hinauszuwachsen.

Egal ob bei dem Mann mit der Waffe, bei mir, bei Ihnen – falls Sie gerade eine ernsthafte berufliche Krise durchleben oder erlebt haben: Die Krise holt immer unsere verdrängten Ängste, Verletzungen und beengenden Prägungen – kurz alles, was unserem Wachstum und echtem Selbstwertgefühl innerlich im Wege steht – hervor, damit wir es endlich erkennen und heilen können.

Das trifft auf Sie nicht zu? Sie haben keine verdrängten Ängste? Das ist nur dann so, wenn Sie in Ihrem Leben im Moment genau dort stehen, wo Sie stehen wollen. Wenn Sie gerade genau das machen und erreichen, was Sie machen und erreichen wollen. Wenn sich Blockaden vor bestimmten Zielen nicht wiederholen. Wenn sich Ihre Wünsche alle erfüllen – ohne Widerstand. Aller Wahrscheinlichkeit nach ist dem aber nicht so.

Vielleicht helfen Ihnen ja zwei Zahlen, die wir beide in unserer Arbeit mit Menschen immer wieder bemühen: Die Wissenschaft geht davon aus, dass uns weit weniger als zehn Prozent unseres Selbst bewusst sind. Dagegen liegen mehr als neunzig Prozent jenseits unseres bewussten Zugriffs. Sie können sich denken, wie wenig Sie mit bewussten Vorsätzen in Ihrem Leben ausrichten können, wenn Sie es mit unbewussten inneren Kräften von über neunzig Prozent zu tun haben, die vielleicht ganz andere Ziele verfolgen. Wer sich allein mit Willenskraft das Rauchen oder sonst eine Sucht abgewöhnen will, weiß, wie schnell jedes noch so laute Ab-heute-hör-ich-damit-auf-Kommando jegliche Kraft verliert, wenn sich unsere begierige Unterwelt erst mal aufbäumt.

Wenn Sie also Zugang zu den tatsächlich wirksamen Kräften in Ihrem Leben haben wollen, dann müssen Sie einen bewussten Sprung in die vergessenen, verdrängten und verleugneten, aber höchst lebendigen neunzig Prozent Ihrer selbst wagen und lernen, mit diesen Kräften umzugehen. Im ersten Schritt hat dies allerdings vor allem etwas mit Annehmen und nicht mit Erreichen zu tun.

Wenn Sie ein bewusstes Ziel haben, beruflich den nächsten Schritt tun, eine neue Fähigkeit entwickeln, endlich Mut finden und sich von einer Angst befreien oder eine Blockade durchbrechen wollen, sich von Menschen oder Umständen lösen, die Ihnen nicht guttun – dann heißt es erst mal: innehalten.

Wenn Sie echte und dauerhafte Veränderung wollen, besteht Ihre Hauptaufgabe erst einmal schlicht darin, sich Ihrem unbewussten Widerstand, Ihren destruktiven Glaubensmustern und Gewohnheiten, Ihren beengenden, familiären Prägungen und verdrängten Wertlosigkeitsgefühlen zuzuwenden. Wenn Sie dies nicht tun und stattdessen weiter mit Kraft gegen einen Widerstand vorangehen, ist das so, als ob Sie mit angezogener Handbremse Vollgas geben. Sie können sich anstrengen, so viel Sie wollen: Irgendwann landen Sie immer wieder in (meist ähnlich beschaffenen) Sackgassen und werden von (scheinbar äußeren) Widerständen gebremst.

Innehalten und sich der eigenen Angst und dem eigenen Widerstand gegen Erfolg zu widmen, das ist nicht eben eine Beschäftigung, die unserem Ego wirklich gefällt und gegen die es für gewöhnlich heftige Geschütze und alle möglichen Ablenkungsmanöver auffährt. Da braucht es Disziplin und Mut, sich täglich neu für eine radikale Wendung zu entscheiden: weg von der Beschäftigung mit gewohnten Feindbildern im Außen, hin zu einer geduldigen Beobachtung der eigenen Gedanken und Gewohnheiten. Da braucht es eine bewusste Entscheidung, aus dem Kampf auszusteigen, demütig und still zu werden, den Blick nach innen zu wenden und geduldig etwas Neues zu trainieren. Geduld, Selbstreflexion und Demut sind zwar nicht gerade die am häufigsten propagierten Tugenden auf dem Weg zum Erfolg, aber trotzdem in Krisensituationen die entscheidenden Starthilfen für eine Wende.

Strecken Sie die Waffen! Lassen Sie all die vermeintlichen Feinde dort draußen, wo sie gerade sind. Bedanken Sie sich bei ihnen, weil sie Ihnen in der Krise etwas über Sie selbst zeigen, was Sie nicht sehen konnten. Und dann lassen Sie los und wenden Sie sich wieder und wieder sich selbst zu.

Hätte ich dies damals nach meiner Kündigung getan – ich hätte einiges in mir entdecken können. Zum Beispiel, dass ich eigentlich schon länger nicht mehr wollte. Ich hatte den Spaß, die Hoffnung und die Identifikation mit meiner Arbeit schon Monate zuvor verloren. Das war mir allerdings nie so richtig bewusst geworden. Alles, was ich merkte, war, dass ich morgens immer häufiger auf dem Weg zur Arbeit Magenschmerzen bekam. Heute weiß ich, dass unser Körper für uns immer dann einen inneren Zustand ausdrücken muss, wenn wir ihn nicht bewusst wahrhaben wollen.

Was ich mir nicht eingestehen wollte, war das, was sich eigentlich niemand von meinen Kollegen eingestehen wollte: Die Dinge drehten sich schon länger im Kreis. Wir waren zwar kompetent und hoch motiviert angetreten, ein in seinen Strukturen und Produkten nicht mehr zeitgemäßes Unternehmen mit Elan auf neuen Kurs zu bringen. Aber dabei ging es den meisten von uns viel mehr darum, den

Beweis für die eigenen unternehmerischen Fähigkeiten anzutreten, als um das Unternehmen selbst. Niemand von uns hat dieses Unternehmen wirklich geliebt. Wir alle hatten unsere eigenen Karrierepläne. Mit der Sanierung wollten wir uns und anderen etwas beweisen. Aber eigentlich nur, um dann gedanklich schon wieder in der nächsten Position oder auch im nächsten Unternehmen zu landen. Es gab keine echte Bindung.

So hat dann auch kein echter Umbruch stattfinden können. Wir waren zwar mit voller Kraft und noch volleren Terminkalendern dabei gewesen – aber nicht wirklich mit Herz und Seele. Heute weiß ich, wir haben es mit alten Mitteln und auf alten Wegen versucht. Wir wollten mit Kraft, Druck und Konkurrenz einen Wandel erzwingen. Das alles war mir so wenig wie den anderen damals wirklich bewusst. Wir kannten es einfach nicht anders. So haben wir bei zunehmendem äußerem Aktivismus weiter innerlich verdrängt.

Ich wollte mir einfach nicht eingestehen, dass ich zwar immer mehr tat, immer neue zusätzliche Geschäftsfelder aufbaute, aber all meine Bemühungen im Kern nicht fruchteten. So mied ich die Zentrale immer häufiger, statt die dringend notwendigen Klärungsgespräche zu suchen. Ich hätte um Hilfe bitten müssen, aber dazu hatte ich nicht den Mut. Denn das wäre ein Eingeständnis von Schwäche und Unprofessionalität gewesen, und ich hätte mich angreifbar gemacht. So dachte ich zumindest damals. Und so machte ich weiter und weiter und weiter …

Bis ein mir naher Vorstand als Erster am Weitermachen gehindert wurde, indem die neue Konzernführung seinen Aktivitäten mit einem sofortigen Aufhebungsvertrag ein Ende machte. Als er einfach so »gegangen wurde«, war ich geschockt. Mir war damit mein Mentor genommen. Er hatte mich ins Unternehmen geholt, wir hatten gemeinsame Ziele und Pläne. Er war immer mit Vollgas und jenseits aller Bürozeiten für den Aufbau des Unternehmens unterwegs gewesen. Und nun wurde er in einem Moment von hundert auf null gefah-

34   ∞   *I. Teil: Erfahrung*

ren. Verunsicherung machte sich leise überall auf den Gängen breit. Die Visiere wurden noch weiter heruntergeklappt. Und so fühlte ich mich der Zentrale gegenüber noch mehr auf einsamem Posten. Die Magenschmerzen nahmen zu, wenn ich morgens ins Auto stieg. Tagsüber standen dann im Büro Aktivismus, Schweigen, Festhalten und Bloß-keine-Schwäche-Zeigen auf der Tagesordnung.

Hätte ich damals auch nur einen Moment meinem Inneren zugehört und meiner Frau, die mich öfter fragte, ob es mir wirklich gut gehe, die Wahrheit erzählt, dann hätte ich mir wahrscheinlich eingestehen müssen, auf welch verlorenem Posten ich mich fühlte. Wie leer und unbefriedigend mir meine Arbeit mittlerweile vorkam. Wie orientierungslos ich war. Dass ich in Wahrheit eigentlich nicht mehr wollte.

So kam zum perfekten Zeitpunkt die perfekte Kündigung von außen in mein Leben. Wie eine stürmische Welle das Strandgut brachte sie alle Gefühle mit sich, die ich in der Vergangenheit nicht fühlen wollte: Scham, Bindungslosigkeit, Unsicherheit und Orientierungslosigkeit. Sie förderte genau das zutage, was ich partout hatte vermeiden wollen. Nämlich dass die Menschen in meiner Umgebung merken könnten, dass ich in meiner Funktion keinen Halt mehr hatte und mit meinem Unternehmen keine echte Verbindung. Genau das wurde jetzt offenkundig. Ich saß auf der Straße. Kündigung, Verlust von Ansehen und Macht. Von mir blieb nur noch die quälende Frage übrig: Wer war ich jetzt überhaupt noch ohne äußere Definition und Funktion?

Anne Koark hat ihre Firma und mit ihr ihre Altersversorgung, ihr Auto und ihre Eigentumswohnung verloren. Die damals vierzigjährige Mutter von zwei Kindern hat sich nach ihrer Insolvenz aber nicht unterkriegen lassen. Sie hat sich dem gewaltigen Prozess von Zusammenbruch und Erneuerung in ihrem Leben gestellt und das Buch geschrieben: *Insolvent und trotzdem erfolgreich*. Sieben Monate lang hielt es sich auf der Bestsellerliste für Wirtschaftsbücher. Sie sagt:

»Mit einer Insolvenz hat man die Möglichkeit, zu sich zurückzukommen. Ein Mensch ist ein Mosaik aus Stärken und Schwächen. Das macht ihn einzigartig. Manchmal kann man in einer Insolvenz aus seinen Schwächen Stärken machen. Grenzerfahrungen sind dazu da, seine Grenzen zu spüren und sie zu bewegen, sodass man positiv in die Zukunft blicken kann. Ich habe in meiner Insolvenz gelernt, wie viele Menschen an mich glauben. Sie wussten viel mehr über mich als ich selber. Allein deshalb hat die Insolvenz mich menschlich gesehen reich gemacht.«

Mittlerweile hat sie viele Auszeichnungen und Wirtschaftspreise bekommen. Gefragt nach ihrem Kernanliegen, sagt Anne Koark heute: »Ich will das Thema Insolvenz aus der Grauzone herausholen.« Und sie will die Angst vor der Pleite nehmen: »Mit einer Insolvenz lernt man sehr viel über seine eigenen Stärken. Man lernt, was man nicht verliert. Bei mir zum Beispiel waren das die Arbeitskraft, der Ideenreichtum, die Kampfkraft, der Humor und der Glaube an mich und an die Gesellschaft.«

Aus dieser Sicht sind Insolvenzen, Kündigungen und andere berufliche und wirtschaftliche Krisen maßgenaue Helfer. Heute kann auch ich nur sagen: Wenn Sie Ihre berufliche Krise wirklich ehrlich und schonungslos untersuchen – Sie werden nicht mehr länger überrascht sein. Sie werden entdecken, dass unter ihrem Druck Ihre tatsächlichen Stärken hervortreten, so als ob sie freigesprengt würden. Aber Sie werden auch entdecken müssen, dass der Engpass, in dem Sie stecken, erstaunlich präzise dem entspricht, was Sie auf einer tieferen Ebene über Erfolg und Ihre Möglichkeiten und Begrenzungen glauben.

Ich weiß, dass diese Sicht der Dinge am Anfang wirklich herausfordernd und vielleicht auch völlig unverständlich ist. Als meine Frau mich vor Jahren mit solchen Theorien zu behelligen versuchte, hab ich sie zumindest sofort abgeblockt. Erst recht, wenn sie mich mitten im Alltag mit Thesen konfrontierte wie: »*Dein Feind ist dein*

Schatten.« Was sie damit sagen wollte, war in etwa: Das, was ich in anderen ablehne, gibt es auch in mir.

Bis ich die inneren Zusammenhänge dieser These akzeptiert hatte und bereit war, sie für mich selbst anzuwenden, vergingen viele Jahre und viele aufreibende Diskussionen mit meiner Frau. Selbst heute muss ich erst mal schlucken, wenn ich Ihnen jetzt schreibe: Alles, was ich damals den beiden für meine Kündigung verantwortlichen Vorständen vorzuwerfen hatte – nämlich dass der eine angepasst, emotionslos, vor allem auf die eigene Sicherheit und den eigenen Vorteil bedacht und der andere gleichgültig und nicht greifbar war –, das gab es auch in mir.

In der Tat sind solche Perspektivwechsel wie ein Dolchstoß fürs Ego. Aber mittlerweile weiß ich, wie heilsam es ist, wenn ich wirklich mutig und mit offenem Herzen hinschaue.

Wir brauchen Mut, um alles, was wir jahrelang nach außen projiziert haben, zu uns zurückzunehmen, und ein offenes Herz, um noch tiefer zu schauen. Dann können wir sehen, wie hinter all dem die Angst regiert – bei uns ebenso wie bei anderen.

Tatsächlich gab es also damals einen Teil in mir, der angepasst, oft emotionslos und auf die eigene Sicherheit bedacht war und immer gleichgültiger und nicht mehr greifbar wurde. Diesen Wechsel von außen nach innen und vom Kopf ins Herz möchte ich Ihnen zum besseren Verständnis hier noch einmal am eigenen Beispiel deutlich machen: Meinem Vorstand warf ich Angepasstheit vor … Aus Angst passen wir uns an und werden emotionslos, das heißt, wir hören auf, unsere echten Gefühle zu leben. Wir versuchen, uns selbst zu retten und mit unserem Tun vor allem für unsere eigene Sicherheit zu sorgen, weil wir glauben, dass es kein anderer tut. Wir werden gleichgültig, das heißt, wir verlieren den Kontakt zu den Gefühlen und Bedürfnissen anderer, so wie wir ihn zu unseren eigenen verloren haben. Und wir sind nicht mehr greifbar, das heißt, wir entziehen uns jedem echten Kontakt.

Mit sofortiger Wirkung ∞ 37

Genau in diesen Zustand des Abgetrenntseins hinein hatte sich mein Leben damals entwickelt. Die Kündigung zwang mich abrupt aus diesem Vermeidungskreislauf und half mir, aus meinem erstarrten und leblosen Zustand langsam wieder aufzutauen. Die gleiche Chance hätte sich auch unserem von der Bankenkrise so sehr bedrohten Mann mit der Pistole geboten. Er hätte entdecken können, dass es das waghalsige, spekulative Vorgehen, das er den Bankern vorwarf, auch irgendwo in seinem Tun gab. Wenn er den Mut gehabt hätte, aus dem Kampf gegen den Feind hinter dem Schreibtisch auszusteigen und ehrlich nach innen zu schauen, hätte er entdecken können, dass er auf irgendeiner Ebene in finanziellen und beruflichen Dingen selbst überzieht, maximiert oder spekuliert. Und mit offenem Herzen hätte er sehen können, dass er das alles aus Angst tut. Aus Angst, dass er mit geradlinigem, mutigem und vertrauensvollem Handeln nicht bestehen kann. Aus Angst, dass es nicht genug für ihn gibt. Dass ihm jemand alles wegnehmen könnte. Dass kein anderer für ihn sorgt.

All diese Ängste sind ihm wahrscheinlich nicht bewusst. Wahrscheinlich würde er auch vehement abstreiten, dass er solche Ängste hat. Aber genau dieses Abstreiten und Verdrängen hält ihn darin gefangen und sorgt dafür, dass sie unbewusst sein Leben immer weiter bestimmen. Dass sie ihn unentwegt unerkannt von hinten antreiben. Dass sie zu seinem dunklen Schatten werden, vor dem es, egal wie sehr er sich auch anstrengt, kein Entfliehen gibt.

Solche verdrängten Ängste mutieren dann zu den inneren Stimmen, die uns permanent eintrichtern: Sorge vor, streng dich an. Du hast zu wenig. Du brauchst mehr. Es gibt zu wenig. Also sieh zu, dass du noch etwas bekommst ... Aber statt auf die Angst selbst ist unser Blick zwanghaft auf alles im Außen gerichtet, was dieser Angst zwar entspricht, ihr Auftauchen aber scheinbar verhindert. Mit unablässiger Geschäftigkeit fragen wir uns: Wie bekommen wir mehr Geld? Wo gibt es das Meiste für das wenigste Geld? Wer bietet die höchsten

Zinssätze und die schnellsten Renditen? Ah, hier bei dieser Bank! Und schon sind wir im großen Karussell gelandet, in dem alle immer mehr wollen und jeder immer weniger bereit ist, dafür auch etwas zu geben. Unsere individuelle Angst spielt jetzt in dem großen Verein mit, der genau nach ihren Spielregeln spielt.

Auch in Krisenzeiten haben wir genau den Fond, den Anlageberater, die Bank, die mit ihren vordergründigen Versprechen wie mit ihren dahinterliegenden Begrenzungen zu uns passt. Und eine Gesellschaft hat genau die Wirtschaftskrise, die ihr entspricht. Wir erleben den Zusammenbruch, vor dem wir uns so fürchten. Wir erleben im Außen, was wir auf tieferen Ebenen innerlich glauben. Denn wirklich alles auf dieser Welt funktioniert nach Gesetzen der Resonanz. Was wir verdrängen, kommt durch die Hintertür – durch unsere Schatten – im Außen immer wieder auf uns zu. Und umgekehrt: Wenn etwas von außen in unser Leben eingreift, dann nur, weil es in unserem Inneren auf ein Resonanzfeld stößt.

Wenn Sie das universelle Gesetz der Resonanz verinnerlicht haben, dann wissen Sie: Innen geht immer vor Außen. Nur in Ihrem Inneren können Sie das Leben verändern.

Nur in Ihrem Inneren können Sie entdecken, dass es im Außen keine Feinde gibt und dass es um die Ängste in Ihnen geht. Darum, dass Sie sich ihnen wieder stellen, sie sich bewusst machen und endlich mit offenem Herzen annehmen. So verlieren Ihre Ängste und mit ihnen Ihre Feinde im Außen ihre Bedrohlichkeit, und Sie bekommen völlig neue Handlungsspielräume und mehr Freiheit zur Selbstverwirklichung.

In diesem Prozess der Selbstentdeckung befreien Sie gleichzeitig auch Ihre echten Gaben und wahren Bedürfnisse und setzen natürliche Kräfte und Fähigkeiten frei. In so einem Prozess könnte sich der Mann mit der Waffe wieder auf sich selbst konzentrieren. Er könnte seinen Glauben an Wohlstand, seinen Mut und seine tatsächlichen Talente entwickeln und einen neuen Weg finden, auf dem er den er-

Mit sofortiger Wirkung ∞ 39

sehnten Wohlstand aus eigener Macht und immer unabhängiger von äußeren Krisen erschaffen kann.

Ich selbst konnte in diesem Prozess in all meine verdrängten, ohnmächtigen und erstarrten Gefühle eintauchen und dort meine Lebendigkeit und Authentizität wiederfinden. Und später auch meine wahre Berufung und den Erfolg.

Auch wenn es für unseren logischen Verstand noch so herausfordernd ist: Die jeweilige Krise war auf einer tieferen Ebene von diesem Mann, von mir und allen anderen Geschüttelten gewünscht. Ein uns noch unbewusster Teil sehnte sich nach dem Zusammenbruch eines ungesunden Lebens- und Arbeitsmodus und einem unserem Wesen und unserem Herzen entsprechenden Neuanfang. Ein altes, krankes System kollabierte, damit ein neues, echteres sich entfalten konnte.

Der Anfang im Ende

Meine Kündigung war also ein Weckruf meiner Seele. Eine Vollbremsung, die mir helfen sollte, endlich bei mir anzukommen und einen Weg zu finden, der mir, meinen Kräften, meinen Talenten und meinem Rhythmus besser entspricht als der, den ich bisher eingeschlagen hatte. Damals war ich allerdings nicht im Geringsten offen für derartige Einsichten in die heilsamen Kräfte einer beruflichen Krise. Erst recht in der akuten Phase machten mich Anmerkungen dieser Art nur aggressiv. Ich fand sie einfach nur abgehoben und indiskutabel.

Durch meine Abwehrhaltung hatte ich wenigstens noch für einen Moment einen festen Standpunkt – im Kopf, denn im Leben schon nicht mehr. Durch den Rauswurf war mir komplett mein Rahmen abhandengekommen. Mir fehlte jede Möglichkeit, mich in Aktivitäten zu stürzen, Pläne zu schmieden und mich bedeutsam zu fühlen. Ich saß zu Hause, völlig auf mich zurückgeworfen.

Die ersten Wochen waren trotzdem noch ein bisschen aufregend, weil ich mit allen möglichen Freunden und ehemaligen Kollegen telefonieren, mit ihnen über die Ungerechtigkeiten dieser Welt schimpfen und mögliche anwaltliche Schritte strategisch planen konnte. Aber irgendwann ebbte auch dieser Nachgesang auf mein Leben als Modemanager ab, und mir blieb wirklich nichts anderes übrig, als mich selbst auszuhalten.

Das fühlte sich an wie ein Albtraum, denn ich konnte immer noch nicht wirklich fassen, was da eigentlich mit mir passiert war. Mir war, als sei mir meine Identität abhandengekommen. Ich wusste nicht mehr, wer ich war und wofür ich da war. Ich hatte keine Ahnung mehr, wo mein Platz im Leben sein könnte. Ich zweifelte an mir selbst und suchte nach irgendeiner Richtung, die ich einschlagen könnte. Ja, es kam mir manchmal so vor, als ob nun alles zu Ende wäre. Ich fühlte mich gescheitert und weit davon entfernt, in dieser Kündigung etwas Gutes zu sehen.

Das Schicksal schien davon sichtlich ungerührt. Es blieb weiter bedrohlich still um mich. Da war kein Termin, keine Funktion, kein Ziel. Ich taumelte, grübelte und versuchte natürlich, so schnell wie möglich meinen alten geschäftigen Zustand wiederherzustellen. Dieses Nichts war einfach zu unerträglich. Aber sosehr ich es auch loswerden wollte, es blieb beständig an meiner Seite.

Genau an diesem zähen Nullpunkt, dem ich nicht entfliehen konnte, begann etwas in mir aufzubrechen, das ich vorher nicht wahrnehmen konnte. Ich fand einen neuen Zugang zu mir. Das passierte nicht von heute auf morgen. Und es gab auch kein bewusstes Aha-Erlebnis. Eher war es ein schleichender Prozess, bis ich endlich akzeptieren konnte, dass mir jemand anders den Stecker rausgezogen hatte und ich nichts dagegen machen konnte, außer das Stoppschild an diesem Punkt meines Weges endlich zu akzeptieren. Das war nicht leicht, denn ich hatte mir angewöhnt, mich vor allem danach zu beurteilen, was für einen Eindruck ich im Außen machte und ob ich Erfolg im Beruf hatte.

So litt ich in dieser Zeit immer wieder unter dem Gedanken, der Verlierer – gescheitert – zu sein. Ich hatte daran zu knabbern, dass ich den Dienstwagen abgeben musste. Das war wie eine Degradierung. Ich weiß noch, dass es mir unangenehm war, morgens beim Einkaufen den Frauen aus der Nachbarschaft zu begegnen. Ich schämte mich und lief im Supermarkt mit der Vorstellung herum: »Die wissen alle, was mit dir passiert ist!«

Meine andere Lieblingsfantasie war, dass es jetzt in meiner alten Firma eine große Lücke geben würde, dort wo ich einst meine Arbeit getan hatte. Aber bereits eine Woche später war meine Position hausintern neu besetzt. Das war ein weiterer bitterer Schlag für mein Ego. Ich war austauschbar. Einfach weg und vergessen.

Verunsichernd war auch, dass meine Freunde und Bekannten sich merkwürdig zurückhaltend verhielten. Als sei ich ein Kranker, den man besser nicht auf seine Leiden anspricht. Es gab viele Beileidsbekundungen, aber die meisten scheuten sich, direkt zu werden. Ich spürte, wie ihnen die Fragen und auch manche ihrer eigenen Ängste unter den Nägeln brannten, aber kaum jemand redete offen mit mir darüber. So war ich auch hier in meinem Neufindungsprozess ganz auf mich zurückgeworfen. Saß nach meistens oberflächlichen Gesprächen mit anderen wieder allein zu Hause mit meinem Zorn und meiner Scham.

Mir dämmerte, dass mir an diesem Punkt in meinem Leben keiner von meinen Freunden helfen konnte. Und auch auf meinen alten beruflichen Trampelpfaden ging nichts mehr voran. Es gab Gespräche mit Leuten aus der Branche, die ich kannte. Aber auf die eine oder andere Art verliefen sie alle im Sande. Gemeinsam mit ehemaligen Kollegen hatte ich Ideen für neue Geschäftsprojekte. Doch bei genauem Hinsehen waren die meisten Pläne zwar enthusiastisch, aber ohne echte Kraft. Headhunter klopften immer noch an. Es gab auch Vorstellungsgespräche. Aber entweder wollten die Firmen mich nicht, oder die angebotene Bezahlung oder Position war weit unter dem, was ich vorher gewohnt war. Oder die Offerten entsprachen inhaltlich überhaupt nicht meinen Fähigkeiten. Nach Jahren, in denen immer alles so leicht gegangen war, schien jetzt alles wie verhext. Egal, was ich anging, nichts wollte wirklich fruchten.

Aber auch innerlich veränderte ich mich. Je mehr Zeit verging, desto mehr schien sich etwas in mir gegen den bisherigen Weg zu sträuben. Wenn wieder ein Personalberater anrief und mir einen Job aus meinem alten Umfeld anbot, tat das zwar meinem Ego gut. Aber nach dem ersten Gefühl von »Siehst du, du bist doch noch wer!« wusste ich auf einmal gar nicht mehr klar, was ich zu den Angeboten sagen sollte. Einmal sagte ich bei so einem Gespräch sogar: »Wissen Sie was, im Augenblick tun Sie am besten gar nichts für mich. Ich muss erst mal mit dieser Situation klarkommen. Rufen Sie mich doch in zwei Monaten noch mal an.«

Vor dem Hintergrund, dass ich eine Familie zu ernähren und keine großen Reichtümer auf dem Konto hatte, schien diese Antwort verrückt. Natürlich stieg der Druck in mir, wieder Geld verdienen zu müssen. Und ich weiß noch, dass mich diese Antwort selbst überraschte. Aber sie war aus dem Herzen gesprochen. Irgendetwas in mir rebellierte auf einmal vehement und für mich deutlich vernehmbar, wenn ich in die alten Gleise zurückwollte.

Nachdem einige Monate ins Land gegangen waren und ich noch keine neue Perspektive hatte, zog ich mich immer öfter bewusst zurück und fand das überraschenderweise angenehm. Freiwilliges Alleinsein und Rückzug – das hatte es in meinem Leben noch nie gegeben. Ich hatte immer schon den nächsten Job gehabt, bevor ich den alten aufgab. War immer aktiv, hatte immer etwas vor, immer ein Ziel, eine Verabredung, eine Einladung, ein neues Projekt.

Natürlich hatte mein Rückzug anfänglich auch damit zu tun, bei Gesprächen im Privaten nicht weiter behelligt und in peinliche Erklärungsnöte gebracht zu werden. Freunden und Bekannten womöglich sagen zu müssen, dass es seit unserer letzten Zusammenkunft noch keinen Fortschritt gegeben hatte, dass sich wieder eine Perspektive zerschlagen und ich gerade nicht die geringste Ahnung hatte, was ich wollte. Der Mann, der ich bisher gewesen war, fühlte sich unsicher und im alten Umfeld fehl am Platze. Aber ein anderer Teil, sozusagen der neue Mann in mir, begann zu wachsen und gab mir ein immer deutlicheres Gespür dafür, was ich nicht mehr sein wollte. Dieser Teil wusste, dass es nicht gut wäre, sich weiter in Aktionismus zu ergehen und wie ein Wilder nach neuen Jobs zu suchen. Zum ersten Mal in meinem Leben spürte ich: Ich brauche Zeit! Und zwar keine Zeit für geschäftige Ablenkung oder Berieselung von außen. Ich brauche Zeit für mich! Dieser neue Teil von mir war froh, dass es sich durch die Kündigung so ergeben hatte, dass ich diese Zeit jetzt für mich finden konnte.

Einige Jahre zuvor hatte mir meine Frau an einem ähnlichen Punkt in ihrem Leben einmal gesagt: »Von außen sieht es so aus, als ob alles kaputtgeht. Aber innerlich lerne ich jeden Tag was Neues über mich. Ich komme mir vor, als ob ich im Studium bin, mit ständig neuen Lektionen.« Jetzt in meinem eigenen Prozess konnte ich spüren, wovon sie gesprochen hatte. Während mein äußeres Leben komplett stagnierte, machte ich innerlich immer neue Entdeckungen: Kaum dass ich zum ersten Mal wirklich begriffen hatte, dass Zeit für mich zu haben kein Übel, sondern ein echtes Geschenk ist, präsentierte mir das Schicksal auch schnell die nächste Möglichkeit zur Korrektur meines Selbstbildes.

Bei den offiziellen Verabschiedungen von meinen Mitarbeitern erlebte ich eine Offenheit in den Gesprächen wie nie zuvor. Ich stellte mich all ihren Fragen und erzählte ihnen ehrlich, was vorgefallen war. Mein stiller innerer Verarbeitungsprozess zu Hause im Vorfeld hatte dafür gesorgt, dass ich das jetzt ohne Anklagen, ohne Zorn und ohne Schuldzuweisungen tun konnte. Ich konnte dem Abschiedsschmerz, der in mir steckte, unverstellt Ausdruck verleihen. Den anderen schien es nicht anders zu gehen. Das Feedback meiner Mitarbeiterinnen und Mitarbeiter machte mir deutlich, dass viele von ihnen meine Begleitung als motivierend und unterstützend erlebt hatten und dass sie in den Projekten mit mir gewachsen waren.

In diesen Gesprächen wurde mir rückblickend klar, dass vor allem dieser gemeinsame Wachstumsprozess auch für mich so entscheidend war. Ja, ich musste mir eingestehen, dass das menschliche Miteinander mir wichtiger gewesen war als all die beruflichen »Hard

Der Anfang im Ende

Facts«, auf die ich vorher meinen Fokus gerichtet hatte. Dass ich meine wirklichen Stärken vielleicht ganz woanders hatte, als ich es mir bislang zugestanden hatte. Bisher hatte ich mich für einen guten Kaufmann gehalten, einen Experten auf meinem Gebiet – einen Mann, der Karriere macht. Aber nicht für jemanden, der seine Stärken in der Kommunikation und im Kontakt mit Menschen hat.

Doch damals begriff ich, dass es mir eigentlich immer mehr um die Menschen als um die Mode gegangen war. Diese Erkenntnis machte es mir nicht gerade leichter, nach vorn zu gehen. Sie sorgte eher für weitere Risse in meiner bisherigen Identität. Immer neue Fragen schossen mir im Kopf herum: »Wenn ich gar nicht der bin, für den ich mich immer gehalten habe – wer bin ich denn dann? Was will ich denn eigentlich tun? Was kann ich wirklich? Wo will ich hin?«

Bislang hatten diese Fragen immer die Firmen und Personalberater für mich geklärt. Seit meiner allerersten Bewerbung in jungen Jahren hatte ich mich nie wieder selbst um eine neue Position gekümmert. Immer war ich geholt worden, hatte Ziehväter oder Mentoren, die mich positionierten und förderten. Jetzt musste ich lernen, selbst die Verantwortung für meinen weiteren Weg zu übernehmen. Aber alles, was ich gerade über mich lernte, war, dass ich offenbar keine Ahnung von mir hatte.

Heute weiß ich, auch das war Teil des Prozesses. Diese Verunsicherung war gut und wichtig. Verunsicherung ist der beste Zustand, damit man etwas Neues jenseits der gewohnten Trampelpfade entdecken kann. Wenn der alte Weg versperrt ist, kann einen das auf einen neuen, tragfähigeren Pfad bringen. Das ist es, was ich Ihnen ans Herz legen möchte, wenn Sie selbst in die Situation kommen sollten, Ihr berufliches Fundament zu verlieren: Starren Sie nicht auf die Situation selbst! Verzetteln Sie sich nicht im Äußeren! Vertrauen Sie dem Prozess und versuchen Sie, seine Zeichen zu verstehen!

Es ist für Sie und Ihre weitere Entwicklung nicht wichtig, wer recht oder unrecht hat. Es ist auch nicht wichtig, ob Ihr Chef ein Arsch ist, ob der Konzern, die Gläubiger, der Konkursverwalter, das Finanzamt oder die Kollegen Sie fair behandeln oder nicht. Es bringt auch nichts, sich in Selbstmitleid zu ergehen. Es geht darum, nicht über das Geschehene zu urteilen und in Groll zu erstarren. Sondern sich ehrlich zu fragen, wozu es Sie einlädt, was Sie jetzt ändern sollten, wo ein Kurswechsel in Ihrem Leben dringend ansteht und was sich Neues aus all dem entwickeln könnte. Sie können anfangen, Fragen zu stellen, die Sie auf eine neue Ebene führen. Fragen wie: Wozu ist das alles gut? Aus welchem tieferen Grund passiert es? Wohin zwingt mich der Druck? Was hat das Leben mit mir vor, dass es mir das jetzt zumutet? Was ist der Vorteil am Nachteil?

Je schneller Sie es schaffen, das anzunehmen, was Sie nicht ändern können, desto schneller können Sie die Situation für sich nutzen, statt sich an ihr zu zerreiben. Dieser erste Schritt der Annahme hat nichts mit Resignation oder Fatalismus zu tun. Es ist nur gemeint, dass Sie sich nicht weiter gegen die Situation stellen sollten. Nicht weiter gegen die Umstände und ihre vermeintlichen Verursacher kämpfen sollten. Das kostet Sie nur Kraft und lässt die Fronten weiter verhärten.

Die Annahme dessen, was ist, bringt Sie näher zu sich selbst. Das ist am Anfang meist alles andere als angenehm. Denn wenn Sie im Unabänderlichen stehen bleiben und nicht mehr dagegen ankämpfen, werden Sie wahrscheinlich zuerst mit Gefühlen von Angst, Ohnmacht, Wut und Widerstand konfrontiert. Das fühlt sich meist an, als ob man im eigenen Saft weich gekocht wird. Aber wenn erst mal die alte Rolle Risse bekommt, zeigen sich langsam auch Ihre darunterliegenden echteren Bedürfnisse. Es wächst ein ganz neues Gefühl von innerem Halt. Sie bekommen ein deutlicheres Empfinden dafür, was Ihnen tatsächlich entspricht.

Wenn das Alte zerbricht, braucht es den Mut, einen Moment zu warten, bis Sie das unfreiwillige Neue wirklich erkennen und seine

Der Anfang im Ende ∞ 47

neuen Möglichkeiten verstehen können. Denn egal, was es noch zu klären und zu verhandeln gibt, wenn Sie keine Klarheit über sich selbst haben, sich im Kern so wenig kennen wie ich damals, können Sie die Situation auch nicht wirklich zu Ihrem Wohle klären. Dann kämpfen Sie womöglich für ein Ziel, das aber bei genauerem Hinsehen gar nicht mehr Ihr Ziel ist. Sie suchen einen Weg zurück und verstricken sich dabei immer tiefer im Kampf um eine vermeintliche Sicherheit, die Sie in Wahrheit nur beengt und von Ihrer eigentlichen Entfaltung und den wichtigen nächsten Schritten abhält.

Wenn Sie sich in Groll und Schuldzuweisungen festfressen, dann ist das ungefähr so, als ob Sie mit durchdrehenden Reifen im Schnee stecken geblieben sind und immer weiter Vollgas geben. Sie verbrauchen Energie, kommen aber nicht vom Fleck. Mit Gefühl kämen Sie eher heraus: Das Gas ein bisschen antippen, einschlagen, wieder vom Gas gehen, noch einmal antippen – das könnte helfen. Und manchmal geht es vielleicht nur rückwärts.

Auch wenn es seltsam klingen mag, aber es geht in der Krise darum, dass wir aus einer beschränkenden, zu engen und erstarrten Haltung auftauen und wieder fühlen lernen. Dazu muss man nichts tun!

Auch wenn wir so trainiert sind, dass anscheinend nur Anstrengung und unser Kopf uns zum Ziel führen können – wir sind deshalb in der Sackgasse gelandet, weil wir vor lauter Tun uns selbst nicht mehr wahrgenommen haben. Tatsächlich können nur unsere Gefühle uns auf Dauer authentisch den Weg zu dem weisen, was uns wirklich erfüllt und guttut. Es braucht also Öffnung statt Vollgas.

Bei mir gehörte damals dazu, mir endlich einzugestehen, wie lange schon die Luft raus war, echte Bindung fehlte und ich nur vom Ehrgeiz angetrieben funktioniert hatte. Und wie sehr ich jetzt trotz all meiner Rationalisierungsversuche unter meiner Scham, meiner Ohnmacht und dem Gefühl des Scheiterns zu leiden hatte. Als ich dazu endlich bereit war, kamen mit all diesen unangenehmen Gefühlen langsam auch meine Sehnsucht und meine Leidenschaft wieder hervor. Auf einmal konnte ich identifizieren, was mir in all den Jahren wirklich Freude gemacht und was mir gefehlt hatte.

Wenn wir lange Zeit vor allem funktioniert und schließlich unseren Job oder unsere Firma verloren haben, dann heißt Kontakt zu den eigenen Gefühlen erst einmal vor allem Kontakt zu lange aufgestautem Frust, zu innerer Leere und Versagensangst. Aus eigener Erfahrung weiß ich, dass es nicht leicht ist, diese Ehrlichkeit sich selbst gegenüber aufzubringen. Sich der eigenen Wahrheit und dem Scheitern des alten Weges zu stellen, ohne Schuldige dafür zu suchen.

Es ist unbequem, erfordert Mut, Risikobereitschaft, Engagement und Glauben an den eigenen Weg. Dazu den Willen, nicht mehr länger auf einem ausgetretenen Pfad weiterzuwandern und stattdessen den eigenen Gefühlen und einem vielleicht noch leisen Ruf der eigenen Seele zu vertrauen. Ohne die Kündigung würde ich mir vielleicht immer noch etwas vormachen und mich für den leidenschaftlichen Modemanager halten, der ich in Wahrheit gar nicht bin. Deshalb kann ich heute diese Kündigung rückblickend als Chance begreifen. Sie hat mich zu mir zurückgebracht.

Deswegen weiß ich, wovon ich rede, wenn ich Ihnen hier so sehr ans Herz lege, sich nicht länger vorzumachen, Sie seien Opfer anderer Menschen oder widriger Umstände. Sie sind einfach nur reif für den nächsten Schritt in Ihrem Leben. Und die Krise signalisiert Ihnen, dass es höchste Zeit ist, die ersten Schritte in die eigene Richtung zu tun. Zeit, sich endlich einzugestehen, dass Sie so wie bisher nicht mehr hätten weitermachen können. Dass Ihr beruflicher Weg vielleicht schon lange nicht mehr zu Ihnen passte, Sie aber nicht den Mut aufbrachten, ernsthaft Konsequenzen zu ziehen. Dass das Leben Ihnen schon länger Signale gibt, die Sie zum Richtungswechsel oder zum Innehalten auffordern. Dass Sie diesen Signalen aber kaum oder nur vorübergehend Beachtung schenken.

Der Anfang im Ende ∞ 49

Ich weiß, dass es in meinem Leben damals jede Menge Signale gab. Dass es in meinem Herzen schon länger so etwas wie eine innere Stimme gab, die mir sagte, dass ich so nicht mehr weitermachen könnte. Ich weiß, dass ich ihr kein Gehör schenkte. Deswegen brauchte ich wohl diesen Schuss vor den Bug. Wäre er nicht gekommen, hätte ich die inneren Signale sicher noch weiter ignoriert. Ich wäre vielleicht krank geworden oder hätte erneut meine Ehe aufs Spiel gesetzt und vielleicht weiter von den wirklich wichtigen Dingen weggeschaut. Dank dieses Knalls aber konnte ich mich sammeln, in mich gehen und neu beginnen. Ich konnte das Ende meines alten beruflichen Weges als Sprungbrett in meine Berufung und eine völlig neue Form der Partnerschaft und Nähe nutzen. So kann ich heute behaupten, dass ich dankbar dafür bin, damals rausgeflogen zu sein.

Wieder zu Hause – Fluch oder Segen?

Da saß ich nun zu Hause, und meine Frau schlug vor, dass ich auch mal die Wäsche waschen könne. Klar, dass das nicht mein Traum einer neuen großartigen Zukunft war! Es machte mich innerlich nur noch unruhiger. Das hier war nicht mein Platz. Ich ging zu Hause auf Tauchstation und dachte: Hier muss ich dringend weg. Und so steigerten sich meine Anfälle hektischer Betriebsamkeit nur noch mehr, um der Orientierungslosigkeit, der Angst und den Wäschestapeln im Keller ja nicht ins Auge sehen zu müssen.

Heute weiß ich: Wenn Sie aus der Kurve geflogen sind und an einen Ort katapultiert werden, an dem Sie freiwillig nicht gelandet wären, dann ist es zwar mehr als menschlich, wenn Sie dort gleich wieder weg wollen. Aber eine der Grundregeln auf diesem Weg lautet: Da wo Sie gerade sind, sind Sie jetzt richtig. Auch wenn dieser Ort Ihnen in diesem Moment nicht gefällt – er hält eine Erfahrung für Sie bereit, die es gilt zu verstehen und zu durchleben. Erst dann kommen Sie in einem ganzheitlichen Sinne auf dem neuen Weg weiter, auch wenn Sie den Mehrwert bewusst nicht gleich erkennen können.

So wollte der getriebene Erfolgsmensch in mir mit allen Mitteln und schnellstmöglich wieder von zu Hause weg. Aber was war mit mir als Ehemann, als Partner, als Vater? Was war mit dem, dem der

Wieder zu Hause – Fluch oder Segen?   ∞   51

echte Kontakt zu Menschen so wichtig war und der sich nach Nähe sehnte? Der hatte bisher nicht viel zu melden gehabt und lief eher unter »ferner liefen«. Da draußen war meine Welt. Dort hatte der zielorientierte Macher das Kommando. Aber heute weiß ich: Zu Hause war genau der Platz, an den ich in diesem Moment meines Lebens gehörte.

Von zu Hause wegzulaufen war eine uralte – mir allerdings völlig unbewusste – Angewohnheit. Eine, die vielen beruflich erfolgreichen Menschen ziemlich vertraut ist. Es gibt beispielsweise einen alten Managerwitz: Wird ein Top-Manager in einem Interview gefragt »Haben Sie eigentlich Familie?« Der Manager überlegt lange. »… Familie …? Familie …? Hm, das würde die fremden Menschen bei mir zu Hause erklären.«

Vielleicht nur ein Witz, der sich eines Stereotyps bedient. Aber was einst nur die Männer, und vor allem die in Führungspositionen, betraf, betrifft heute arbeitende Männer und Frauen und egal in welcher Position gleichermaßen. Wir verlieren unsere innere Bindung zu unserer Familie und unserem Privatleben, weil unsere Arbeit schleichend das Regiment in unserem Leben übernommen hat und alles andere dominiert.

So werden wir von einem Crash in beruflichen Krisensituationen – nach Kündigung, Krankheit, Burn-out oder Konkurs – meist nach Hause in die vermeintliche Bedeutungslosigkeit unseres Privatlebens katapultiert. Wir werden unserer Funktionen enthoben, unsere Rollen lösen sich auf, und wir sind gezwungen, uns ungeschminkt als Menschen zu erleben. Wir werden mit allen Gefühlen, allen Charakterschwächen, aller Einsamkeit, Unverbundenheit und Leere konfrontiert, die wir die ganze Zeit mit unserem Erfolg und dem stetigen Wettlauf um neue berufliche Anerkennung kompensiert haben.

Plötzlich sind wir gezwungen, auszuhalten, dass wir als der Mensch gesehen werden, der wir jenseits der lieb gewonnenen

Rolle sind. Und wir haben die große Chance, endlich als genau der angenommen zu werden, der wir wirklich sind. Dazu müssen wir allerdings zuerst all dem ins Auge schauen, wovor wir uns vielleicht schon lange, vielleicht ein Leben lang, verdrücken wollten.

So musste ich im Supermarkt meinen Nachbarinnen begegnen, um meine Scham ihnen gegenüber zu fühlen – jetzt da ich keine Rolle mehr hatte, hinter der ich mich verstecken konnte. Ich war kein Versorger, Kämpfer und Krieger mehr, und dafür schämte ich mich vor den Frauen. Ich weiß noch, wie mir nach meiner Kündigung auf dem Heimweg aus dem Büro dauernd diese eine Frage im Kopf herumkreiste: »Wie gehen meine Frau und meine Tochter damit um?«

Die Kleine war damals sechs, und ich hatte große Sorge, sie würde das alles nicht verstehen. Ich dachte, dass es ihr vielleicht peinlich wäre, einen arbeitslosen Papa zu haben. Dass sie Angst hätte, sie würde ihr Zuhause verlieren, weil wir aus der Wohnung raus müssten und kein Geld mehr hätten. Als ich sie an diesem Abend ins Bett brachte, wollte ich mit ihr reden und ihr irgendetwas Tröstliches sagen. Aber es kam ganz anders. Sie ergriff meine Hand und sagte: »Papa, ich werd morgen die Frau Gerhard« – das war ihre Klassenlehrerin – »fragen, ob sie mir auch kündigt. Dann kann ich endlich den ganzen Tag mit dir zusammen sein!«

Meine Tochter war es, mit ihrer unverbauten und unschuldigen Sicht auf die Dinge, die mir an diesem Abend meine erste Begegnung mit einem neuen Bewusstsein in einer Krise vermittelte: Kündigung, damit sie den ganzen Tag mit mir zusammen sein kann! Als ich das hörte, taute mein Herz zum ersten Mal seit Langem wieder auf. Ich hatte Tränen in den Augen. Tränen der Erleichterung und Rührung. Für einen Moment gab es einen winzigen Riss in meinem Abwehrpanzer: Mein Gott, wie weit war ich vom echten Leben abgedriftet, schoss es mir durch den Kopf.

Aber kaum hatte ich die Kinderzimmertür hinter mir geschlossen, war der Riss auch schon wieder zu. Ich redete mir ein, meiner Frau

Wieder zu Hause – Fluch oder Segen?

gegenüber die Fassung bewahren zu müssen. Ich versuchte krampfhaft, sachlich und nüchtern zu wirken. Ich bildete mir ein, ich müsse meinen Mann stehen. Aber im Laufe der nächsten Monate sollte ich noch viele Erfahrungen damit machen, dass meine Frau und meine Tochter etwas ganz anderes von mir wollten, als dass ich, eingezwängt in eine Rüstung aus Pflicht und Tradition, meinen Mann stehe.

Natürlich war es damals ein Teil meiner Rolle in der Familie, dass ich Geld verdiente und einen Beruf hatte, in dem ich mich austoben konnte. Und natürlich ging es in der Zeit nach der Kündigung auch darum, dass ich wieder Geld verdiene. Aber jetzt konnte ich entdecken, wie wichtig es für meine Frau, meine Tochter – und für mich selbst! – war, dass ich endlich wirklich da war. Nicht wie vorher, als ich meistens erschöpft zu Hause ankam und eigentlich immer in Gedanken beim Job oder am Handy war.

Meine Frau und meine Tochter brauchten mich mit Herz, Geist und Seele. Wir kannten uns eigentlich gar nicht richtig. Anfangs war ich nicht nur genervt von den Handlangerdiensten im Waschkeller oder in der Küche. Ich fühlte mich auch emotional hilflos in der andauernden Nähe meiner Frau. Ich wusste auch nicht wirklich, was das Herz meiner Tochter beschäftigte, was sie fühlte und wonach sie sich sehnte. Für sie brachen nach meiner Kündigung paradiesische Zustände an, nachdem sie mich bis dahin im Alltagsleben eigentlich nur als den Mann mit Anzug und Krawatte kannte, der abends zu Besuch kam, aber die meiste Zeit seines Lebens irgendwo auf einem anderen Planeten lebte.

Heute, nachdem ich zahllose Gespräche mit anderen Männern in ähnlichen Situationen geführt habe, kann ich eins sagen: Die wesentliche Erfahrung, die viele Kinder mit ihrem Vater machen, ist die, dass er innerlich oder äußerlich nicht da ist. Es hat Jahre gedauert, bis ich wirklich verstanden habe, wie fatal es tatsächlich für die Familie ist, dass die meisten Männer nie da sind. Privatleben, Gefühlsleben, Zuhause – das sind in unserer Gesellschaft zu oft männerlose Wüs-

54   ∞   *I. Teil: Erfahrung*

ten. Aus der Ferne unserer Büros blicken wir auf die wachsenden Heerscharen offiziell oder faktisch alleinerziehender Mütter, die jenseits unseres Einflusses unsere Kinder prägen. Und diese wachsen in dem Glauben auf, die Welt bestünde aus Omas, Kindergärtnerinnen, Tagesmüttern und Mama-Robotern, die alles allein können. Das Tragische daran ist, dass die meisten Männer diese Entwicklung nicht einmal bedenklich finden.

Aber trauen Sie sich doch mal was: Schauen Sie doch einmal die Folgen dieser männerlosen Privatwelt in unserer Gesellschaft an. Die Welt unserer Kinder ist virtuell und entwurzelt. Wenn männliche Kraft erkennbar ist, dann meist auf verkümmerte und reduzierte Art und Weise als Härte und Kampf. Es herrscht Gewalt auf den Schulhöfen und Erstarrung in den Herzen. Aber gesunde männliche Kraft ist etwas ganz anderes.

Wenn die Männer wieder ihren Weg zurück in die Familie finden, dann kommt dahin Kraft, wo ohne sie Anstrengung, Überforderung und Kontrolle waren. Wenn ein Mann wirklich präsent und bereit ist für eine – auch emotionale – Auseinandersetzung mit seiner Familie, sorgt das sehr rasch für Entspannung und Befreiung im ganzen System.

Meiner Frau fehlten unmittelbare Unterstützung, Austausch und echte Nähe. Ihr fehlte meine wirkliche Teilnahme an ihrem Leben, ihrer Gefühlswelt und an dem, was sie beschäftigt. Als ich mein Zuhause besser kennenlernte, musste ich entdecken: Meinen beiden Frauen fehlte die Leichtigkeit. Genau das, was eine meiner größten Stärken ist! Die brachte ich nun mit nach Hause. Und damit eine ganz neue Kraft – eine, an der sie sich reiben, aber auch anlehnen konnten. Im Hause Zurhorst wurde es wieder lebendiger. Es wurde gestritten und gelacht. Denn wir waren wieder in einer echten, wenn auch oft schwierigen und alte Grenzen überschreitenden Begegnung.

Es war eine turbulente Zeit, in der sie und ich, oft unfreiwillig, jede Menge lernen mussten. Ich kenne so viele Männer, die allein unter oft

Wieder zu Hause – Fluch oder Segen? ∞ 55

trostlosen Umständen leben. Sie vegetieren mit Flachbildschirmen, Laptops und Fertigsuppen in irgendwelchen Wohnungen vor sich hin, die weit entfernt von einem Zuhause und jedem Hauch von Wohnlichkeit sind. Ein Junggesellenleben, so einladend wie ein Durchgangsbahnhof – immer auf dem Sprung, zweckdienlich und unbelebt. Aber auch die Familien sind voll mit Undercover-Junggesellen, die oft kaum mehr als auf dem Papier Ehemänner und Väter sind, obwohl es eigentlich um echte Präsenz und emotionale Nähe gehen sollte.

Für mich war mein Zuhause bis dato eher ein Hotel gewesen, in dem meine Frau für alles sorgte, was mit Wärme, Gemütlichkeit, Schönheit und echtem Versorgtwerden zu tun hatte. Bis zur Kündigung war auch ich zwar verheiratet gewesen, aber große Teile von mir hatte ich meiner Familie vorenthalten. Unbewusst war ich innerlich Junggeselle geblieben. Als ich nun tagein, tagaus zu Hause war, erschloss sich mir darum lange Zeit auch nicht, warum ich mich mit dem schnöden Haushalt, mit Kochen und der Einrichtung unserer Wohnung beschäftigen sollte. Ich tat jeden Handschlag nur widerwillig und fand das, was ich im Haushalt tat, völlig bedeutungslos für meinen weiteren Weg.

Wenn ich heute bei meiner Arbeit mit den vielen echten oder den verheirateten Undercover-Junggesellen zu tun habe, dann weiß ich, was sie sich an natürlicher Lebensqualität und Nähe vorenthalten. Wenn auch Sie ein Mann sind, der sein Zuhause nur als unpersönliche Schlafstätte und Anschlussstelle für Fernseher, Laptop und Handyaufladegerät betrachtet, kann ich Ihnen sagen: Sie hoffen vergeblich, wenn Sie irgendwo bei einer Frau nach Geborgenheit suchen. **Es ist wichtig, dass Sie selbst Ihre wahren Bedürfnisse kennenlernen. Lernen Sie, sich selbst ein Zuhause zu schaffen, sich gut zu versorgen und ehrlich mit sich zu sein. Sonst werden Sie weiter hektisch und wurzellos durch die Welt irren, bei anderen mal unterschlupfen wollen und doch nie ankommen.**

Solange Sie innerlich heimatlos und emotional auf Tauchstation sind, werden Sie mit niemandem zur Ruhe kommen und nirgendwo dauerhaft Nähe leben können. Dann sitzen Sie am Wochenende zu Hause im Kreise Ihrer Familie und leben trotzdem innerlich auf einem anderen Stern. Und als Junggeselle laufen Sie immer weiter der Hoffnung hinterher, dass Sie irgendwo eine Frau finden, die Ihnen endlich Geborgenheit gibt. Aber das ist eine Hoffnung, die sich nie erfüllt. Egal, was eine Frau auch zu geben bereit ist: Sie kann bei Ihnen so lange nicht wirklich ankommen, solange Sie selbst so entfernt von sich sind.

Und die Frauen an der Seite solcher entfernten Männer sind auf Dauer meist völlig überfordert, weil sie versuchen, das Männliche und das Weibliche gleichzeitig in die Familie zu bringen. Aber dieser Doppeljob funktioniert selten. Die meisten Frauen verlieren dabei ihre einstige weibliche Kraft und erstarren zunehmend in Kontrolle.

Die Kinder in diesen Familienkonstellationen kommen in ihrer inneren Entwicklung dann oft auch nicht weiter als ihre Eltern. Männlichkeit haben sie nur aus der Ferne kennengelernt und Weiblichkeit als kontrollierend und verspannt. Äußerlich wachsen sie, haben sich in der Schule vielleicht jede Menge Wissen angeeignet, und an Hobbys und Aktivitäten mangelt es auch nicht. Aber im Herzen sind sie unterernährt. Sie haben unsere echten Gefühle, unser Wesen nicht kennengelernt, konnten uns als Eltern emotional nicht wirklich erreichen.

Die emotionale Mangelernährung wird von Generation zu Generation weitergegeben. Deshalb ist es so wichtig, dass die Männer wieder in die Familie zurückkehren.

Wenn ich sage, die Männer sollten in ihre Familien zurückkehren, meine ich nicht, dass unsere Kinder Dauerbespaßung und ein Rundum-sorglos-Programm von uns brauchen. Sondern dass wir – Männer wie auch Frauen – wieder berührbar werden von allem, was zu Hause geschieht.

Wieder zu Hause – Fluch oder Segen? ∞ 57

Wenn die Frau zickt und die Kinder nerven oder sogar aggressiv sind, dann geht es für uns Männer nicht darum, die Flucht zu ergreifen, sondern uns zu fragen, was ihnen fehlt. Wenn Sie den alltäglichen Wahnsinn zu Hause wieder miterleben, geht es zwar auch darum, klare Grenzen zu setzen. Aber vor allem geht es um echte Aufmerksamkeit. Wenn Sie bereit sind, wirklich wieder zuzuhören und mitzufühlen, dann beruhigt und sortiert sich zu Hause vieles auf fast magische Weise. Sie müssen nicht der liebe, verständnisvolle Onkel sein, Sie müssen sich endlich nur wieder ehrlich einbringen.

Aber all das, was ich hier in Sachen Rückkehr nach Hause und in die Familie sage, bleibt so lange blanke Theorie und wird nicht greifen, solange Sie es nur mit dem Kopf verstehen. Sie können sich auf Ihre Partnerin und Ihre Kinder nur so weit einlassen, mit ihnen nur so weit mitfühlen, wie Sie sich auf sich selbst eingelassen und für sich selbst Ihr Herz geöffnet haben. Dabei kommen Sie nicht umhin, sich in der Zeit Ihres Lebens umzuschauen, als Sie selbst ein Kind waren. Das ist die Zeit, in der in Ihrer Herkunftsfamilie die Software geschrieben wurde, nach der Ihre 90 unbewussten Prozent heute noch weitgehend funktionieren.

Hier geht es jetzt nicht um endlose Psychoanalyse – hier geht es nur darum, dass Sie bewusst herausfinden, welche Programme Sie zu Hause in Sachen Beruf, Erfolg, Familie, Beziehung vorgelebt bekommen haben. Dann wissen Sie, mit welcher Software Ihr Computer heute läuft. Und Sie können sich fragen, ob diese Software passend für das ist, was Sie heute bearbeiten wollen. Sie können sich fragen, ob Sie heute so leben, wie Sie leben möchten? Ob Sie den Erfolg haben, den Sie gern hätten? Ob Sie dem Beruf nachgehen, der Sie erfüllt? Ob Sie den Platz in Ihrer Familie haben, den Sie gern hätten? Und ob Sie sich so verbunden und erfüllt in Ihrer Familie und in Ihrem Beruf fühlen, wie Sie es gern wären?

Wenn nicht, dann braucht es mehr Wissen über die alten Programme, die Sie in die Krise geführt haben. Wenn Sie wissen, was Sie dahin geführt hat, wo Sie nicht sein wollen, dann ergibt sich daraus, was es Neues braucht, um dort zu sein, wo Sie hinwollen. Eine Reise in die Vergangenheit kann kurzzeitig lästig und zwischendrin schmerzlich sein. Aber dieses gezielte Bewusstmachen ist ein Aufwand, der sich lohnt. Denn die wenigsten alten Programme sind wirklich tauglich für das, was Sie sich heute für Ihr Leben wünschen.

Als ich nach der Kündigung gezwungenermaßen zu Hause saß, war ich irgendwann in einem Gespräch mit einem meiner Brüder gezwungen, mich mit meinem Vater zu konfrontieren. Er war damals bereits seit zwanzig Jahren tot, aber er war der Mann, von dem wir den Umgang mit Beruf und Familie gelernt hatten.

Die erste Entdeckung, die ich machen musste: Auch mein Vater hatte seine Gefühle zu Hause in unserer Familie stets in enge Bahnen gelenkt und kontrolliert. Als kleiner Junge konnte ich seine Liebe für mich zwar noch spüren, auch wenn er sie nur schwer offen ausdrücken konnte. Aber als ich älter wurde, habe ich mich zu Hause mit all meiner Unbeschwertheit, Verrücktheit, meiner Freude und meinem Humor immer öfter allein oder gar fremd gefühlt. Mein Vater zeigte sich mir vor allem vernünftig und wissend, aber selten persönlich berührbar. Wenn es in unserer Familie oder zwischen meinen Eltern schwierig wurde, dann erstarrte er meist und strafte uns unausgesprochen mit manchmal tagelangem Rückzug in sein Arbeitszimmer, aus dem er erst dann wieder herauskam, wenn die Familie erneut »ordentlich« funktionierte.

Unmittelbare Gefühle und Erfahrungen hatten in unserem Familienleben keinen Platz. Es ging immer um etwas Faktisches. Gespräche fühlten sich selten lebendig an. Ich lernte früh, dass das, was mich berührte, aufregte oder erfreute, nur in mir eingekapselt bleiben konnte. Diese Kommunikation auf unberührbarer, faktischer Mittellage passierte irgendwann ganz automatisch, so wie bei allen in unserer Familie. Neben meiner Mutter waren wir immerhin fünf Männer.

Wieder zu Hause – Fluch oder Segen?

So spaltete sich mein Leben schon früh in zwei Teile auf. Zu Hause blieb ich verschlossen wie alle anderen Männer, und draußen traf ich mich mit einer Gruppe Jungs, mit denen ich mich auslebte. Unbewusst entstand in mir die Überzeugung: Nur wenn ich von zu Hause weggehe, kann ich wirklich ich sein, wild sein und mich fühlen.

Ohne dass ich es merkte, bestimmte diese Überzeugung meinen weiteren Lebensweg. Im Job war ich immer kontrolliert auf ein Ziel konzentriert. Und am Abend im Privaten gehörte ich beim Feiern stets zu den Letzten, die nach Hause gingen. Und auch später in meiner Ehe habe ich automatisch getrennt. Ganz früh schon und ganz von selbst schlich sich das Gefühl ein: Zu Hause bei Frau und Kind habe ich zu funktionieren, und nur außerhalb der Familie kann ich spontan und lebendig sein. Ein verheerender Glaubenssatz für das Gelingen einer lebendigen Beziehung.

Über das Berufsleben wurde in meiner Herkunftsfamilie nicht viel gesprochen. Die beruflichen Siege und Sorgen meines Vaters gehörten nicht in unseren familiären Alltag. Ich weiß noch, wie verwirrt, aber auch enttäuscht ich war, als ich erst viele Jahre später fast zufällig erfuhr, dass es eine lange, extrem belastende Phase in seinem Job gegeben hatte. Er hatte sich damit niemandem von uns anvertraut und uns das alles vorenthalten, um die Familie nicht unnötig zu belasten. Es herrschte das Verständnis, dass Beruf und Familie nichts miteinander zu tun haben.

Aber auch wenn der unmittelbare berufliche Alltag meines Vaters weitgehend ausgeschwiegen wurde, so hieß das nicht, dass es keine Ansprüche gab. In meiner männergeprägten Herkunftsfamilie spielte das Streben nach Anerkennung und ansehnlichen Positionen eine nicht unerhebliche Rolle. Wie oft hörte ich: Der macht dieses Studium, jener ist gerade befördert worden oder plant seinen beruflichen Einstieg in der Firma XY.

Von meinem Vater hatte ich gelernt: Das Wichtigste im Leben eines Mannes sind Leistung und Wissen. Das war mein familiärer Zugang zum Thema Beruf, der nichts mit dem Ausdruck des eigenen Wesens oder gar mit Leichtigkeit und Spaß zu tun hatte. So habe ich es dann lange Jahre auch ganz selbstverständlich praktiziert, wie ich es gelernt hatte. Bis zu meiner Kündigung habe ich am Rande meiner eigenen Familie extrem viel gearbeitet und alle Zeit und Kraft mit dem Ziel aufgewendet, permanent mehr Leistung zu bringen.

Jetzt haben Sie einen Einblick in meine grundlegende Software. Dabei geht es mir hier weder darum, die Verantwortung für das Gelingen meines Lebens abzugeben, noch darum, meinen Vater anzuklagen. Er wollte immer das Beste für uns. Seine Tendenz zum Schweigen und zum Rückzug resultierte sicher in den meisten Fällen daraus, dass er uns nicht behelligen und das Bild der intakten Familie nicht stören wollte.

Mit diesem Rück- und Einblick in die Parallelen zwischen meinem heutigen Leben und meinem Familienleben von einst möchte ich nur deutlich machen, wie sehr wir in Sachen Erfolg und in der Art, Privates und Beruf miteinander zu verbinden, vorgeprägt sind. Und wie wichtig es ist, sich möglicher Kollisionen zwischen alten Programmen und neuen Zielen, zwischen Wertesystemen der Herkunftsfamilie und Grundbedürfnissen des eigenen Wesens bewusst zu sein. Sonst strampelt man durchs Leben wie an einer unsichtbaren Leine, die einen daran hindert, vom Fleck zu kommen.

Der Blick zurück, um den es hier geht, dient also nicht der Nabelschau. Er soll Ihnen helfen zu entdecken, welche Teile von Ihnen unter Umständen unbewusst in die entgegengesetzte Richtung Ihrer bewussten Ziele streben. Erst wenn Sie solche Teile kennen und integrieren, werden Sie frei voranzuschreiten. Solange alte, unbewusste Muster Ihre aktuellen Ziele blockieren, nutzt alle Kraft und Anstrengung nichts.

Kürzlich las ich über einen jungen Unternehmer, der von Beginn an immer wieder extrem erfolgreich Unternehmen aufgebaut hatte. Aber er hatte jedes dieser Unternehmen nach einigen Jahren in den

Ruin geführt und war jetzt gerade dabei, nach seiner letzten Pleite zum erneuten Male durchzustarten. Seien Sie sich sicher, wenn Sie bei diesem Mann in seiner inneren Software forschen, werden Sie unbewusste Programme finden, die jeden seiner Erfolge sabotieren. Er hat offensichtlich große Kräfte. Er traut sich auch mehr als viele andere, diese für seine Ziele einzusetzen. Aber verdeckt unter all seinem Streben nach Erfolg würden Sie eine Reihe von sabotierenden Programmen und Wertlosigkeitsgefühle finden.

Jeder von uns hat eine Basissoftware, die er als Kind regelrecht inhaliert hat. Egal wie passend und unterstützend sie ist – diese Software wirkt ständig in unser aktuelles Leben hinein! Sie wirkt auch dann noch, wenn wir längst erwachsen sind, unser eigenes Leben führen und unsere eigenen Ziele haben. Sie wirkt auch, wenn wir scheinbar ein ganz anderes Leben als das unserer Herkunftsfamilie wählen. Sie wirkt, wenn wir gegen die Lebensentwürfe von zu Hause rebellieren und wie gehetzt vor den alten Begrenzungen weglaufen. Sie wirkt, wenn wir versuchen, alles ganz perfekt zu machen. Wenn wir uns immer an der kurzen Leine und unser Leben in geordneten Bahnen halten und ja nicht über unsere gewohnten Grenzen hinausgehen.

Aber weder Rebellion noch angepasste Mittellage bringen uns wirklich in unsere Kraft. Unseren ureigenen Weg, auf dem wir unsere Talente entfalten und im Einklang mit unserem Wesen leben, finden wir nur, wenn wir lernen, mit uns selbst zu kommunizieren. Wer seinen eigenen Weg gehen will, sollte sich kennen und sich auf sich verlassen können. Das klappt nur, wenn die Software aktualisiert ist und zum System passt.

Als ich nach der Kündigung zum ersten Mal wirklich bewusst auf meine Prägungen schaute, musste ich ziemlich schockiert erkennen, wie sehr sich vieles automatisch wiederholte. Mein Berufsleben betrieb ich genauso entfernt und von der Familie abgetrennt voran wie mein Vater. Zu Hause bei meiner Frau und meiner Tochter lebte ich meine Gefühle nur sehr kontrolliert. Und wenn es emotional eng wurde, zog ich mich einfach zurück.

Ich habe auf dem Weg meiner Herkunftsfamilie und auf den Spuren meines Vaters beruflich viel erreicht, aber erst meine Kündigung hat mir geholfen, darüber hinaus dem Weg meines Herzens zu folgen. Erst durch diesen erzwungenen Wandel konnte ich erkennen: Wenn ich neu durchstarten und gleichzeitig in meiner Familie lebendig und verbunden sein wollte, brauchte es jetzt eine neue Software. Und deshalb musste ich trotz aller Unwägbarkeiten herausfinden, wie diese neue Software beschaffen sein müsste, um mich dorthin zu bringen, wo ich gern sein wollte.

Zu schnell zurück

Auf meinem Weg zu einer neuen passenden Software für mich, meine Beziehung und meinen Beruf gab es einige Hürden zu nehmen. Eine war der Druck, unter den ich mich setzte. Er ließ mir keinen Raum, um mich mal in Ruhe mit mir selbst zu beschäftigen. Auch ohne Termine und Arbeitsroutine war ich innerlich gehetzt. Ich saß zu Hause wie ein Junkie auf Entzug ohne meine alte Droge: Erfolg im Job. Ich wusste, dass es etwas zu ändern galt. Aber nur deshalb, damit ich schnell wieder durchstarten könnte. Ich wollte das, was auch die anderen Kollegen wollten, die mit mir gekündigt worden waren: so schnell wie möglich zurück in den Job. Ich hatte damals ja keine Ahnung, dass das schnelle Zurück um jeden Preis oft nur die schleichende Rückkehr in die alten Sackgassen bedeutete.

Ich war mir sicher: Das Wichtigste ist jetzt, nahtlos anzuschließen und bloß keine Lücke im Geldbeutel oder im Lebenslauf aufkommen zu lassen. Ich hatte eine Abfindung bekommen. Aber der Tag rückte näher, an dem ich kein regelmäßiges Einkommen mehr haben würde, von dem ich mich und meine Familie würde ernähren können. Während ich mit allen möglichen Personalberatern über mögliche Coups und großartige neue Zukunftsperspektiven redete, musste ich gleichzeitig aufs Arbeitsamt, um fürs alltägliche Überleben zu sorgen.

Mein Ego war am vorläufigen Tiefpunkt, und ich fühlte mich erniedrigt, als ich zum ersten Mal dort auf dem Gang saß und wartete, dass ich ins Amtszimmer treten durfte. Ich erinnere mich noch genau an diesen Moment: Ich betrat das Amt durch eine Glastür und fand mich in einer dicken Nikotinwolke wieder – ausgeatmet von zig Männern und Frauen, die umnebelt im Foyer warteten. Die meisten von ihnen starrten mit leerem Blick durch alles hindurch und aneinander vorbei. In diesem Augenblick begriff ich: »Verflixt, jetzt gehöre ich auch dazu.« Mir wurde klar, wie dünn das Eis ist, auf dem wir uns beruflich bewegen, und wie leicht man darin einbrechen kann. Es gibt keine Sicherheit. Das war die Lektion des Tages.

Die Beraterin, mit der ich es zu tun hatte, war sehr nett und entgegenkommend. Sie war aufrichtig bemüht und nahm sich auf eine angenehme Weise Zeit für mich. Trotzdem verließ ich ihr Büro ohne die geringste Hoffnung, dass man hier etwas für mich würde tun können. Der einzige Trost bestand in der Aussicht auf das Geld, das es von nun an für den Unterhalt meiner Familie geben würde.

Es war, als ob einer mit einer Abrissbirne an mir arbeitete. Egal, wohin ich einen Schritt tat, wurde mein Ego demoliert: Arbeitsamt, Kindheitsbewältigung, Wäscheberge, leere E-Mail-Postfächer und ein zunehmend schweigsameres Telefon. Langsam wurden auch die über Personalberater vermittelten Vorstellungsgespräche seltener. Die Arbeitswelt da draußen schien das Interesse an mir verloren zu haben. Immer weniger Angebote und Anfragen gingen bei mir ein. Ob ich wollte oder nicht: Ich war nicht länger der Mann der Stunde.

Gleichzeitig gab es die ersten Rückmeldungen von Kollegen, die wieder in die altvertraute Berufswelt zurückgekehrt waren. Anfangs beneidete ich sie. Erst recht die, die nach kurzer Zeit nahtlos wieder anschließen und einfach lückenlos weiter an ihrem Lebenslauf arbeiten konnten. Aber auch die, für die der Wiedereinstieg mit Kompromissen verbunden war. Die mit dem Wiedereinstieg einige Schritte zurück auf der Karriereleiter oder weniger Einkommen in Kauf nehmen mussten. Manch einer musste Arbeitsbedingungen akzeptieren

Zu schnell zurück ∞ 65

und sich zu Dingen bereit erklären, die für ihn in der Vergangenheit indiskutabel gewesen waren. Aber das alles konnte mich nicht davon abhalten, den Einstieg in meine alte Branche voranzutreiben. Vergeblich.

Erst mit der Zeit und unter Bearbeitung der allgegenwärtigen Ego-Abrissbirne begann sich etwas in mir zu verändern. Der Druck ließ nach. Ich freute mich auf ein Treffen mit ehemaligen Kollegen oder Geschäftspartnern aus der Modewelt. Aber dann wurde es mir auf einmal langweilig, wenn sie von all dem erzählten, was ich selbst in- und auswendig kannte. Wofür ich jahrelang alles gegeben hatte, Zukunftspläne geschmiedet hatte. Wenn ich ihnen jetzt zuhörte, saß ich immer häufiger da und dachte still: Irgendwie ist das alles gar nicht so wichtig. Von Treffen zu Treffen musste ich mir eingestehen, dass mein Herz für diese Art der Arbeit nicht mehr schlug und dass es für mich nicht nur äußerlich, sondern vor allem aus echter Überzeugung keinen Weg zurück in die Welt des Modehandels geben würde. Etwas in mir war längst woanders. Aber ich hätte nicht sagen können, wo.

Vielleicht hätte ich diese innere Distanz noch länger ignoriert und mir nicht eingestanden, dass aus meinem alten Leben die Luft raus war. Vielleicht hätte ich mir erst viel später den Ruck zum ehrlichen Umdenken gegeben, wenn ich nicht von der Geschichte eines ehemaligen Geschäftspartners aufgerüttelt worden wäre. Nach einigen Gläsern Wein zu viel erzählte mir dieser Selbstständige, dass er zwar jeden Tag in sein Büro gehe, aber dass dort schon lange keine Arbeit mehr auf ihn warte. Er hatte sich für seinen großzügigen Lebenswandel immer weiter verschuldet, während sich seine Geschäfte seit geraumer Zeit immer knapp am Abgrund entlang bewegten.

Aber das, was mich schockierte: Er hielt nicht nur bei Geschäftspartnern und Freunden seine Erfolgsfassade aufrecht. Er hatte sein ganzes Desaster auch seiner Frau und seinen Kindern verschwiegen. Jeden Morgen verließ er in aller Frühe das Haus und erzählte seiner

Frau, wie beschäftigt er sei. In dem fatalen Glauben, nur so von ihr anerkannt zu werden. Überall in seinem Leben, privat, im Job, bei Einladungen oder öffentlichen Anlässen vollführte er einen Spagat zwischen Schein und Wirklichkeit. Hinter diesem Mühen um das perfekte Bild eines erfolgreichen Menschen war er einsam und völlig resigniert.

Nach diesem Abend wusste ich, dass ich grundlegend etwas ändern musste. Dass mein Rackern für einen Wiederanschluss im alten Erfolgskarussell mehr mit Unsicherheit und Wertlosigkeitsgefühlen als mit Schaffenskraft und Begeisterung zu tun hatte. Und dass ich jetzt endlich den Mut finden musste, mich nicht länger zu fragen: Wo kriege ich einen Job her? Sondern: Was will ich? Was macht mir Spaß? Was erfüllt mich? Und was habe ich beizutragen, das diese Welt wirklich braucht?

Derartige Fragen schienen mir anfänglich fast unseriös und so diffus wie dichter Nebel. Und eins war klar: Für die Antworten brauchte ich Zeit. Und Zeit hatte ich eigentlich ja nicht, weil wir bald dringend Geld brauchen würden. Doch Gott sei Dank blieb mir jedes Schlupfloch zum Wiedereinstieg verwehrt, sodass ich aller Angst ins Auge schauen und mir die Zeit nehmen musste, die ich nicht hatte.

Seither habe ich mit vielen Menschen in solchen Situationen gearbeitet und weiß: Es ist in Zeiten der Krise für niemanden leicht, von Sicherheitsdenken und Gewohnheit loszulassen und sich diese Fragen zu stellen, weil sie so voller unbekannter Größen sind, dass man sie lieber schnell wieder wegpackt. Es sind einfach Fragen, die Angst machen und für Unsicherheit sorgen. Fragen, auf die man nur selten Antworten in klassischen Berufsbildern findet. Die einen herausfordern, Ängste zu- und Sicherheit loszulassen.

Es sind Fragen, deren Antworten man nicht einfach vorgefertigt abrufen und die einem auch kein anderer vorgeben kann. Für ihre Beantwortung braucht man Zeit, Geduld mit sich und die Bereitschaft, sich zu entdecken und ehrlich mitzukriegen, was einem tatsächlich entspricht und was man nur aus Gewohnheit, Angst, Gier oder Egomotivation tut.

Das Einzige, was einem hilft, diese Antworten zu entdecken, sind die eigenen Gefühle. Ein Satz ist mir mittlerweile ein guter Wegweiser geworden. Er lautet:

»Du wirst wissen, wenn etwas für dich richtig ist, denn es entzündet einen Funken in deinem Herzen.«

Die eigenen Gefühle sind das einzige natürliche Regulativ und die einzig verlässlichen Wegweiser, wenn Sie sich durch eine Krise manövrieren, Ihren Weg gehen, Ihrer Berufung folgen und sich mit anderen Menschen wirklich verbunden fühlen wollen. Sie zeigen Ihnen, was Ihnen entspricht. Was Ihnen unmittelbar guttut. Was Sie belebt. Und was Ihnen Freude macht.

Der Kopf kann einem sagen, was man zu tun hat, wenn man dieses oder jenes erreichen will. Er kann einem sagen, ob dieses oder jenes strategisch sinnvoll ist oder der zukünftigen Sicherheit dient. Der Verstand liefert Konzepte und Analysen. Das ist gut und wichtig. Aber in Zeiten der Neuorientierung ist der Kontakt zu Ihren Gefühlen und der Intuition mindestens ebenso wichtig.

Nur Ihre Gefühle können Sie führen, wenn ein äußerer Rahmen weggefallen ist. Sie geben Ihnen Signale, so wie früher bei dem Kinderspiel, bei dem man »heiß« sagte, wenn jemand mit verbundenen Augen auf dem richtigen Weg war. Und »kalt« signalisierte: »Hier geht es nicht weiter.« Unsere Gefühle sind sozusagen unsere innere Sprache. Sie signalisieren uns, wo wir in kleinen Schritten entlanggehen können, weil es sich hier gerade richtig anfühlt und dort eben nicht. Wenn wir sie nicht mehr zulassen, ihnen nicht mehr vertrauen oder sie vollkommen unserem Verstand unterordnen, dann schneiden wir uns von unserer natürlichen Navigation und von unserer Lebendigkeit ab und rutschen in ein automatisches Funktionieren entsprechend unserer unbewussten Programme.

I. Teil: Erfahrung

Auch ich funktionierte bis zu meiner Kündigung in vielen Bereichen nur noch. Es lief ja grundsätzlich gar nicht schlecht. Ich hatte auf diese Weise immerhin Karriere machen können, hatte mir etwas aufgebaut, und eine Familie gab es auch. Nur habe ich immer weniger mitbekommen, was ich eigentlich wirklich brauche, was zwischen mir und meiner Frau los ist und wie auslaugend mein Job in vielerlei Hinsicht war.

Als meine Gefühle – die schmerzlichen genauso wie die lebendigen – nach der Kündigung langsam wieder zurückkamen, erhielt ich auch wieder deutlichere Signale von innen. Viele verwirrten mich, andere beängstigten mich. Ich musste lernen: Wenn man die Antworten aus dem eigenen Inneren ernst nimmt, fordern sie einen meist zu unbequemen Schritten auf. Das ist manchmal gnadenlos und fordert Risikobereitschaft, Disziplin und Aufrichtigkeit sich selbst gegenüber. Aber nur so kann man die Antworten dann auch wirklich umsetzen.

Wenn Sie diesen Klärungsprozess überspringen und sich dem dazugehörigen Wagnis nicht stellen wollen, sondern sich einfach erneut an Vertrautem, an Karrierezielen, an Erfolgschancen und langfristiger Sicherheit orientieren, dann finden Sie vielleicht einen Wiedereinstieg und vermeintliche Sicherheit. Aber die Chance ist groß, dass Sie wieder in der alten Spur, hinter einer neuen Fassade oder in unterschwelligem Frust landen. Unbewusst bieten Sie offene Flanken für neue Krisen, weil Sie unter Umständen noch extremer als vorher aus einer Rolle heraus, aber nicht aus echter Kraft agieren.

Ich bin im Laufe der Jahre mittlerweile vielen Menschen begegnet, bei denen ich das Gefühl hatte, dass sie ihre Lebendigkeit und ihren Esprit im Tausch gegen Sicherheit und Status eingebüßt haben. Es ist, als ob sie im Laufe der Zeit all ihren Mut und ihre Visionen eingefroren hätten. Sie arbeiten viel, vielleicht mit wachsendem materiellem Wohlstand, aber mit schwindender Lebensqualität. Sie haben sich in ihrem Beruf eingerichtet wie in einem Stützkorsett.

Zu schnell zurück

Aber mit meinem Stützkorsett wurde es ja nun mal nichts. Ich wankte in kleinen Schritten voran, während alle alten Wege versperrt blieben. Und wenn ich ehrlich zu mir war, musste ich mir eingestehen, dass es gut so war. Meine Bürotüren waren zu Recht zugefallen. Je mehr ich mich in der Abgeschiedenheit zu Hause wieder spüren konnte, musste ich erkennen, dass ich schon länger müde gewesen war und meine Arbeit nicht mehr aus innerer Kraft und mit Herz und Seele getan hatte.

Heute kann ich Ihnen rückwirkend sagen: Wenn Sie etwas dauerhaft ohne echte Überzeugung und entgegen Ihrer natürlichen Anlagen tun, gehen entweder irgendwann die Türen zu. Oder Ihr Tun wird in seiner Wirkung immer kraftloser oder das Vorantreiben kostet Sie immer mehr Kraft. Auch wenn die Tür nicht so fest ins Schloss fliegt wie bei mir – warum sollten Sie etwas tun, das auf Dauer seine Kraft verliert oder Sie auf Dauer immer mehr Kraft kostet? Weshalb sollten Sie sich nicht ein wenig Zeit nehmen, um herauszufinden, wo Sie ganz und gar in Ihrem Element sind? Wo das, was Sie tun, Sie erfüllt, statt dass es Sie auslaugt?

Auf die Welt dort draußen haben Sie gerade in Zeiten von Krise, Wandel und Neuorientierung wenig bis keinen Zugriff. Was Ihr Inneres dagegen betrifft, haben Sie es in der Hand. Hier können Sie – und nur Sie – die Weichen neu stellen, die für Sie wichtigen Antworten finden und echte Veränderungen einläuten.

Selbstverständlich können Sie einfach auf gewohnte Art und Weise wieder Vollgas geben und geschäftig Ihre Runden drehen. Aber vielleicht steht Ihnen ja nach allem, was Sie bis hierher gelesen haben, der Sinn danach, sich etwas Zeit zu geben und eine neue Software zu schreiben.

Von Ehefrauen, Exkollegen und anderen gut meinenden Ratgebern

»Hör auf zu träumen und geh zurück in den Handel. Du kannst nichts anderes!« Das war die knappe Antwort eines ehemaligen Kollegen, als ich ihm erzählte, dass es für mich keinen Weg zurück mehr gebe und ich etwas Neues tun wolle. Seine wenig ermutigenden Worte ereilten mich in einer Zeit, in der meine Frau mich in immer kürzeren Intervallen zum Aufbruch in genau die entgegengesetzte Richtung ermutigte und ich mich nach den Gesprächen mit ihr immer öfter fragte: »Vielleicht hält das Leben für mich ja tatsächlich noch viel mehr bereit, als das tausendste Polo-Shirt zu verkaufen.«

Es war die Zeit, in der meine Desorientierung den vorläufigen Höhepunkt erreichte und der Bogen bis zum Anschlag gespannt war. Ich begann tatsächlich, in ganz neuen Bahnen zu denken. Aber gleichzeitig wuchs der Überlebensdruck: Es musste jetzt was passieren! Unsere letzten finanziellen Reserven gingen langsam zur Neige. Aber alles, was ich mit Gewissheit über einen neuen Weg hätte sagen können, war, dass ich gern etwas mit und für Menschen tun wollte. Das war jedoch keine berufliche Perspektive, der ich mich analytisch und mit klaren, konkreten Schritten hätte zuwenden können.

Der Druck wurde zunehmend unerträglich. Jeder schien es besser zu wissen als ich selbst. Jeder hatte einen Ratschlag parat, während ich mich auf unbekanntem Terrain vorantastete. Sollte ich meiner Sehnsucht vertrauen, ohne zu wissen, wohin sie mich führt? Oder ging es jetzt darum, dass ich endlich aufwachte und das tat, was die meisten Ex-Kollegen taten, die mit mir gekündigt worden waren – nämlich Schluss zu machen mit dem Grübeln und alles zu geben für den Weg zurück, ohne nach links und rechts zu schauen?

Es war die Zeit, in der sich immer öfter auch mein Körper meldete. Scheinbar aus heiterem Himmel ereilten mich Hexenschüsse. Eine extrem schmerzhafte Beeinträchtigung, die ich vorher nicht gekannt hatte. Es war ein Albtraum. Und nichts schien dagegen zu helfen. Besonders unerträglich wurde es, wenn meine Frau mir dann auch noch zu bedenken geben wollte, dass diese Attacken mir vielleicht etwas über mich und meine Seele sagen wollten. Solche Psychoweisheiten brauchte ich nun wirklich nicht, und ich wollte sie auch nicht hören. Wenn ich bewegungslos am Boden lag, sollte sie mir nur endlich – am besten mit starken Schmerzmitteln und umgehendem Einbestellen des Notarztes – helfen, diesen schrecklichen Schmerz loszuwerden. Alles andere hätte man von mir aus hinterher besprechen können.

Heute weiß ich, dass diese Hexenschüsse tatsächlich Botschaften in sich trugen und mir zur unfreiwilligen, inneren Einkehr verhalfen. Und ich weiß, dass ich die volle Dosis brauchte: Hexenschüsse, die sich zwanghaft wiederholten und mich ohnmächtig zu Boden warfen; meine Frau, die mit ihren Aufforderungen zu Reflexion und Innenschau nicht lockerließ; wohlmeinende Freunde und Kollegen, die mich mit nüchternen Prognosen wieder auf Spur bringen wollten. Weniger Druck, Lähmung, Ziehen und Zerren hätten nicht gereicht, um mich endlich so schachmatt zu setzen, dass ich wieder zu mir kam und endlich die Botschaft von mir an mich akzeptierte: »Hör auf zu rennen! Knick ein! Und komm bei dir an!«

Anderes Beispiel: Bei Hape Kerkeling hätte es eigentlich nicht besser laufen können. Kometenhaft war sein Aufstieg. Als Schauspieler und

Comedian war er der Liebling von Millionen Zuschauern und gehörte zur Creme des deutschen Fernsehens. Er wurde mit allen Preisen überschüttet, die das deutsche Fernsehen zu bieten hat. Sogar als Sänger feierte er Erfolge. Aber dann machte 2001 sein Körper nicht mehr mit. Die Gallenblase musste entfernt werden, ein Hörsturz zwang ihn zu einer Auszeit. Er nutzte sie für eine Pilgerreise nach Santiago de Compostela: 630 Kilometer zu Fuß auf dem Jakobsweg.

Er selbst sagte, dabei sei es ihm um eine »spirituelle Herausforderung« gegangen. Schon lange sei er auf der Suche nach dem Göttlichen gewesen, und nun habe er die körperlichen Warnsignale und die Lebenskrise, in die er sich plötzlich gestürzt sah, nutzen wollen, um »meine Zweifel ins Reine zu bringen, um ganz banal zu mir und zu Gott zu finden«. Dass er auf »seinem« Weg einiges erlebt hat, konnten Millionen von Menschen in seinem Megabestseller *Ich bin dann mal weg* lesen. Am Ende kam er auf jeden Fall gestärkt und kraftvoll aus Santiago zurück und sagt:

»Ich glaube, im Grunde ist das jedem Menschen bewusst, aber die Pilgerfahrt hat es mir noch mal vor Augen geführt: dass man in lauter Zwängen steckt und deshalb Unwichtiges viel zu wichtig nimmt.«

Darum geht es an Wendepunkten: Zu trennen zwischen dem, was für unser Ego, unseren Verstand und unser Sicherheitsdenken so wichtig ist und oft unser ganzes Leben regiert – und dem, was unser Herz und unsere Seele brauchen. Diese Neubewertung kann Ihnen niemand abnehmen. Mögen die Ratschläge anderer auch noch so gut gemeint sein – aber ihr Rat entspricht ihren eigenen Erfahrungswelten. Ihren Prägungen, Ängsten, Kräften und Bewältigungsstrategien. Andere können Impulse geben, aber Sie müssen entscheiden, was sich jetzt für Sie richtig anfühlt.

Wenn Sie das Fühlen vermeiden wollen und sich nur auf Ihre Verstandesebene beschränken, sind allerdings auch Sie selbst sich nur ein unzulänglicher Ratgeber. An einem Wendepunkt helfen keine Hochrechnungen aus der Vergangenheit, keine analytischen Abwägungen von Für und Wider. Die ganzen Faktensammlungen bringen Sie nicht wirklich weiter, sie stehen Ihnen eher im Weg. All die scheinbar so logischen und überzeugenden Argumente – »Damit bin ich abgesichert«, »Das habe ich gelernt«, »Damit kann man gerade gutes Geld verdienen«, »Das ist ein sicherer Posten, eine sichere Branche«, »Dabei kann man nichts falsch machen« –, all diese Gedanken haben im Kern nur ein Ziel: Sie versuchen etwas zu kontrollieren, was nicht zu kontrollieren ist. Und sie halten Sie davon ab, wirklich nachzuspüren, was Ihnen guttut, was Ihre Leidenschaft weckt und wonach Sie sich wirklich sehnen.

Wenn Sie etwas Neues in Ihrem Leben wollen, dann betreten Sie automatisch das Land jenseits der Airbags und sicheren Komfortzonen. Sie sind an einem Punkt, an dem Sie nichts rational vorherplanen können. An dem Sie Schmerzen aushalten müssen, vor denen Sie vielleicht schon immer weggerannt sind.

Ich selbst konnte es nach einer Weile nicht mehr länger verdrängen, dass der Hexenschuss mich in immer kürzeren Abständen jedes Mal genau dann ereilte, wenn ich wieder vor dem nächsten Schritt ausbüxen wollte. Ich habe davor und danach nie wieder in meinem Leben eine Zeit von solch absoluter Ohnmacht auf jeder Ebene erlebt. Und ich musste das tun, was ich mein ganzes Leben lang sorgfältig vermieden hatte: Ich musste um Hilfe bitten!

Für mich (Eva) waren diese Hexenschüsse – auch wenn das vielleicht verrückt klingt – ehrlich gesagt ein Geschenk. So viele Jahre hatte ich das Gefühl, nie wirklich an meinen Mann heranzukommen. Auch wenn wir als Paar schon einen großen Annäherungsprozess erlebt hatten, so hatte der Job ihn doch immer wieder in einem Korsett festgehalten. Ich musste mit ansehen, wie er oft über sich und seine Gefühle hinwegging und seinem Inneren wenig Raum gab. Mein Mann redete von sich meist in irgendeiner Funktion, aber selten ganz unmittelbar über das, was ihn wirklich bewegte.

Sein Anspruch an sich und der rasante Karriereweg, dem er sich aussetzte, sorgten dafür, dass er immer stärker automatisch und wie ein Einzelkämpfer funktionierte, der eine Art Rüstung trug, die ihn unberührbar machte. Alles an ihm schien zu sagen: Ich brauche niemanden! Ich kann alles allein! Wenn ich jenseits der Rüstung Kontakt aufnehmen wollte, wenn ich spürte, wie erschöpft er oft war, blockte er ab. All meinen Beobachtungen und Instinkten schien er selten wirklich Beachtung zu schenken. Ganz zu schweigen davon, dass er meinen Einschätzungen gefolgt wäre.

Als dann seine Kündigung über unser Leben hereinbrach, hatte ich natürlich Angst. Angst um unsere Zukunft und um unsere finanzielle Absicherung. Viel öfter sogar, als er das hatte. Aber ich konnte vom ersten Tag an die unglaubliche Chance für uns alle in dieser Situation sehen. Ich weiß noch, dass ich am Abend der Kündigung beim Einschlafen in all dem Durcheinander fast berauscht dachte: Jetzt können wir endlich zusammenleben! Heimlich hatte ich sogar die – damals völlig abwegige – Fantasie, dass wir eines Tages einmal zusammenarbeiten könnten.

Auch wenn es nur eine Äußerlichkeit war: Ich fand es erleichternd, dass Anzug und Krawatte endlich im Schrank blieben. Das war wie Licht am Horizont. In diesen ersten Tagen ohne Anzug lagen seine Gefühle offen wie noch nie. Unsere kleine Tochter meinte: »Ach Papa, es ist schön, dass du auch mal weinst.« Und ich war wie erlöst, als meinem Mann seit Ewigkeiten zum ersten Mal die Tränen herunterliefen und er den ganzen Druck mit uns teilte. Bevor ihn die Kündigung ereilte, hatte er meist nicht die leiseste Ahnung davon, welche Gefühle in ihm rumorten. Unter dem wachsenden beruflichen Druck wechselten seine Zustände zwischen völlig abgeschnitten und starr oder verschlossener Dampfkochtopf auf großer Flamme. Aber meist war er kontrolliert, wenn es um seine Gefühle ging. Auf jeden Fall blockte er jeden Versuch, ihn darauf anzusprechen, sofort ab.

In den letzten Monaten vor der Kündigung war der Zustand fest verschlossener, schweigender Dampfkochtopf auf großer Flamme sein bevorzugter. Er arbeitete noch mehr als sonst, hatte meist keinen Hunger und rauchte lieber als zu essen. Aber wann immer ich ihn fragte, ob dieses Leben Sinn ergebe, wiegelte er sofort ab. Es war offensichtlich, dass er nicht in der Lage war, sich auch nur im Ansatz einzugestehen, wie ausgelaugt er war. Als bei ihm in den Tagen nach dem Schock der Kündigung dann erstmals Tränen flossen, war ich dankbar und voller Hoffnung, dass in unserer Familie ab jetzt eine neue Ära beginnen würde. Dass er abends statt Akten, Laptop und Handy vielleicht auch wieder Gefühle um sich herum ausbreiten würde.

Aber die Öffnung hielt nicht lange vor. Kaum war der erste Schock verdaut, wurde er wieder unberührbar und fing an, sich ans Telefon zu setzen und neu durchzustarten. Ehemalige Kollegen, Headhunter und Freunde waren ständig parat, sodass er wieder in die gewohnte geschäftige Betriebsamkeit verfallen konnte. Das war ihm sicher deutlich vertrauter, als den eigenen Gefühlen ausgesetzt zu sein.

Mein (Wolfram) Beruf war bis zum Tag der Kündigung einfach mein Hauptlebensinhalt. Mein Fokus war ganz und gar darauf gerichtet, Karriere zu machen und dem Bild zu entsprechen, das ich von einem erfolgreichen Manager hatte. Bis dahin hatte ich es für selbstverständlich gehalten, dass meine Frau und meine Freunde die gleichen Ansprüche an mich hatten. Ich hatte es nie hinterfragt. Natürlich merkte ich langsam, dass dem nicht so war. Dass meine Frau und meine Tochter überhaupt kein Problem mit meinen Tränen hatten. Aber ich hatte es.

Während sie erleichtert und froh über meine Verletzlichkeit waren, hatte ich mit meinem angekratzten Selbstwertgefühl als Mann zu kämpfen. Wenn die Tränen liefen, habe ich mich geschämt. Gemessen an meinem Männerbild war ich einfach kein richtiger Mann mehr. Immer wieder plagten mich Selbstzweifel. Dann habe ich mich gefragt: »Will sie mich jetzt überhaupt noch? Kann sie so einen Versager wie mich überhaupt noch lieben?« Aber statt mit ihr darüber zu reden, bemühte ich mich stattdessen mit aller Kraft, eine neue Lebensperspektive für uns alle zu schaffen.

Ich (Eva) musste meinem Mann bei allem schweren Herzens zusehen, ohne dass ich ihn wirklich hätte erreichen können. Bis der erste Hexenschuss kam und auch sein Körper ihn in aller Deutlichkeit zum Anhalten zwang. Er litt jedes Mal höllisch unter den Schmerzen. Aber anstatt sich Ruhe zu gönnen und sich mit der Krankheit auseinanderzusetzen, griff er immer schnell nach Medikamenten, die die Schmerzen betäuben sollten.

Also beschränkte sich der Umgang mit dem Hexenschuss jedes Mal auf eine Akutbehandlung mit Tabletten oder Spritzen, bis mein Mann wieder aufstehen und so gut es ging weitermachen konnte wie bisher. Irgendwann hat mich das wütend gemacht. Ich erinnere mich an eine Szene, bei der mich jeder Außenstehende wahrscheinlich als herzloses Monster beschimpft hätte: Wieder landete Wolfram von einem Moment auf den anderen auf dem Boden, krümmte sich und flehte mich an, ich müsse unbedingt zum x-ten Mal den Arzt holen. Aber diesmal sagte ich wie ferngesteuert: »Nein. Ich lass dich jetzt hier liegen und gehe. Ich tue mir das nicht mehr an. Krieg endlich mit, was hier läuft. Fühle endlich die verdammte Angst, die du nicht fühlen willst!«

Der Moment hat mir das Herz zerrissen. Aber ich wusste, dass es so nicht mehr weitergehen konnte. Also bin ich aus dem Zimmer marschiert und habe meinen wimmernden Mann liegen gelassen. Es konnte einfach nicht mehr länger dabei bleiben, dass er alles ausblendete und so tat, als ob der Hexenschuss ihn rein zufällig niederstrecken würde und nichts mit ihm und der ganzen angespannten Situation zu tun hätte.

Von Ehefrauen, Exkollegen und anderen gut meinenden Ratgebern

Dieser Abend – (Wolfram) meine Frau kam nach einer halben Stunde natürlich doch wieder zurück – war für mich eine Art Horrortrip und heilsame Schocktherapie zugleich. Ich war unglaublich wütend. Aber ich war in der Ohnmacht und dem Schmerz auch so weit auf mich zurückgeworfen, dass ich endlich ein Stück Verantwortung für mich selbst übernahm. Zum ersten Mal habe ich den Schmerz – und all meine Ängste, die damit verbunden waren – wirklich durchfühlt. Zum ersten Mal konnte ich sehen, dass es tatsächlich einen Zusammenhang zwischen diesem Schmerz und meiner Angst gab.

Ich weinte wie seit Kindertagen nicht mehr. Und das in den Armen meiner Frau. Es war, als ob sich endlich ein Pfropfen von meinem Herzen gelöst hätte. Als ob ich mich endlich einem Menschen anvertraut hätte. Nach diesem Abend war etwas anders. Ich war klarer und ruhiger mit der Situation, aber auch sensibler und meiner Frau näher. Und: Die Hexenschüsse verschwanden tatsächlich. Einfach so, wie sie gekommen waren. Mehr und mehr fiel von mir ab. Ich gab endlich Ruhe und genoss es, auch mal allein zu sein. Ich konnte nun immer ehrlicher mit mir umgehen.

Krisen – egal ob beruflich, partnerschaftlich, seelisch oder körperlich – sind zu einem gut: Sie erschüttern Ihr Selbstbild. Ein Selbstbild, das in Wahrheit nur eine Fassade ist, hinter der Ihr wahres Wesen samt Ihrer natürlichen Kraft zu lange eingesperrt war. Der Zusammenbruch kann also nützlich und äußerst heilsam sein, wenn Sie authentischer und echter leben wollen.

Mein Selbstverständnis als Vater, als Partner, als erfolgreicher Manager und meine Vorstellung vom Mannsein wurden damals fast täglich neu erschüttert. Das war offensichtlich notwendig, damit ich wirklich Mann werden konnte. Ganz unmerklich liefen dabei zwei Entwicklungen gegeneinander: In dem Maße, in dem ich mich von meinem alten Selbstbild als Mann lösen musste, wuchs ich mit meiner Frau zusammen – und desto mehr wuchs mein Bedürfnis, mit Menschen zu arbeiten und ihnen nahe zu sein, statt mich wie bisher vorrangig auf Projekte, Produkte und Karriereziele zu fokussieren.

Das war er also, mein großartiger Durchbruch: Ich hatte meinen Job verloren und den Hexenschuss überwunden und zurück zu mir und zu meiner Frau gefunden. Ich wusste jetzt, dass ich nie mehr eine Mauer zwischen meiner Arbeit und meiner Familie haben wollte. Ich brauchte nicht einfach einen neuen Job. Mir ging es um ein neues Lebensmodell.

So lange hatte ich auf diesen Moment des Durchbruchs gewartet, auf den Moment, endlich zu wissen, was ich will. Aber ich hatte ihn mir gänzlich anders vorgestellt. Ich hatte geglaubt, dass ich jetzt genau wissen würde, welche Funktion in welchem Unternehmen ich einnehmen würde. Ich hatte einen triumphalen Durchbruch in eine neue Karriere erwartet, verbunden mit einer Art beruflicher Rehabilitation, in der meine Widersacher alle sehen sollten, was für ein grandioser Manager ich doch war. Stattdessen hatte ich meinen Platz in meiner Familie, einen neuen Zugang zu meinen Gefühlen, ein neues Verständnis von Krankheiten und neue Prioritäten für mich und mein Leben gefunden.

Von Ehefrauen, Exkollegen und anderen gut meinenden Ratgebern ∞ 79

Weniger Karriere, mehr Leben

Als mein Mann endlich kapituliert und sich seine wahren Bedürfnisse eingestanden hatte, war ich selig. Aber auch ziemlich in Angst um unsere finanzielle Zukunft. Viele Frauen träumen davon, dass ihr Mann endlich die Notbremse zieht, aus dem beruflichen Turbowahnsinn aussteigt und wieder als Mann vorhanden und erreichbar ist. Und heutzutage, in Zeiten der Postemanzipation, träumen natürlich längst auch viele Frauen davon, sich aus dem eigenen, hart erkämpften Chefsessel wieder davonmachen zu können, um die verstaubten Hüften mal wieder zu wiegen, die Seele baumeln und den Geist von der Leine zu lassen.

Beide Wünsche kollidierten damals allerdings bei mir. Wenige Monate, bevor mein Mann seinen Job verloren hatte, hatte ich wiederum endlich meinen Traum wahr gemacht: Parallel zu meiner Arbeit als Coach hatte ich begonnen, das Buch *Liebe dich selbst und es ist egal, wen du heiratest* zu schreiben.

Als dann mein Mann seine Arbeit verlor, die für den weitaus größten Teil unseres Einkommens gesorgt hatte, rieten mir viele Bekannte und Freunde, mit dem Schreiben doch wieder aufzuhören. Die meisten hielten es für eine nette Spinnerei und meinten, wir hätten jetzt wirklich andere Sorgen. Ich solle doch zusehen, wie ich nun schnellstmöglich mehr Geld in meiner Praxis verdienen könnte.

Aber ich war so beseelt von meiner Idee, dass mich niemand wirklich davon abbringen konnte. Ich schrieb und schrieb … Das wiede-

80   ∞   *I. Teil: Erfahrung*

rum überraschte mich selbst. Denn ich hatte zugleich größere Zukunftsängste als mein Mann. Je deutlicher sich abzeichnete, dass es für ihn keinen Weg mehr zurück in seinen alten Beruf und damit auch nicht zu seinem alten Gehalt geben würde, desto mehr steigerte sich der unterschwellige Druck in mir. Wir hatten keine großen Ersparnisse, und so fragte ich mich immer öfter, wie es weitergehen und wovon wir unseren Lebensstandard finanzieren sollten.

Alte Ängste stiegen auf. Ich hatte nicht nur schon einmal meinen beruflichen Traum begraben, sondern auch schon einmal ein Leben in Wohlstand aufgeben müssen.

Seit ich denken kann, wollte ich immer nur eins: Journalistin werden und für andere Menschen schreiben. Schon während der Schulzeit habe ich meine ersten Artikel für die Lokalzeitung in meinem Heimatort geschrieben und von da an nie etwas anderes als diesen Beruf gewollt. So lernte ich den Journalismus von der Pike auf und machte dank meiner großen Leidenschaft und meines Engagements schnell Karriere. Schrieb für Printmedien und die Deutsche Presseagentur, arbeitete später für den WDR und verwirklichte mir früh schon meinen Traum, im Ausland zu arbeiten.

Nach einem Jahr in Kairo ging es nach Südafrika. In Zeiten der Apartheid forderte das Land am Kap mich als Journalistin wie nichts vorher. Nie zuvor hatte ich mit so viel Leidenschaft und unermüdlichem Einsatz gearbeitet und recherchiert. Nie zuvor hatte ich so viele Widersprüche erlebt, mich in solche Gefahren begeben und so große menschliche Not und Grausamkeit erlebt. Aber je länger ich am Kap lebte, desto komplexer wurden meine Erfahrungen. Mir wurden die Grautöne wichtig. Ich wollte Geschichten erzählen, die vereinten, statt weiter zu trennen.

Um einen langen schmerzlichen Prozess kurz zu machen und viele leidige Diskussionen mit Redaktionskollegen zu Hause zusammenzufassen: Der Tag kam, an dem mir etwas klar wurde. Wenn ich mir treu bleiben wollte, konnte ich nicht mehr länger Journalistin

Weniger Karriere, mehr Leben ∞ 81

sein. Das, was ich mit meinem Schreiben immer wollte, konnte ich so nicht mehr verwirklichen. Meine Heimatredaktionen waren an meinen Grautönen und Facetten nicht sonderlich interessiert. Es gab zu Hause ein klares mediales Schwarz-Weiß-Bild, in das sie nicht hineinpassten.

Eines Morgens wachte ich wieder wegen einer Diskussion mit einem Redakteur zu Hause in Deutschland mit Magenschmerzen auf und wusste: Jetzt muss ich aufhören. Schweren Herzens verließ ich Südafrika, das Land, das ich sehr liebte, und ging zurück in meine Heimatstadt. Dort schrieb ich als eine Art journalistischer Psychohygiene alle unveröffentlichten, für mich bedeutsamen Geschichten in einem Buch auf und beendete damit mein Dasein als Schreiberin.

Dass ich jetzt, rund fünfzehn Jahre später, wieder schrieb, war also für mich weit mehr als eine Spinnerei. Ich war zurückgekehrt zu dem, was ich immer wollte. In diesem Buch schrieb ich wieder mit Leib und Seele über das, woran ich glaubte. Ich schrieb endlich wieder ehrlich und von Herzen für die Menschen, die ich erreichen wollte. Und ausgerechnet jetzt verlor mein Mann seine Arbeit und wir unser sicheres Einkommen. Sollte ich deshalb meinen Traum wieder aufgeben? Nein! Bei aller Ungewissheit über unsere Zukunft – aber ich würde weiterschreiben. Hierin war meine Leidenschaft stärker als meine Angst.

So schrieb ich weiter, aber meine Angst blieb und flüsterte mir vor allem abends beim Einschlafen bedrohlich mahnend ins Ohr: »Denk dran, du weißt, was passieren kann. Du hast doch schon mal alles verloren und vor dem finanziellen Nichts gestanden!« Zugegeben, da hatte sie recht.

Nachdem ich nicht mehr Journalistin war, wurde ich über einige Umwege gleich nach der Wende PR-Managerin bei einem Kraftwerksbauer. In dem ehemaligen Ostunternehmen gehörte zu meinen Aufgaben neben der klassischen PR auch die sogenannte interne Kommunikation. Damit hatte es in der Zeit der Wiedervereinigung allerdings eine besondere Bewandtnis. Wie in den meisten ehemaligen Ostunternehmen wurde unmittelbar nach der Übernahme durch ein Westmanagement in unserer Firma radikal Personal »abgebaut«, wie es damals in den internen Rundschreiben immer so unpersönlich hieß.

Diesen Abbau kommunikativ zu begleiten, das war der Kern meiner Aufgaben im Rahmen der internen Kommunikation. Konkret bedeutete das, dass ich im Laufe von zwei Jahren für weit über tausend Mitarbeiter nüchtern beschwichtigende Worte finden musste, die sie nach Jahrzehnten der Unternehmenszugehörigkeit in die Arbeitslosigkeit und oft auch in die völlige berufliche Perspektivlosigkeit begleiten sollten. Vielen Mitarbeitern musste ich persönlich die Hiobsbotschaft übermitteln. Bei anderen den Versuch unternehmen, ihnen irgendwie erträglich zu erläutern, warum sogar Ehepartnern mit kleinen Kindern gemeinsam gekündigt wurde. Es gab nicht viel, was ich in Sachen Kündigung an persönlichem Schmerz, Verzweiflung, Existenzangst, Ohnmachtsgefühlen und Hass bei Mitarbeitern nicht erlebt habe.

Am Anfang konnte ich oft nicht schlafen, wenn eine weinende Frau Anfang fünfzig mir ihre ausweglosen Lebensumstände nach der Kündigung geschildert hatte oder ich jemanden wie tot seine Sachen packen und sein Büro räumen sah. Manchmal habe ich wilde Diskussionen über Einzelschicksale mit unserem Vorstand vom Zaun gebrochen und bin tagelang kämpfend als Robin Hood in irgendwelche Sitzungen marschiert.

Aber irgendwann war der Spagat für mich nicht mehr auszuhalten. Ich wusste, dass das Unternehmen ohne die harten Sanierungsmaßnahmen keine Chance hatte, dass das angeschlagene Schiff mit allen an Bord untergegangen wäre. Aber ich fühlte auch mit den Menschen und wusste mit der Zeit zu viel aus ihrem persönlichen Leben, um sie einfach unter P wie Personalabbau abzulegen. Irgendwann machte ich dicht und funktionierte nur noch. Ich verlor an

Weniger Karriere, mehr Leben ∞ 83

Kraft und vor allem an Leidenschaft, hatte immer öfter eine andere Einschätzung der Dinge als unser Vorstand und war damit auch nicht mehr die richtige Unterstützung für ihn.

Aber auch zu den Mitarbeitern wuchs der Abstand. Ich merkte, dass die verbliebenen Leute immer öfter aus Angst um ihren Job taktierten und versuchten, sich möglichst unauffällig durchzulavieren. Auf allen Ebenen konnte man bei genauem Hinsehen erleben, dass die Menschen sich nicht wirklich darum kümmerten, was das Beste in ihrer Situation, für die Sache, den Ablauf, den Vorgang, die Abteilung, das Unternehmen war, sondern wie sie am besten dastünden und am schnellsten Zahlen vorweisen konnten, die sie aus der Schusslinie brachten. Es wurde gemauschelt, getuschelt und gemauert.

So ging ich weiterhin in aller Herrgottsfrühe ins Büro und arbeitete immer noch viel zu viel. Aber alles wurde kontinuierlich verkrampfter und leerer. Parallel wurden die Abstände zwischen den Abenden immer kürzer, an denen ich abends ins Bett ging und dachte: »Ich schaff das nicht mehr. Ich kann da morgen nicht mehr hingehen.« Mein Köper streikte zuerst. Ich hatte immer häufiger extreme Rückenschmerzen, konnte nicht mehr schlafen und wurde von irgendwelchen kursierenden Grippeviren, die mir früher nichts anhaben konnten, in kurzen Abständen regelrecht niedergestreckt. Als mich dann plötzlich beängstigende Herzrhythmusstörungen befielen und kein Arzt eine körperliche Ursache finden konnte, wusste ich, dass es so nicht mehr lange weitergehen konnte.

Aber kaum dachte ich an Kündigung, wurde sofort eine ganz andere Stimme laut: Stell dich nicht so an! Du hast doch einen tollen Job, um den dich andere beneiden würden. Du verdienst eine Menge Geld. Hast Einfluss und kannst was bewegen. Was willst du mehr? Also ging ich am nächsten Morgen wieder hin und funktionierte. Ich fing an, meine Hosenanzüge und Kostüme zu hassen. Riss mir abends diese Berufsrüstung vom Leib, sobald ich die Tür meiner Wohnung hinter mir zugemacht hatte. Ich dachte immer öfter über einen neuen

Job nach, ruderte dann aber resigniert wieder zurück, weil ich nur wusste, was ich nicht mehr wollte.

Als mich dann wieder eine Grippe erwischte, merkte ich, dass ich innerlich zum ersten Mal dankbar war, dass der Virus mich da herausholte. Bis dahin hatte ich mich in jedem Zustand ins Büro geschleppt. Jetzt war ich froh, als der Arzt sagte: »Mindestens eine Woche sollten Sie im Bett bleiben.« Darüber froh zu sein – das war neu. Und auf einmal gehörte ich zu denen, die ich früher immer verurteilt hatte: Leute, die krank »feierten«.

Unter Tränen schrieb ich endlich eine Kündigung und einen ausführlichen, persönlichen Brief an meinen Vorstand. Aber nach meiner Genesung gab ich beides nicht ab. Ich hatte einfach Angst vor den Konsequenzen: Ich war allein. Körperlich und seelisch am Ende. Ich wusste nicht, was ich tun wollte. Hatte keine konkreten Jobangebote. Machte aber auch einen Bogen um alle Personalberater und Stellenanzeigen, weil ich Angst hatte, in diesem Zustand in einer neuen Firma zu versagen.

So trug ich die Kündigung monatelang mit mir herum und fing an, mich bei der Arbeit aus den heißen Kriegsgebieten zu verdrücken. Ich war so dünnhäutig geworden, dass ich keine Auseinandersetzung mehr ertragen konnte. Ich war in der Firma wie auf der Flucht: bloß gut funktionieren und keine Fehler machen. Aber hinter dieser Fassade fühlte ich mich wie eine Blenderin, die jeden Moment auffliegen könnte. Ich fing an, mich selbst zu hassen. Jetzt war ich wirklich genauso geworden wie die, die ich nie gemocht hatte: Leute, die ihren Job nur noch aus Sicherheitsdenken und ohne echte Leidenschaft tun. Die sich sagen: Bloß nicht rühren! Hier gibt's schließlich Renten- und Krankenversicherung und das Geld für den nächsten Urlaub …

Mein Prozess lief damals genau andersherum ab wie der von Wolfram einige Jahre später. Ich spürte immer genauer, wo ich stand und wie unerträglich es mittlerweile in meinem Inneren aussah. Ich wusste ziemlich genau, dass mein Körper nicht zufällig immer anfälliger wurde. Ich wartete eigentlich täglich darauf, dass der Vorstand endlich käme und mich vor die Tür setzen würde. Aber mir selbst fehlte der Mumm, endlich einen Schlussstrich zu ziehen.

Ich war zwar längst ein Sklave meiner Arbeit. Aber ich hatte mich auch viel zu sehr ans luxuriöse Managerleben in schicken Hotels, teuren Restaurants und großzügiger Dachgeschosswohnung gewöhnt. Was sollte ich meinen Freunden sagen? Dass ich nicht mehr konnte? Dass ich am Ende sei? Dass ich nicht mal wüsste, was ich überhaupt noch beruflich tun könnte? Ich war doch schon einmal ausgestiegen. Noch einmal könnte ich niemandem erklären, dass ich wieder nicht weitermachen könnte, wenn ich mir auch nur ansatzweise treu bleiben und wieder zu Kräften kommen wollte. Ich war am Ende, aber ich traute mich nicht, ein Ende zu setzen.

Das Ende setzte dann nicht mein Chef, sondern mein Körper. Eines Morgens sollte ich vor einem größeren Publikum einen Vortrag über die glorreichen Errungenschaften der vorbildlichen PR in unserem Unternehmen halten. Schon Tage davor drehte es mir den Magen um bei dem Gedanken. Nicht nur, dass ich immer von Redeängsten geplagt war. Ich hatte das Gefühl, an der Heuchelei zu ersticken. Ein Wrack wie ich sollte nach zwei Jahren ununterbrochener Kündigungswellen in einem Unternehmen, dessen Graben zwischen Ostmitarbeitern und Westmanagern kaum noch größer werden könnte, anderen Menschen Erfolgs- und Vorzeigegeschichten über uns erzählen. Das war absurd!

Am Morgen vor dem Vortrag brachte mir eine Mitarbeiterin die Charts mit all den perfekten Zahlen und optimistischen Kurven. Ich schaute darauf, fing an zu schwitzen und dachte nur: Das kann ich nicht! Dann fing ich an zu zittern, mir wurde schwarz vor Augen, und ich fiel um.

Als ich wieder zu mir kam, fühlte ich mich so ruhig wie seit Ewigkeiten nicht mehr. Der Notarzt hatte mich per Spritze mit ausreichend Beruhigungs- und Entspannungsmitteln versorgt. Ich war benebelt und in dieser Ruhe doch auch glasklar: Das war es, wonach ich mich so lange gesehnt hatte. Bevor ich nach Hause gebracht wurde, holte ich meinen schon zerknickten Abschiedsbrief an meinen Chef aus der Tasche und legte ihn auf meinen Tisch. Endlich war auch ich im wahrsten Sinne des Wortes freigesetzt.

Während der Monate danach war ich allerdings einem ständigen Wechselbad ausgesetzt. Ich war jetzt arbeitslos. Keine Funktion, kein Kostüm, kein Büro – ich fühlte mich wie ein Exhäftling auf freiem Fuß. So als ob mir das Leben wieder geschenkt worden wäre. Aber gleichzeitig kämpfte ich mit extremsten Zukunftsängsten. Ich hatte nicht die leiseste Idee, wie alles weitergehen und wovon ich mich ernähren sollte. Ich verkaufte mein Auto, fuhr Fahrrad und rechnete beim Einkauf im Supermarkt, ob ich mir Schinken leisten könnte oder nicht. Ich musste meine schicke Wohnung kündigen und habe mit einigen Freunden einen ziemlich heruntergekommenen Altbau hergerichtet. Aber vor allem zog ich mich komplett aus meinem alten Leben zurück.

Von Woche zu Woche verstand ich immer weniger, wie ich dieses Leben so lange ausgehalten hatte. Ich wusste auch nicht mehr, was ich mit meinen alten Kollegen oder Geschäftsfreunden anfangen sollte. Ich wurde fast zur Einsiedlerin und hatte das Gefühl, ich müsste Jahre des Schlafs und der Ruhe nachholen. Aber immer, wenn es wirklich ruhig wurde, dann lauerte im Hintergrund die Panik in mir: Vor allem abends allein in der Wohnung wurde ich oft regelrecht von meiner Angst vor der Zukunft übermannt. Wovon sollte ich leben? Was sollte ich beruflich nur machen? Ich war völlig orientierungslos.

Einen Hosenanzug anzuziehen, smarte Vorstellungsgespräche zu führen und dabei ein Gewinnerlächeln aufzusetzen wäre einfach nur schlechtes Theater gewesen. Aber nicht einmal das hätte ich aufführen können, so durchlässig und wackelig fühlte ich mich. Eine Freundin hatte eine Werbeagentur und gab mir ein paar Texterjobs, mit denen ich mich über Wasser halten konnte. Aber das beantwortete auch nicht meine Frage, wie ich wieder wirklich zu Kräften kommen, meinen Glauben an mich zurückgewinnen und vor allem eine berufliche Perspektive finden könnte. In mir war alles einfach zu diffus. Ich kannte, im Gegensatz zu vielen anderen Menschen, meine Talente und war ihnen auch tatsächlich immer wieder nachgegangen. Aber wenn ich ehrlich in den Spiegel guckte, musste ich mich fragen: Was hatte es mir genutzt?

Hier saß ich: Ich war Single, erschöpft, knapp bei Kasse und dank eines Nervenzusammenbruchs am Ende meiner zweiten Karriere angekommen. Wo lag da meine Kompetenz? Was hatte mir meine Leidenschaft gebracht? Nichts, außer der Klarheit, dass es einen anderen Weg geben müsste als den, den ich die letzten Jahre verfolgt hatte. Denn der hieß, im wahrsten Sinne des Wortes: arbeiten bis zum Umfallen.

Eine Krise trifft selten nur einen allein – oder: Krise im Job, Krise zu Hause

Die ursprüngliche Motivation, dieses Buch überhaupt zu schreiben, war unsere Leidenschaft für das Wachstum in Beziehungen. Dabei wurde während unserer Arbeit allerdings eins immer deutlicher: Ein Paar kann noch so um den Erhalt und die Wiederbelebung seiner Beziehung bemüht sein – wenn der Beruf eines oder beider Partner wie ein Parasit von außen alle Kräfte abzieht, dann sind meist alle Bemühungen um die Beziehung zum Scheitern verurteilt. Nur wenn zwei den Mut haben, ihrer Partnerschaft Priorität zu geben und Grenzen ins Berufsleben zu bringen, kommen sie wieder zu Kräften und ihre Partnerschaft zu neuer Lebendigkeit.

Sie können jahrelang an sich und Ihrer Beziehung arbeiten, Ihre Kommunikation verändern und alte Verletzungen aufarbeiten. Wenn Sie aber ansonsten einfach weitermachen wie bisher und ohne jede Grenze all Ihre Kräfte im Job verbrauchen, wird Ihnen das nicht viel nützen. Wenn Sie Ihre Sensibilität Ihrem Job opfern und dort mit immer härteren Bandagen kämpfen, sich verschließen und verhärten, dann überschattet das Ihre Partnerschaft und laugt Sie hintenherum aus, während Sie sich vordergründig um Ihre Genesung bemühen. Vor diesem Hintergrund kann eine berufliche Krise aus unserer

Erfahrung zu einer wirklich großen Chance für die Erneuerung der Partnerschaft werden.

Dass ich (Eva) nicht nur die berufliche Welt meines Mannes kannte, sondern auch selbst erfahren hatte, wie es sich in einem Burn-out und nach einer erzwungenen Vollbremsung ohne Perspektive anfühlt, war in den Zeiten seiner Kündigung in gewisser Hinsicht ein Vorteil. Ich bin damals in keinem Augenblick der Versuchung erlegen, ihn zu irgendwelchen Kompromissen zu überreden oder gar zu einem Weg zurück zum Funktionieren in seinen alten Strukturen.

Ich wusste, dass es jetzt nur nach vorn weitergehen konnte. Dabei konnte ich allerdings mir und meinem Mann nichts vormachen. Ich wusste, dass wir uns gerade bei Sturm auf hoher See befanden, ohne wirklich Land in Sicht zu haben. Aber ich wusste auch, dass man, wenn man aus diesem Sturm heil herauskommt, Erfahrungen im Umgang mit Wind und Wellen und sich selbst hat, von denen man vorher nicht einmal eine Ahnung hatte. Und diese Erfahrungen würde man nie mehr missen wollen.

Viele Frauen zerren an ihren Männern, weil sie hautnah miterleben, wie diese sich selbst ausbeuten. Sie sehen meist schon lange, dass das, was er tagein, tagaus mit sich, seinem Herzen, seiner Seele und seinem Körper tut, ein Weg in die Sackgasse ist. Sie spüren, dass dieser Mann in der Beziehung und in der Familie kaum noch präsent ist. Dass er oft nur noch nach Hause kommt, um aufzutanken oder um all die aufgestauten Spannungen loszuwerden.

Die Frauen sehen das Dilemma und leiden oft mit. Aber außer Meckern und Zerren haben sie der langsamen Erstarrung und Selbstzerstörung ihrer Männer meist nicht viel entgegenzusetzen. Viele Frauen können ihren Männern keine Alternativen aufzeigen. Haben selbst noch nichts gewagt. Haben keine Erfahrung, wie man auf echtere und erfüllendere Art Erfolg haben und seine Talente verwirklichen kann. Wie man auf beziehungs- und familienfreundlicheren Wegen ausreichend Geld verdienen kann.

Auch das war in unserem Fall in einem Punkt anders: Ich hatte längst begonnen, neue berufliche Wege zu erkunden und mich von meinen alten Begrenzungen zu verabschieden. Seit meinem Nervenzusammenbruch waren bis zur Kündigung meines Mannes rund zehn Jahre vergangen. Das war zwar reichlich Zeit für mich, um Abstand zu gewinnen und meine damalige Krise zu verarbeiten. Aber ich war immer noch weit davon entfernt, mit meinem neuen Beruf ausreichend Geld für unseren Familienunterhalt oder gar genauso viel Geld wie mein Mann zu verdienen. Das war allerdings dann auch ein entscheidender Punkt: Denn ich kannte nur eines der Geheimnisse auf dem Weg vom Job in die Berufung.

Wenn man etwas Altes, Sicheres, aber Beengendes und Auszehrendes wirklich loslässt und sich der Ungewissheit öffnet – dann schafft man damit endlich Raum dafür, dass sich etwas Neues, Passenderes und Lebendigeres entwickeln kann. Dann entdeckt man seinen natürlichen Platz im Leben. Den, der sich auf einmal einfach richtig anfühlt.

Aber ich kannte das zweite Geheimnis noch nicht: Wie man dabei auch ohne Druck und Gier für Fülle und Wohlstand sorgen kann. Entsprechend hinkte meine Unterstützung für meinen Mann. Immer wieder ermutigte ich ihn, zu vertrauen, mehr auf sein Herz zu hören und sich für ganz neue Perspektiven zu öffnen. Aber dann packte mich wieder die Existenzangst, und ich wurde verunsichert und ungeduldig.

An dieser Stelle kann ich alle Ehefrauen nur warnen: Sie können nicht andauernd meckern und jammern oder einen leidenschaftlichen Vortrag nach dem anderen halten, der Ihren Mann endlich in die Veränderung oder gar zum Ausstieg aus dem Karrierekarussell bewegen soll, ohne ihm entweder eine Rückfallposition zu bieten oder selbst den Mut, einen langen Atem und die Bereitschaft zu haben, gegebenenfalls auch einen deutlich niedrigeren Lebensstandard und einen radikalen Wandel des gemeinsamen Lebens zu akzeptieren.

Eine Krise trifft selten nur einen allein

Es ist, als ob Sie mit ausladender Geste über ein Meer voller Haifischflossen zeigten, an dessen Horizont die Silhouette einer wunderschönen Palmeninsel zu erkennen ist. Und dann Ihrem Mann sagen: »Schatz, wenn du da durchschwimmst, wartet dort hinten das Paradies auf dich.« Ihr Mann müsste schön blöd sein, wenn er sich Ihnen anvertrauen würde.

Die beste Position, von der aus Sie als Ehefrau die Kraft haben, einen Wandel einzuläuten, ist die, wenn Sie Ihren Partner vom Palmenstrand der Insel auf der anderen Seite des Meeres aus herbeiwinken können. Und zwar nachdem Sie den Weg durch die Haifische dorthin bereits hinter sich haben. Wenn Sie wissen, was einem unterwegs blüht, und wissen, wie man heil zwischen den Tierchen hindurchkommt. Sie haben einfach eine andere Ausstrahlung und Überzeugungskraft, wenn Sie authentisch sagen können: »Schatz, ich weiß, dass es geht. Hol tief Luft und wag es.« Das hat Kraft, die einen anderen Menschen bewegen kann, sich auf ein Abenteuer und ein volles Risiko einzulassen.

Wenn Sie selbst noch nicht geschwommen sind, aber einen Partner haben, der gerade in einer beruflichen Sackgasse steckt oder von einem Burn-out oder einer Kündigung erfasst und aufs offene Meer geschleudert wurde, dann ist die Gefahr groß, dass Sie ängstlich am Ufer stehen und hoffen, dass die Wellen ihn ja wieder zurückspülen. Aber das Leben will gerade offensichtlich etwas ganz anderes von Ihnen.

Wenn Ihr Partner in eine berufliche Krise gerät, die auch Ihr Leben ins Wanken bringt, dann sind auch Sie gefordert. Dann heißt es auch für Sie, sich den aufkommenden Ängsten zu stellen und Gewohnheiten, Sicherheiten und vertraute Muster loszulassen.

Wenn Sie ehrlich hingucken, war aller Wahrscheinlichkeit nach nicht nur sein Leben, sondern auch Ihr Leben nicht mehr wirklich tragfähig, lebendig und gesund. Und alles drückt und zwickt wie eine zu enge Hose, weil Ihr Inneres nach neuem Raum und einer neuen, passenderen natürlichen Ordnung sucht.

Nur Sie selbst können sich mutig den Ängsten und dem altvertrauten Sicherheitsbedürfnis stellen. Die Frage, wo auch Ihr Leben nicht mehr echt, nicht mehr kraftvoll und inmitten einer vordergründig bequemen, aber zu engen Routine eingerichtet war, können nur Sie ehrlich beantworten. Wenn Sie den Druck, der durch die Krise Ihres Partners in Ihr Leben gekommen ist, jetzt für eine persönliche Inventur nutzen, dann können auch Sie Ihren neuen Platz finden. Wenn Sie aber gegen die Entwicklungen anrudern, ängstlich klammern oder gar Schuldzuweisungen verteilen, dann schwächen Sie Ihren sowieso schon angeschlagenen Partner nur noch weiter und machen sich von jemandem abhängig, der das Steuer einfach nicht mehr in der Hand hat.

Die Krise fordert Sie auf, ein echtes Team zu werden. Wir erleben in unserer Arbeit immer wieder, dass der eine Partner oft genau die Fähigkeiten hat, die nötig sind, um den anderen zu unterstützen, zu ermutigen und ihm neue Perspektiven zu eröffnen.

Auch wenn Sie keine inhaltlichen Kompetenzen in dem Bereich besitzen sollten, in dem Ihr Partner arbeitet oder zukünftig arbeiten möchte, Sie können ihm trotzdem mit Ihren Beobachtungen ehrlichere und treffendere Impulse geben als manch anderer. Vielleicht sagen Sie sich: »Das kann ich nicht. Ich weiß gerade selbst nicht, wie es bei uns weitergehen soll.« Sie müssen es auch nicht wissen. Aber Sie können mit Ihrem inneren Abstand, gesunder Neugierde und echtem Interesse vielleicht klarer sehen, was Ihr Partner jetzt braucht, als er es selbst unter dem Druck kann. Oft braucht man einfach nur einen Menschen, der einem Fragen stellt oder einem für einen Moment einen urteilsfreien Raum für die Ängste und Nöte gibt. Danach sieht man die Dinge oft schon wieder mit mehr Ruhe und mit neuer Kraft.

Es gibt immer noch viele Ehen mit klassischen Rollenverteilungen: Der Mann sorgt für das Haupteinkommen, die Frau kümmert sich um Kinder und Familie und hat gegebenenfalls eine Teilzeitbeschäftigung. Wenn Sie in einer solchen Konstellation leben und das Gefühl haben, dass der Beruf die Beziehung oder das Familienleben belastet, dann sieht es nur vordergründig so aus, als ob Ihr Partner nur einen Gang zurückschalten müsste, damit alles wieder in Ordnung kommen würde. So eindimensional funktioniert der Wandel nicht.

Wenn Sie wirklich eine Veränderung wollen, dann müssen Sie Ihre eigene Position überprüfen. Eine Beziehung funktioniert immer in Polaritäten. Wenn der eine sich sehr stark in die eine Richtung bewegt hat, dann weil der andere sich auch eingerichtet hat – oft einfach nur in der komplett entgegengesetzten Ecke. In einer Partnerschaft, in der sich einer immer weiter aus der Beziehung heraus nach draußen arbeitet, gibt es oft einen »passenden« Partner, der alle internen Positionen so besetzt, als ob er dort unabkömmlich wäre. Das ist nur eine der unbewussten Dynamiken von Partnerschaft, die es in Krisenzeiten zu verstehen gilt.

Eine weitere wichtige Regel ist die, dass der, der fürs Geld sorgt, sich mehr oder minder bewusst auch für die Familie verantwortlich fühlt. Viele Berufstätige mit Familie geraten nicht aus reinem Ehrgeiz in eine sich immer schneller drehende Karrierespirale. Oft stehen sie unter dem inneren Druck, immer mehr und noch mehr und noch mehr leisten zu müssen, weil sie das Gefühl haben, nur so die Verantwortung wirklich tragen und der Familie zu Hause Gutes tun zu können. Das fühlt sich dann mit der Zeit für den Betroffenen immer schizophrener an: Je mehr ich arbeite, je mehr ich leiste, desto unzufriedener werden alle zu Hause. Desto mehr zieht und zerrt die ganze Familie an mir. Egal, wie sehr ich mich anstrenge – es reicht nie aus.

Als Partner zu Hause ist es wichtig, dass Sie verstehen: Ihr arbeitender Partner ist nicht einfach deshalb andauernd weg, weil Sie ihm egal sind. Er lebt beruflich in einer Dynamik, in der es kein Ende, kein Genug, sondern immer neuen Druck gibt.

Wenn im Beruf das eine erreicht ist, dann wartet meist schon das nächste Projekt, die nächste Gehalts- oder Hierarchiestufe, die nächste Herausforderung, die es mit noch mehr Einsatz zu meistern gilt. Die Triebkräfte sind fast immer unbewusst, aber stark: Pflicht- und Verantwortungsgefühle können genauso gnadenlose Antreiber sein wie die Angst vor Mangel oder das Bedürfnis nach Anerkennung und Erfolg. Unsere Chefs und der Markt sind immer nur sekundäre Antreiber. Der wirkliche Druck kommt aus unserem eigenen Inneren.

Es ist wichtig, dass ich als Partner um diese Dynamiken weiß. Sonst erreiche ich mit all meiner – vielleicht sogar gerechtfertigten – Kritik oft genau das Gegenteil: Wenn ich zerre, wünsche ich mir eigentlich mehr Nähe zu meinem Partner. Aber bei ihm kommt an, dass er es immer noch nicht gut genug gemacht hat. Und in Folge gerät er noch mehr unter Druck, etwas leisten zu müssen.

Wenn Ihr Partner der Hauptverdiener ist, aber gerade in einer beruflichen Krise steckt, dann könnte das eine ganz neue Chance für Ihre Beziehung, für Ihr Privatleben und für die Familie sein. Vorausgesetzt, nicht nur er beginnt, jetzt mehr auf sein Herz, seine innere Stimme zu hören, sondern auch Sie setzen sich in Bewegung. Konkret: Wenn der eine endlich loslassen muss, dann geht es beim anderen aller Wahrscheinlichkeit nach darum, dass er sich traut, wieder mehr zuzupacken.

Wenn Sie dávon träumen, dass Ihr Partner endlich wieder zur Ruhe kommt, endlich mehr Zeit für Sie und die Kinder hat, endlich wieder präsenter ist, dann fragen Sie sich, was Sie übernehmen können, damit er wagt loszulassen.

Wovon müssten Sie loslassen? Vielleicht von Ihrem Glauben, dass Sie ihn nicht wirklich auffangen und Teile von seiner Verantwortung übernehmen können? Dass die Kinder ohne Sie nicht klarkommen? Dass gerade jetzt auf keinen Fall Geld da ist für mehr Unterstützung im Haushalt? Dass Sie nicht wissen, womit Sie Erfolg haben

Eine Krise trifft selten nur einen allein ∞ 95

könnten? Dass Sie sich nicht trauen, Ihrer eigenen Berufung nachzuspüren? Dass Sie nicht glauben, jemals ohne Überforderung und Selbstausbeutung für einen großen Teil des Unterhalts Ihrer Familie sorgen zu können? Dass Sie ohne die große Wohnung, dieses Haus, den Zweitwagen, die gesellschaftliche Anerkennung nicht leben können?

Sie glauben gar nicht, was Sie alles können, und vor allem, wie befreiend es sein kann, von den gewohnten Ansprüchen und Vorstellungen einmal loszulassen. Und vielleicht können Sie jetzt noch gar nicht erahnen, wie sehr Sie zu zweit das perfekt ineinandergreifende Instrumentarium haben, um sich gegenseitig zu inspirieren, zu motivieren und durch schwierige Phasen zu bringen. Gerade wenn Sie und Ihr Partner von Ihren Fähigkeiten her und in Ihrer Art, mit dem Leben und seinen Herausforderungen umzugehen, sehr unterschiedlich sind, gerade wenn Sie sich ehrlich und kontrovers herausfordern und nicht aus falscher Rücksicht schonen, kann aus dem Zusammenwirken Ihrer unterschiedlichen Kräfte etwas Neues entstehen, das für alle Beteiligten einen Schritt voran bedeutet.

Wir haben die Erfahrung gemacht, dass es nicht nur die Berufung eines jeden Einzelnen gibt, sondern dass jedes Paar etwas Einzigartiges in die Welt bringen kann. Vielleicht liegen Ihre Nerven blank. Vielleicht sind Sie beide komplett erschöpft und versuchen mit allen Kräften, etwas am Leben zu erhalten, was nicht mehr am Leben zu erhalten ist: die alte Sicherheit, die alten Kontakte, den gewohnten Lebensstandard, die Fassade der erfolgreichen Familie. Vielleicht streiten Sie nur noch und machen sich gegenseitig Vorwürfe, nicht endlich für eine Lösung zu sorgen. Vielleicht schleichen Sie nur noch resigniert umeinander herum …

Sie glauben gar nicht, was möglich ist, wenn Sie an diesem Punkt gegenseitig kapitulieren und vor dem anderen die Hosen runterlassen. Trauen Sie sich! Sagen Sie als derjenige in der beruflichen Krise, dass Sie gerade keine Ahnung haben, wie es weitergehen soll. Wagen

Sie es, Ihrem Partner zu gestehen, dass Sie Ihre Bewerbungen halbherzig schreiben. Dass Sie am liebsten alles hinschmeißen und etwas ganz Neues machen würden. Dass Sie nicht mehr können und sich wünschen, dass der Partner das Ruder übernimmt …

So eine Kapitulation ist nicht nur befreiend. Sie kann für eine Nähe zwischen Ihnen beiden sorgen, an die Sie schon lange nicht mehr geglaubt haben.

Eine Beziehung ist dafür da, dass Menschen es wagen, füreinander ihr Herz aufzuhalten, wenn scheinbar nichts mehr geht. Aus solchen Phasen entwickelt sie ihre wahre Stärke.

Sie glauben gar nicht, wie aufregend es ist, wenn Sie mitten in diesem bedrohlichen Auflösungsprozess sitzen, einmal alles auf den Tisch gebracht haben und sich einen Moment den Raum geben, über geheime Träume zu reden und die Sehnsüchte nicht länger wegzuschieben. Wenn Sie sich erlauben, Existenzangst, Pflichtbewusstsein und Sicherheitsdenken für einen Moment in die Schranken zu weisen und sich gegenseitig darin ermutigen, auszudrücken, was jenseits der Erfüllung Ihrer Pflichten in Ihrem Inneren darauf wartet, endlich ins Leben zu kommen.

Dann kann noch einmal ein ganz neues Lebenskonzept entstehen und für beide ein neuer aufregender Lebensabschnitt beginnen. Schauen Sie sich die vielen Paare an, die sicher, aber immer lebloser in den einmal gesteckten Bahnen die Jahrzehnte hinter sich bringen. Vielleicht beneiden Sie die Nachbarn oder Freunde, denen das Schicksal nicht wie Ihnen den Boden unter den Füßen weggezogen hat. Aber wir können Ihnen versichern: Sie werden sie garantiert nicht mehr beneiden, wenn Sie gemeinsam mit Ihrem Partner durch diese Krise gegangen und beide an ihr gewachsen sind.

Im Laufe dieses Abenteuers könnten Sie beide eines der Geheimnisse einer lebendigen Partnerschaft entdecken, in der die Krisen nicht nur überstanden, sondern zur persönlichen Erweiterung genutzt wurden:

Ein Paar kann zusammen nicht nur doppelt so viel ins Leben bringen wie einer von beiden allein. Wenn die Kräfte beider auf ein gemeinsames Ziel einwirken, potenzieren sie sich um ein Vielfaches.

Beide fühlen sich unterstützt, nicht mehr so einsam, immer mehr an ihrem individuell richtigen Platz und doch tiefer in Verbindung als vorher. Vor allem werden beide wagemutiger und abenteuerlustiger als vorher. Unsere Erfahrung ist: Sie wollen hinterher garantiert nicht mehr so leben wie die, die Sie jetzt gerade um ihre Sicherheit beneiden!

Rückblickend kann ich (Wolfram) nur sagen: Auch wenn es noch so schwierig scheint, genau an so einem kritischen Punkt kann und muss sich eine Partnerschaft bewähren. Dafür ist es ganz wichtig, dass in einer Konstellation wie der unseren damals die Frau den Mut aufbringt, ihren Mann zu konfrontieren. Meine Frau kannte mich besser als die meisten anderen. Sie wusste auch, wo ich mir gern etwas vormachte. Oder wovor ich weglief. Auch wenn es mich eine ziemliche Überwindung kostete, mich ihr wirklich anzuvertrauen – heute muss ich zugeben, dass eigentlich niemand mich damals so sehr weitergebracht hat wie meine Frau. Sie war die Unbequemste und Hartnäckigste von allen. Aber damit war sie es auch, die mich immer wieder dazu herausgefordert hat, bei der Wahrheit zu bleiben, genau hinzuschauen, vor nichts die Augen zu verschließen und mich sorgfältiger kennenzulernen, als ich selbst dazu bereit gewesen wäre.

Durch ihre Fragen half sie mir, aus meinem eingefahrenen Gedankenkarussell auszusteigen und langsam zu entdecken, was für mich nicht mehr passte. So konnte ich durch unsere Gespräche besser mit mir in Kontakt kommen. Tatsächlich war meine Frau genau wegen ihrer unbequemen Fragen und ihrem Bohren rückblickend betrachtet ein guter Coach. Aber eben nur rückblickend betrachtet.

In den besonders akuten Zeiten nach der Kündigung waren diese Gespräche wirklich nervenaufreibend, weil wir beide sehr unterschiedlich sind. Manchmal war es, als ob zwei Wesen von unterschiedlichen Planeten über eine Sache redeten. Am schwierigsten war es für mich, dass ich zwar oft spürte, dass an ihren Einschätzungen von vielen Dingen grundsätzlich etwas dran sein könnte. Manchmal war es regelrecht erlösend, ihr dabei zuzuhören, wie sie mir ihre Ideen ausmalte. Aber dann dachte ich sofort wieder: Sie hat doch keine Ahnung. Sie hängt nur unrealistischen Idealen nach. Und das Geld, das wir für unseren Lebensunterhalt brauchen, kann sie mit dem, was sie tut, auch nicht verdienen.

Für mich (Eva) war es in dieser Phase oft wie der Gang durch ein vermintes Feld, wenn ich mit meinem Mann wirklich in Kontakt kommen wollte. Immer war da die Gefahr, dass ich die falsche Frage stellte. Und am Anfang wollte er einfach am liebsten gar nichts hören. Das machte mich wütend. Ich hatte es satt, dass er einfach auf Tauchstation ging. Und oft hatte ich das Gefühl, dass er sich was vormachte. Da hat es dann ein ums andere Mal auch zwischen uns gekracht.

Trotzdem hatte ich nie die Sorge, unsere Beziehung könnte durch diese Kündigungsgeschichte Schaden nehmen. Ganz im Gegenteil: Ich war mir sicher, dass wir am Ende dieser Durststrecke enger zusammen sein würden als vorher. Ich wusste einfach, wie sehr meine eigene Jobkrise mich damals mit mir in Kontakt gebracht hatte. Die Frage war nur: Wie? Wie könnte es diesmal gehen?

Sparringspartner

Das Wichtigste, was ich (Eva) in dieser Phase tun konnte, war zuhören. Zuhören bei dem, was er erzählte: von Stellenangeboten, Bewerbungsgesprächen und Plänen, sich mit Freunden selbstständig zu machen. Manchmal sträubte sich innerlich alles in mir, wenn er mir von einer neuen Idee oder möglichen Perspektive erzählte. Dann habe ich versucht, ihn zu konfrontieren. Habe ihn gefragt, ob das jetzt wirklich das ist, was er will und was zu ihm passt. Oder ob er gerade nur aus Angst nach einem Strohhalm zum Festhalten sucht.

Dabei hatte ich aber in dieser Zeit auch keine Idee, was für ihn der richtige Weg sein könnte. Wir wurschtelten uns in diesen Monaten einfach so durch. Immer wieder habe ich ihn gefragt, ob es für ihn vielleicht nicht auch ganz andere Betätigungsfelder geben könnte. Ich weiß noch, dass ich ihn eines Tages fragte: »Sag mal, wovon hast du eigentlich als Kind geträumt? Was wolltest du werden?« – eine Frage, die mich einst sehr dabei unterstützt hatte, auf meinen neuen beruflichen Weg und den zu mir selbst zu kommen. Seine Antwort kam wie aus der Pistole geschossen: »Ich wollte Kinderarzt werden.« Das hatte ich noch nie von ihm gehört. Entsprechend perplex war ich: »Du bist in der Modebranche gelandet und wolltest eigentlich Kinderarzt werden!?« – »Ja«, sagte er, »Kinderarzt, das hatte ich immer klar vor Augen.«

Dieser Kindertraum meines Mannes hat mich wochenlang nicht mehr losgelassen. Irgendwie passte er zu ihm. Während der folgen-

100 ∞ *I. Teil: Erfahrung*

den Wochen ließ ich nicht locker mit meinen Fragen: »Was reizt dich daran? Was bedeutet das für dich? Was ist es für ein Gefühl, wenn du daran denkst, mit kranken Kindern zu arbeiten?« Je öfter wir darüber redeten, desto mehr schien dieser Kindheitstraum innerlich etwas in meinem Mann in Bewegung zu setzen. Es war, als ob er in dem Bild, das er bisher von sich hatte, plötzlich ein anderes Bild von sich entdeckte – wie bei einem Vexierbild.

Ab da geriet manches in Bewegung. Nicht nur für ihn, sondern auch zwischen uns beiden. Wir konnten erkennen, dass unser Zusammenspiel, so unterschiedlich wir auch waren, uns weiterbrachte. Heute zeigt unsere Arbeit mit anderen, dass ein beruflicher Wandel meist leichter geht, wenn die Partner nah beieinander sind und sich gegenseitig unterstützen, aber auch herausfordern, über die eigenen Grenzen zu gehen.

Sie können sich zwar nicht gegenseitig die Angst nehmen, den nächsten Schritt tatsächlich zu wagen. Den muss jeder von beiden schon selbst tun. Ich musste meine Existenzangst durchleben, mein Mann musste seine Identitätsangst durchleben. Keiner konnte das dem anderen nehmen. Aber Sie können sich wechselseitig neue Möglichkeiten aufzeigen, auf die der andere von allein nicht kommen würde.

Wenn Sie bereit sind, sich in beruflichen Krisenzeiten mit Ihrem Partner konstruktiv zu konfrontieren ... Wenn Sie bereit sind, da, wo er die Dinge anders sieht und macht als Sie, in Betracht zu ziehen, dass dies nicht falsch, sondern eine neue Möglichkeit im Umgang mit den Dingen sein könnte ... Dann werden Sie miteinander rangeln, vielleicht auch streiten, aber Sie können genau den Reibungs- und Entwicklungsprozess durchmachen, den Sie für den nächsten Schritt benötigen. Und zwar nicht nur beruflich, sondern auch persönlich.

Sie könnten einen Partner haben, der scheinbar völlig anders tickt, als Sie es tun. Dieser Partner könnte Ihren Umgang mit der Arbeit

Sparringspartner ∞ 101

vielleicht sogar kritisieren. Behaupten, dass er Ihnen nicht guttue, Sie vereinnahme, der Beziehung schade oder Sie von der Familie fernhalte. Und er könnte in Ihnen vielleicht Fähigkeiten und Talente sehen, die Sie so noch nicht gesehen oder nie wichtig genommen haben.

Vielleicht wirkt Ihr Partner auf Sie, als ob er keinen Sinn für Ihre Realität und all die Anforderungen und Pflichten hat, denen Sie sich stellen müssen. Als ob er die Welt immer durch eine lilagestreifte Brille sehe. Dann können Sie sich sicher sein, dass auch Sie eine Brille aufhaben. Nur die ist grünkariert und lässt Sie die Welt, wie sie in all ihren Möglichkeiten und Facetten ist, auch nur begrenzt sehen. Sie haben also nicht den falschen Partner, sondern einen Menschen an Ihrer Seite, der Sie über Ihre grünkarierten Grenzen hinausbringen und Ihre Sicht und damit Ihre Möglichkeiten im Leben und im Beruf erweitern kann.

Auch ich (Wolfram) versuchte wie so viele Männer, mein Berufsleben jahrelang völlig von unserem Eheleben zu trennen. Mir war es regelrecht unangenehm, wenn meine Frau meinem Leben rund um meine Arbeit zu nahe kam. Ich hatte mir eine perfekte Fassade von einem unermüdlichen Karrieremann zurechtgezimmert. Und ich war so erzogen worden, dass Beruf und Privatleben nichts miteinander zu tun haben. Meine Kontrolle über mich und das, was ich von mir zeigte, wollte ich partout nicht durch Persönliches gefährden. Lange Zeit hätte ich mir auch nicht vorstellen können, dass meine Frau mir in irgendeiner Form einen Rat geben könnte, der für meine beruflichen Entscheidungen von Bedeutung wäre. Ich glaubte, es ginge vor allem um Fachwissen und inhaltliche Kompetenzen. Und da tauschte ich mich, wenn überhaupt, lieber mit Kollegen aus.

Heute kann ich nur sagen, dass diese Trennung zwischen Privatleben und Beruf unnötig anstrengend ist. Man lebt in beiden Welten nur halb und versucht in der einen wie in der anderen Welt bestimmten Vorstellungen gerecht zu werden. Mittlerweile weiß ich aus Erfahrung, wie verrückt es ist, im Beruf dauerhaft in einem Korsett und hinter einer Fassade zu funktionieren. Ich weiß, wie einsam und abgetrennt es sich anfühlen kann, im Kern seiner Kräfte jahrelang an der Familie vorbeizuleben. Aber vor allem weiß ich heute, dass beides ein und derselben Angst entspringt, nämlich der, dass ich mich nicht einfach so zeigen darf, wie ich bin.

Ich habe bestimmte Grundmuster im Umgang mit den Dingen. Ich habe ein bestimmtes Selbstverständnis im Umgang mit anderen Menschen. Ganz egal, ob zu Hause oder im Büro, ganz egal, ob die Aufgaben und Anforderungen äußerlich ganz anders wirken – ich treffe überall auf mich. Und wenn ich in einem Bereich meines Lebens etwas verändere, dann verändert sich automatisch auch im anderen Bereich etwas. Wenn Sie einen Knoten in einem Kontext lösen, löst er sich auf den entsprechenden Ebenen auch woanders.

Wenn Sie gemeinsam mit Ihrem Partner nach neuen Wegen und Lösungen suchen, kann Ihre Beziehung in Übergangszeiten somit auch ein Trainingslager und eine Art Mikroskop sein, unter dem Sie sich selbst näher betrachten können. Wenn Sie privat lernen, sich mehr zu konfrontieren, dann fällt es Ihnen mit der Zeit auch in jedem anderen Lebensbereich leichter, mit Herausforderungen und Widerständen umzugehen. Oft landen wir beruflich in einer Sackgasse, weil wir zu lange vor etwas die Augen verschlossen haben oder einer Entscheidung ausgewichen sind.

Wir erleben in unserer Arbeit häufig, dass berufliche Krisen mit Beziehungskrisen zusammenlaufen und vor allem, dass sich die eigenen behindernden Muster in allen Bereichen wiederholen. Oft sind die Schwierigkeiten im Job nur die äußere Schale des Problems. Nicht selten stellt sich dann heraus, dass der Betreffende an einem Punkt in seinem Leben angekommen ist, an dem er sich grundsätzlich neu ausrichten muss. Seine Strategien greifen nirgendwo mehr richtig.

Vielleicht schauen Sie sich jetzt selbst einmal genauer um in Ihrem Leben: Ihr Job, Ihre Partnerschaft, Ihre Gesundheit … Wo überall gäbe es Handlungsbedarf? Wo greifen unbewusste Erfolgsverhinderungsstrategien auf ähnliche Art und Weise? Wenn Sie den Zusammenhang allein nicht entdecken können – wie wäre es, wenn Sie Ihren Partner bitten, Ihnen ein ehrliches Feedback zu geben?

Wenn Sie jetzt bereit sind, über die eigenen Grenzen hinauszuschauen und die Verantwortung für alle Bereiche Ihres Lebens gleichermaßen zu übernehmen, dann kommt neue Klarheit in Ihr Leben. Dieser Akt der aktiven Bewusstwerdung ist nicht leicht. Es braucht gerade in Zeiten hoher Belastung oft Selbstüberwindung und großen Mut, ehrlich hinzuschauen. Aber das Geschenk dafür, dass Sie sich ehrlicher und besser kennenlernen, liegt auf der Hand: Sie bekommen nicht nur tiefere Einblicke, sondern die Macht über Ihr Leben zurück. Sie erkennen immer klarer, was Sie brauchen, damit Ihr System in der Balance ist.

Unterschätzen Sie nicht, wie hilfreich Ihr Partner in diesem Prozess sein kann. Er weiß vieles aus Ihrem Leben, Ihrer Herkunftsfamilie und Ihrer Vergangenheit. Aber er war nicht wie Sie Teil des Systems, von dem Sie geprägt wurden. Er kann die Dinge mit etwas mehr Abstand betrachten.

Am Ende geht es in einer Krise immer darum, die eigenen Perspektiven zu erweitern. Sosehr wir in schwierigen Zeiten dazu neigen, uns vor anderen Menschen zurückzuziehen – erst recht vor denen mit einer anderen Sicht auf die Dinge – sosehr kann eine mutige Konfrontation mit ihnen uns helfen, über unsere Grenzen und Ängste hinauszugehen und etwas vom Gegenüber zu lernen.

Mehr Angst vor der Arbeit oder vor der Arbeitslosigkeit?

»Heute nehme ich täglich fünf Beruhigungstabletten. Dazu hat mir mein Arzt ein Antidepressivum verschrieben. Wenn ich mal nichts nehme, bin ich sofort gereizt, kann mich nicht mehr konzentrieren. Klar würde ich gern aufhören. Aber ich habe ständigen Zeitdruck. Siebzig Wochenstunden sind die Regel. Urlaub gibt es nur fünfzehn Tage. Kündigen möchte ich auch nicht – ich mag das Gefühl, mit am großen Rad zu drehen. Von den dreißig Leuten in unserer Kanzlei nehmen übrigens zwanzig Beruhigungsmittel. Die restlichen zehn trinken.« Das ist die Angstgeschichte hinter der Erfolgsgeschichte eines achtundfünfzigjährigen promovierten Wirtschaftsjuristen.

Mittlerweile gehen Unternehmen davon aus, dass über die Hälfte aller versäumten Arbeitstage auf Stress zurückzuführen ist. Parallel dazu wächst auch die Zahl derer, die den Stress mit Medikamenten betäuben und aus Angst vor Arbeitsplatz- oder Anerkennungsverlust weiter arbeiten. Im Gesundheitsreport 2009 der Deutschen Angestellten-Krankenkasse ist zu lesen, dass vierzig Prozent aller Beschäftigten fast täglich Psychopharmaka schlucken.

Männer greifen eher zu Mitteln zur Leistungssteigerung, und Frauen nehmen vor allem Antidepressiva. Die Gesamtmenge ärztlich verordneter Präparate ist in den letzten zehn Jahren um über fünfzig

Prozent gestiegen. Bei nur einem Zehntel der Betroffenen liegt eine psychische Erkrankung vor. Die große Mehrheit nimmt die Medikamente, einfach um weiter in ihrem Alltags- und Berufsleben funktionieren zu können.

Experten wie der Stressforscher Prof. Michael Kastner fürchten, dass »das 21. Jahrhundert das der Depressionen und Erschöpfungssyndrome sein wird«. Im Jahr 2020 soll die Depression sogar die Volkskrankheit Nummer eins geworden sein, nachdem bereits jetzt einundzwanzig Millionen Menschen in Europa zeitweilig depressiv sind. Tendenz steigend. »Dem ersten Auftreten einer Depression geht immer größerer Stress voraus. Gelingt es der Person nicht, diesen zu bewältigen, bricht die Seele schlicht zusammen«, sagt Isabella Heuser, Direktorin der Klinik für Psychiatrie und Psychotherapie an der Charité in Berlin. Allerorts scheinen in den Büros, in den Produktionshallen, Geschäften und Werkstätten die Seelen zusammenzubrechen, wenn man diesen Statistiken glauben will.

Der Wirtschaftsjurist hat sich dafür entschieden, seine Seele nicht zusammenbrechen zu lassen, sondern sie mit Medikamenten zu betäuben und hinter einer funktionstüchtigen Fassade zu verstecken. Diese Entscheidung war – wie bei den meisten – anfangs eher aus der Not geboren.

»Am Abend vor meinem ersten mündlichen Staatsexamen habe ich vor Angst gezittert. Ein Arzt aus meiner Studentenverbindung gab mir Valium. Da konnte ich wunderbar schlafen. Als ich später Vorstandssekretär bei einer großen Bank war, dachte ich jedes Mal, wenn ich vor dem Vorstand ein Referat halten sollte: Ich schaffe es nicht. Ich habe mir gleich eine ganze Packung Valium verschreiben lassen – und immer mehr geschluckt: dreißig Tabletten in der Woche. Alles ging plötzlich viel leichter. Nichts erschien mehr problematisch.«

So begann der Wirtschaftsjurist sich innerlich zu spalten: Alle Gefühle, die ihn auf seinem beruflichen Weg behinderten oder verunsicherten, legte er mit wachsenden Mengen von Betäubungs- und Beruhigungsmitteln lahm. So konnte der Teil von ihm, der »das große Rad drehen« wollte, ungehindert vorangehen. Seine alten Ängste waren damit allerdings nicht verschwunden, sondern nur in den Untergrund verbannt. Die Betäubung hatte den Schmerz eben nicht gelöst, sondern sich nur darübergelegt.

»Nach drei Jahren hatte ich eines Abends keine Tabletten mehr und habe die ganze Nacht kein Auge zugetan. Da wurde mir klar: Jetzt bist du drauf. Es hat dann aber noch mal zwei Jahre gedauert, bis mich ein Arzt in eine Suchtklinik eingewiesen hat. Drei Jahre war ich clean, bis zu einer besonders stressigen Dienstreise nach Schanghai. Schon im Flugzeug habe ich wieder eine Pille geschluckt.«

Auch wenn dieser Mann seine Angst sicher rigoroser als andere betäubt und verbannt hat, sein Fall zeigt, dass die Verbannung auf Dauer nicht funktioniert. Für uns alle gilt: Wenn wir zu unserer authentischen Stärke finden wollen, bleibt uns nichts anderes übrig, als uns unseren Ängsten und Wertlosigkeitsgefühlen bewusst zu stellen. Nur wenn wir lernen, sie wieder zu fühlen und zu integrieren, können wir uns von ihnen befreien. Wenn wir dagegen versuchen, sie hinter einem Nebel illusionärer Macht zu verstecken, wachsen sie in unserem Inneren weiter wie Krebsgeschwüre.

Auch der Wirtschaftsjurist wird so lange Gefangener in seinem Suchtkreislauf bleiben, wie er vor seinem Schmerz wegläuft. Und damit nicht genug: Solange er sich von seinem Schmerz abspaltet, spaltet er sich auch von seinem Potenzial ab. Seine Rolle mag er noch so perfekt spielen – tatsächlich sind all seine Handlungen unterschwellig von Angst gesteuert und haben kaum authentische Kraft. Diese innere Spaltung wird nicht nur für ihn immer belastender, sie wirkt sich auch schwächend auf seine Entscheidungen und auf die Menschen aus, mit denen er in Kontakt kommt.

Stellen Sie sich einmal einen Fluss vor, in den unsichtbar Gift eingeleitet wird. Egal wie reißend und schnell er fließt, egal wo dieser

Fluss entlangfließt und in welchen See er mündet, er trägt das Gift immer mit sich und wird nichts wirklich beleben oder nähren können.

Stellen Sie sich vor, welche Kräfte bei allem, was der Jurist tut, mit einfließen. Äußerlich betrachtet wirkt der Mann kompetent und den Anforderungen gewachsen. Er hat Macht und liebt es, »am großen Rad zu drehen«, wie er selbst sagt. Aber unterhalb dieser dünnen Schicht aus Funktion und Status ist er als Mensch verunsichert und voller Versagensangst. Dieser verdeckte innere Mix aus Angst, Distanz, Wertlosigkeit und Selbstverleugnung fließt unsichtbar auch in all seine äußeren Entscheidungen und Handlungen mit ein – egal wie schnell und reißend er als Fluss fließt.

Wenn Sie sich vor Augen führen, wie viele Menschen sich überfordert und erschöpft fühlen und wie viele bereits nicht mehr anders als mit Psychopharmaka funktionieren können, dann können Sie sich vielleicht auch vorstellen, wie viele Flüsse mit Unterströmungen aus Angst und Verunsicherung durch unser Wirtschafts-, Gesundheits- und Bildungssystem fließen. Wie oft Entscheidungen und Handlungen kein kraftvolles Fundament haben, sondern unter Betäubung entstanden sind. Wie viele Ärzte, Lehrer und Geschäftsleute unter Selbstnarkose andere versorgen, lehren und lenken. Wie wenig Kraft und wie viel Ohnmacht zwischen den Menschen zirkulieren. Da sind die aktuellen Schulden- und Wirtschaftskrisen weltweit nur die äußere Widerspiegelung der inneren Erschöpfung und Leere in den Menschen.

Aber immer noch haben viele, die zu uns kommen, das Gefühl, als Einzige den Anforderungen nicht mehr standhalten zu können. Sie fühlen sich wie Fehlkonstruktionen und sind oft voller Scham. Die einen, weil sie abends nur noch mit Alkohol runterkommen oder nur noch mithilfe von Psychopharmaka ihre Leistung erbringen können. Die anderen, weil ihnen ohne Betäubung ihre Rolle zusammenbricht und es ihnen nicht mehr länger gelingt, gegen Versagensängste, permanente Überforderung und Dauerdruck anzukämpfen.

Aber all diese Menschen sind keine Versager und auch keine Fehlkonstruktionen. Das System, in dem sie angetrieben und gehetzt nach Erfolg streben, in dem sie Leistung bringen und funktionieren sollen wie Maschinen, ist eine Fehlkonstruktion. Es schwächt uns, stört unsere natürliche innere Navigation und trennt uns von unserem Wesen. Wir alle tragen große Kräfte in uns, und jeder von uns hat individuelle Stärken und Talente. Aber diese authentische Kraft entfaltet sich nur, wenn wir unserem Wesen und unserem Rhythmus entsprechend leben und arbeiten.

Unserem Wesen und unserem Rhythmus zu folgen ist für die meisten von uns etwas, das wir erst wieder lernen müssen. Ein Prozess, der sich unterwegs ziemlich herausfordernd ausnehmen kann, weil es darum geht, unseren Ängsten ins Auge zu schauen. Aber wenn wir unseren Ängsten mit unserem Herzen begegnen, werden wir entdecken, dass wir für jede Angst die innere Kraft in uns tragen, mit der sie transformiert werden kann.

Jedes Mal, wenn wir präsent mit einer Angst umzugehen lernen, passiert ein kleines Wunder. Dort, wo wir uns vorher betäubt haben, um sie ja nicht zu spüren, oder wo wir alle möglichen Räder gedreht haben, von denen wir glauben, dass sie uns Ruhe, Sicherheit und Anerkennung bringen könnten – dort wird uns in der reinen unverstellten Begegnung mit der Angst nun eine neue authentische Stärke zuteil.

Ich (Eva) kenne die Angst des Wirtschaftsjuristen gut. Solange ich denken konnte, fühlte ich mich zwar immer sicher im Vieraugengespräch – egal mit wem, welchen Ranges und welcher Bedeutung. Aber ich musste wahre Albträume erleben, wenn es um mündliche Prüfungen und öffentliches Reden ging. Ich konnte in einer größeren Vorstellungsrunde nicht mal meinen Namen sagen, ohne dabei nach Luft zu ringen. Sollte ich vor mehreren Menschen auch nur ein paar nette Worte zum Geburtstag sagen, bekam ich Schweißausbrüche, zitternde Hände. Nur mit Stocken und unter Atemnot konnte ich die wenigen Sätze hervorpressen.

Ich entwickelte immer neue Strategien, damit niemand meine Angst sehen konnte. Aber alle Versuche waren vergeblich. Meine Karriere als Hörfunkjournalistin musste ich abbrechen, weil in einer Livesendung mit mir mehr als einmal Musik eingespielt werden musste, da ich plötzlich vor Aufregung nicht weiterreden, sondern nur noch zitternd nach Luft ringen konnte. In den Nächten vor solchen Auftritten habe ich nie ein Auge zugetan. Als Managerin unternahm ich meinen letzten Anlauf, indem ich mich perfekt vorbereitete und mit allen erdenklichen Flipcharts als Stütze versorgte.

Ich nahm Sprechunterricht, besuchte Redetrainings, ging zum Logopäden. Die unkontrollierbare Angst blieb. So nahm ich zwar keine Beruhigungstabletten, machte mich aber dafür einfach aus dem Staub. Ich vermied fortan alles, was mit Reden zu tun hatte, und wurde in meinen Vermeidungsstrategien und Ausreden immer virtuoser. Bis ich mir selbst völlig unabsichtlich den Fluchtweg versperrte. Ich hatte das erste *Liebe-dich-selbst*-Buch in meiner geschützten Einsiedelei geschrieben. Das schien mir sicher und weit genug weg von jeder Öffentlichkeit, die mit Reden zu tun haben könnte. Nie hatte ich dabei an Lesungen gedacht.

Als ich nach Jahren des Schweigens nach der Veröffentlichung dieses Buches auf einmal damit konfrontiert wurde, über meine Thesen vor Publikum zu reden, da packte mich die nackte Panik. Ich rang mit mir, und alle Fluchtmechanismen von einst waren sofort wieder da. Meine Angst hatte tatsächlich all die Jahre einfach nur in einer Art Halbschlaf darauf gewartet, bei der nächstmöglichen Gelegenheit wieder auf den Plan zu treten. Damit hatte ich nicht gerechnet.

Aber diesmal gab es eine adäquate Gegenkraft zu meiner Angst vor Publikum – nämlich meine Leidenschaft, diesem Publikum etwas zu geben. Diesmal musste ich nicht in irgendetwas gut sein. Ich fühlte mich auch nicht verpflichtet, etwas sagen zu müssen. Ich hatte eine Botschaft, die ich gern an andere Menschen weitergeben wollte. Diesmal hatte ich das Gefühl, ich *müsste* etwas sagen. Allerdings nicht, weil es meine Karriere, mein Chef, die Gepflogenheiten oder mein Ehrgeiz von mir forderten. Diesmal wollte mein Herz unbedingt etwas mit anderen teilen.

Also sagte ich meiner Friseurin zu, als sie mich bat, doch bitte vor einigen Kundinnen über mein erstes *Liebe-dich-selbst*-Buch zu reden. Sie mögen vielleicht schmunzeln bei der Vorstellung: zwanzig Frauen im Friseursalon. Aber meine alte Angst zeigte sich auch in diesem überschaubaren Rahmen in unveränderter Stärke: schlaflose Nacht, Schweißränder unter den Armen, Zittern in der Stimme und Atemnot.

Nur diesmal blieb ich inmitten der Rede-Angst-Attacke einfach stehen, während sich die Worte aus meinem Herzen ihren Weg nach draußen zu bahnen versuchten, gegen den verschlossenen Kehlkopf drückten und an den zum Zerreißen gespannten Stimmbändern entlang nach draußen zitterten. Ich wollte den Frauen Hoffnung machen, dass es einen Ausweg für ihre in der Sackgasse angekommenen Beziehungen gäbe. Das war stärker. Der Schweiß lief, der Atem stockte, der Puls schlug im Hals. Aber ich redete trotzdem, und die Scham wurde tatsächlich langsam schwächer. Ich gestand meinem Publikum, dass ich Angst vor dem Reden vor Leuten hätte. Und dann erzählte ich weiter von dem, woran ich so sehr glaubte.

Auf diese Art und Weise hangelte ich mich von einer Publikumsherausforderung zur nächsten. Die Veranstaltungen wurden immer größer und meine Symptome langsam kleiner. Heute ist meine Stimme keine unüberwindbare Mauer mehr, sondern ein präziser Indikator für meine inneren Gefühle. Ich rede heutzutage einfach so, ohne jegliche Hilfsmittel, vor vielen hundert Menschen und bin ich selbst. Das Bedürfnis, meine Vision zu teilen, war irgendwann stärker als meine Angst vor dem Urteil anderer.

Mehr Angst vor der Arbeit oder vor der Arbeitslosigkeit?

Ich sage nicht, dass dieser Weg für mich leicht war. Anfangs war es die reine Hölle, und auch heute muss ich mich immer wieder neu bereit erklären, mich relativ nackt zu zeigen, ohne zu wissen, was passiert. Aber heute kann ich sehen, dass meine Angst mich an einen Platz gezwungen hat, an dem ich endlich echt sein kann.

Heute bin ich dafür dankbar. Heute bin ich froh, dass ich mich nicht an Charts oder an vorgefertigten Texten festhalten muss. Dass ich nicht mehr über Themen reden muss, die scheinbar wichtig sind, aber nichts mit mir zu tun haben. Heute rede ich von Herzen und darf mich dabei zeigen – ganz ohne Beruhigungstabletten. Ich muss nichts von mir beruhigen oder im Zaum halten. Wenn ich mal unsicher oder emotional berührt bin, dann kann ich auch das zeigen und darüber reden.

Aus meiner größten Angst wurde eine meiner größten Freuden. Früher konnte ich nicht mal meinen Namen öffentlich sagen. Heute kann ich bei Vorträgen oder Seminaren mit offenem Herzen viele hundert Menschen bewegen. Heute weiß ich nicht aus Büchern über Quantenphysik, sondern aus Erfahrung: Ich bin Teil eines Ganzen. Wenn ich mich verändere, verändert sich das Ganze. Wenn ich mich ausbeute, erschaffe ich nur Leere. Wenn ich von Herzen gebe, kommt das im Herzen anderer an.

Stellen Sie sich doch einfach kurz vor, wie ein Mitarbeiter wirkt, dessen Leidenschaft und Herz in dem Produkt oder der Dienstleistung steckt, die er seinem Kunden nahe bringt. Stellen Sie sich auf der anderen Seite vor, wie ein Mitarbeiter wirkt, dessen Ziel es vor allem ist, sein Umsatzsoll oder die nächste Karrierestufe zu erreichen. Oder der aus der Motivation arbeitet, seine Sicherheit und seine Lebensgrundlage zu erhalten. Es braucht nicht viel Fantasie, um den elementaren Unterschied zu erkennen. Der eine Mitarbeiter hat etwas zu geben. Der andere will unterschwellig etwas haben.

Wenn ich echt, voller Freude, Leidenschaft und von einer Vision getragen bin, sind mein Produkt, meine Arbeit und meine Dienstleistungen erfüllt von diesen Qualitäten. Und wenn Produkte und Dienstleistungen mehrheitlich von solcher Kraft getragen sind, ist es auch die Wirtschaft. Eins geht aus dem anderen hervor.

Heute sind wir beide davon überzeugt: Wenn wir einen Weg aus der Wirtschaftskrise, aus einem Jahrhundert der Depression und Erschöpfungssyndrome finden wollen, aus Konkurrenzkampf und Burn-out, aus Beziehungskrisen und Vereinsamung – dann braucht es die Verantwortung und die persönliche Entfaltung des Einzelnen.

Jeder von uns trägt die Macht in sich, sein Leben und damit diese Welt zu verändern. Diese natürliche Macht ist das Geschenk, das uns erwartet, wenn wir über alte Begrenzungen hinauswachsen, uns von der Betäubung befreien und der Angst mit der Kraft unseres Herzens begegnen. Wir entdecken unsere wahre Stärke und teilen sie mit anderen.

Erst wenn wir zu unserem Herzen zurückfinden, können wir diesem Wirtschaftsleben sein Herz zurückgeben. Der Fluss kann dann ungetrübt fließen.

Mehr Angst vor der Arbeit oder vor der Arbeitslosigkeit?

Beruf oder Berufung?

»Meine Berufung finden? Ich weiß nicht, ob ich das schaffe. Der Druck ist zu groß. Ich kann nicht einfach aussteigen. Ich muss mein Geld verdienen.« Müssen Sie das wirklich? »Nein!«, meint Paulo Coelho, der weltberühmte Schriftsteller, in einem Interview, das Wolfgang Herles während der Frankfurter Buchmesse 2008 mit ihm führte: »Niemand muss seine Zeit verkaufen. Ich glaube, das ist nur eine Entschuldigung der Leute, sich nicht fragen zu müssen, was sie wirklich tun wollen. In dem Moment, wo ein Mensch wirklich weiß, was er tun will, gibt es nichts Wichtigeres, als genau das zu tun. Dann wird er automatisch erfolgreich.«

Coelho sagt: »Im Leben geht es darum zu leben. Und du kannst nicht leben, wenn du deine Zeit verkaufst. Du kannst deine Zeit verkaufen, aber du kannst sie niemals mehr zurückkaufen. Und so realisieren immer mehr Menschen: Ich sollte meine Zeit nicht mehr länger für etwas verkaufen, das mich nicht glücklich macht. Ich tue lieber die Dinge, die mich glücklich machen – und das ist das Leben.«

Paulo Coelho hat mir (Eva) schon oft den Weg gewiesen. Nicht aktiv, sondern passiv. Sein Lebensweg hat mich nicht nur einmal ermutigt, weiterzugehen, wenn ich glaubte, nicht mehr weitergehen zu können. Heute ist Coelho mit über hundert Millionen verkauften Büchern einer der meistgelesenen und einflussreichsten Schriftsteller der Welt. Das ist er nicht, weil er von Kind an darauf vorbereitet wor-

114 ∞ *I. Teil: Erfahrung*

den wäre. Im Gegenteil, gegen die literarischen Ambitionen ihres Sohnes sind die streng katholischen Eltern von Coelho mit allen nur erdenklichen Mitteln vorgegangen. Dreimal ließen sie ihren Sohn in eine psychiatrische Anstalt einweisen – überzeugt davon, dass sein Wunsch, Schriftsteller zu werden, nur das Symptom einer geistigen Verwirrung sein könne. Für sie stand fest, ihr Sohn würde dem väterlichen Weg folgen und Ingenieur werden.

Aber Coelho ließ sich nicht bremsen. Er war ein rebellisches Kind. Schon in der Klosterschule der Jesuiten, die er seit seinem achten Lebensjahr besuchte, stieß er sich an der starren Religiosität, die man ihm abverlangte. In dieser Zeit des Ringens entdeckte er seine wahre Berufung: Er wollte Schriftsteller werden. Von diesem Glauben an die eigene Berufung brachten ihn auch die Elektroschocks nicht ab, die ihm bei seinen drei Zwangsaufenthalten in der psychiatrischen Anstalt in den 1960er Jahren verpasst wurden.

Später brach Coelho gegen den Wunsch des Vaters sein Jura-Studium ab, ging zum Theater und verdiente später sein Geld als Songtexter. Er war Teil der Studentenrevolte, nahm Drogen, rebellierte gegen den Kapitalismus und forderte mehr Freiheit und Selbstbestimmung. In den 1970ern wurde er wegen seiner politischen Aktivitäten inhaftiert und gefoltert.

Das Einzige, das ihn vor immer schlimmeren Folterungen rettete, war seine schmerzliche Vergangenheit. Aus seinen Erfahrungen aus der psychiatrischen Anstalt gab er vor, geisteskrank zu sein, und fügte sich selbst Wunden zu. Als sie endlich davon überzeugt waren, dass ihr Opfer ungefährlich ist, ließen ihn seine Entführer schließlich laufen.

Coelho fand lange keine Ruhe in seinem Leben und auch keinen Erfolg als Autor. In den 80ern wurde sein zweites Buch *Der Alchimist* zum kompletten Flop. Gerade neunhundert Exemplare der Erstauflage wurden verkauft. Paulos gerade begonnene literarische Karriere schien schon wieder vorbei zu sein. Doch er blieb seinem Traum

Beruf oder Berufung? ∞ 115

treu. In doppelter Hinsicht. Er schrieb einen dritten Roman namens *Brida*. In ihm erzählte er von seinem Glauben daran, dass jeder Mensch eine eigene Bestimmung hat, die es zu entdecken gilt.

Brida erschien 1990 – und mit ihm geschah das Wunder. Plötzlich interessierte sich die Presse für Coelho. Nach kurzer Zeit kletterte *Brida* an die Spitze der Bestsellerlisten. *Der Alchimist* folgte auf dem Fuß – und brach alle Rekorde. Das Buch, das erst niemanden interessierte, wurde zum meistverkauften portugiesischsprachigen Buch aller Zeiten und wenig später zu einem Weltbestseller, der in 150 Ländern veröffentlicht wurde. Als *Der Alchimist* 1996 auf Deutsch erschien, schrieb er ein Stück Literaturgeschichte: 306 Wochen lang hielt sich das Buch auf der Spiegel-Bestsellerliste.

Buch auf Buch folgte. Auszeichnungen und Ehrungen auf der ganzen Welt. 2007 wurde er zum UN-Friedensbotschafter berufen. Damit wurde gleichsam offiziell, was Paulo Coelho schon Jahre zuvor begonnen hatte: sein Wirken als Hoffnungsbringer für Millionen von Menschen. Sein Einsatz für Toleranz und Vielfalt. Und sein Glaube an eine bessere, beseelte Welt.

»Ich glaube an jede Zeile, die ich in meinen Büchern schreibe. Und ich weiß, wenn du wirklich ganz und gar an etwas glaubst, dann unterstützt dich das ganze Universum bei der Verwirklichung.«

Wenn Sie das lesen – was meinen Sie? Müssen Sie wirklich genauso weitermachen wie bisher? Müssen Sie Ihre Zeit verkaufen? Oder wollen Sie etwas wagen, mit Ihren Kräften und Talenten einen Samen in diese Welt setzen?

Kennen Sie diese seltenen Momente der völligen Entspannung, in denen etwas leise von innen klopft: »Hallo, bist du's noch? Da war doch noch was … Da war doch mal dein Traum! Das hat dir doch immer solchen Spaß gemacht. Du hattest doch immer diese Idee …« Aber kaum dass Sie sich erinnern, meldet sich auch schon eine andere, meist deutlich lautere Stimme, die sagt: »Vergiss es! Sei vernünftig! Das hat keine Perspektive! Davon kann man doch nicht leben! Außerdem funktioniert das sowieso nicht!«

Und schon ist die zarte, innere Verbindung wieder weg. Ehe Sie sich versehen, drehen Sie sich wieder im alltäglichen Räderwerk und kämpfen auf altbewährte Weise um Erfolg, gegen Konkurrenz, für finanzielle Sicherheit und mehr Anerkennung in der Zukunft. Wir möchten Sie an dieser Stelle so gern aufrütteln: Warum sollte Ihr Leben dazu da sein, ständig um etwas zu kämpfen? Warum sollten Sie das, was Ihnen Freude macht und Ihrem Herzen entspringt, immer hinten anstellen für eine Zukunft, von der niemand weiß, ob sie je eintritt?

Braucht es nicht ein Umdenken in Sachen Arbeit und Beruf? Als wir beide unsere Jobs verloren hatten, war das mit großen Ängsten und Verunsicherung verbunden. Wir hatten unsere Arbeit verloren. Aber es schien, als ob wir unsere Existenzberechtigung verloren hätten. Es war nicht, dass uns etwas genommen worden war, das wir mit dem Herzen liebten und nun schrecklich vermissten. Es war eher, dass uns eine Krücke genommen wurde, ohne die wir nicht mehr laufen konnten. Unser Ringen in der Zeit danach drehte sich nur bedingt um die Arbeit selbst, sondern vielmehr um das, was sie uns vermeintlich gebracht hatte. Unser Beruf war eigentlich nur ein Vehikel, das für unsere Zukunft und unseren Lebensunterhalt sorgen sollte. Er war zu einem seltsamen Tauschgeschäft geworden, in dem wir vor allem deshalb etwas taten, um etwas dafür zu bekommen.

Fragen Sie sich einmal selbst: Ihr Beruf, was ist das? Was ist es, was Sie mit Arbeit verbinden? Was Sie unter Beruf verstehen?

Auf diese Fragen antworten die meisten: Das, womit ich mein Geld verdiene. Und auf die Frage: Was ist Ihre Motivation, warum arbeiten Sie?, antworten sie: Weil ich Geld verdienen muss.

Laut Bundesverfassungsgericht bedeutet Beruf: »Eine auf Dauer berechnete und nicht nur vorübergehende, der Schaffung und Erhaltung einer Lebensgrundlage dienende Betätigung. Das Zusammen-

Beruf oder Berufung? ∞ 117

wirken von Kenntnissen, Erfahrungen und Fertigkeiten ist Grundlage des Berufs. Im Unterschied zu anderen Tätigkeiten ist der Beruf durch Dauerhaftigkeit, Bezahlung und erforderliche Qualifikationen gekennzeichnet.«

Aber ist das wirklich alles? Sie verbringen einen Großteil – wenn nicht den größten Teil – Ihres Lebens mit Ihrer Arbeit. Stellen Sie sich vor: Ein großer, vielleicht der größte Teil Ihres Lebens geht zur Schaffung und Erhaltung einer Lebensgrundlage drauf. Braucht das Leben Sie wirklich dazu, dass Sie ihm die ganze Zeit eine Grundlage schaffen? Was ist das für eine Lebensperspektive? Sind Sie auf der Welt, um Geld zu verdienen?

Im letzten Satz steckt ein um-zu – *um* Geld *zu* verdienen … Um-zu gibt es oft, wenn es um Arbeit geht. Fragen Sie sich selbst, was in den letzten Jahren Ihre Motivation war: Haben Sie auch viele Dinge um-zu gemacht? Gearbeitet, *um* Geld *zu* verdienen? Leistungen vollbracht, *um* Anerkennung oder eine Beförderung *zu* bekommen? Sich verbessert, *um* eine bessere Stelle *zu* bekommen?

Um-zu-Handlungen sind meistens Deals, deren Lohn nicht wirklich befriedigend und nährend ist. Sie tun etwas, weil Sie sich davon in einer imaginären Zukunft etwas erwarten. Um-zu-Deals verschaffen Ihnen selten unmittelbare Befriedigung. Sie locken immer mit einem in der Zukunft zu erreichenden Ergebnis und bieten in der Gegenwart oft nicht mehr als ein illusorisches Gefühl von Macht oder Sicherheit.

Wenn Sie dagegen etwas tun, was Ihnen Freude macht, was Ihnen ermöglicht sich auszudrücken und Ihnen das Gefühl gibt, etwas Sinnvolles beizusteuern, dann liegt die Befriedigung im Moment des Tuns. Die Belohnung kommt sofort.

Wenn Sie etwas tun, weil Sie es am liebsten tun, dann gibt es Ihnen unmittelbar genau das, wonach Sie mit den Um-zu-Deals streben – was Sie aber in Wahrheit niemals bekommen: spürbare und erfahrbare Zufriedenheit und Erfüllung im Moment.

Eine Krise bringt Um-zu-Deals und deren illusorische Verheißungen blitzschnell ans Licht. Eine berufliche Krise lässt aus dem Titel, dem Rang und der Position einfach die Luft raus. Da waren Sie gestern noch Chef, und heute wird schon Ihr Schild von der Bürotür geschraubt. Da haben Sie jahrelang alles für Ihr Unternehmen gegeben, und jetzt sind Sie nicht mehr als Teil einer betriebsbedingten Kündigungswelle. Da haben Sie geschuftet, immer Überstunden gemacht und Ihre Freizeit geopfert, und jetzt sitzen Sie da und Ihr Körper macht nicht mehr mit. Sie schauen auf Ihre hart erarbeitete berufliche Vergangenheit, und es scheint fast, als ob es Sie nie gegeben hätte. Als ob all Ihr Schaffen umsonst gewesen wäre. Und ob Sie wollen oder nicht, Sie schauen der nüchternen Wahrheit aller Um-zu-Deals ins Auge: Es gibt keine erfüllende Zukunft, keine wirkliche Sicherheit, keine dauerhafte Macht und kein unendliches Wachstum. Alles um-zu hat nicht zum Ziel geführt.

Bei Menschen, die ihrer Berufung nachgehen, funktioniert es meist genau andersherum: Auch sie müssen meist unbedingt etwas tun. Aber vor allem deshalb, weil es ihnen ein Anliegen ist. Weil sie so von dieser Sache, diesem Thema, dieser Leidenschaft »beseelt« sind, kommt der Rest, für den die anderen sich so anstrengen, eher automatisch. Sie kennen sicher auch Menschen, die so in ihrem Element sind, dass ihre Freude beim Tun förmlich auf andere überschwappt.

Spannend ist auch, dass Menschen, die ihrer Sache nachgehen, meist ganz anders lernen. Sie müssen seltener Stoff pauken und mühselig Fachwissen ansammeln. Ihr intensives Engagement für die Sache macht sie neugierig. Sie probieren und tüfteln herum und sind begierig auf Neues, sodass ihre Kompetenz auf ihrem Gebiet ganz automatisch wächst. Sie beschreiben, dass ihnen alles leichter von der Hand geht, je mehr sie getragen sind von dem Gefühl, etwas Sinnvolles, Freudvolles, Helfendes oder Inspirierendes zum größeren Ganzen beizutragen. Das wiederum sorgt dafür, dass sie meist viel in die

Beruf oder Berufung? ∞ 119

Welt geben und entsprechend viel auch wieder dafür zurückbekommen.

Was ist das größte Geheimnis von Menschen, die erfolgreich ihrer Berufung nachgehen? Vielleicht ihr Talent. Sicher ihr Glaube und ihr Durchhaltevermögen. Aber vor allem ihre starke innere Verbindung zu dem, was sie tun. Im Wort Be-ruf-ung steckt das Wort *Ruf*. Menschen, die ihrer Berufung nachgehen, kennen dieses Gefühl des inneren Rufs. Es ist, als ob sie einen Auftrag zu erfüllen hätten. Aber eben keinen, den ihnen jemand anderes – ein Kunde, der Chef, eine Firma – gegeben hätte. Etwas drückt von innen, lässt sie nicht in Ruhe, will auf die Welt, ins Leben, zum Funktionieren gebracht werden. Und das geben sie dann mit aller Leidenschaft an einen Kunden, eine Firma, an andere Menschen weiter.

Die Berufung hat also nichts mit der Erfüllung eines Karriereplans zu tun. Die Berufung kann man auch nicht anstreben, man kann sie nur erfüllen, weil sie längst in einem verwurzelt ist und lediglich ins Leben gebracht werden will. Sie zu erfüllen ist mehr, als einfach nur einen Job zu finden, der den eigenen Qualifikationen entspricht.

Ihre Berufung ist das, was kein anderer Mensch auf dieser Welt besser erfüllen könnte als Sie.

In Ihnen ist ähnlich wie ein Fingerabdruck eine unverwechselbare Kombination aus Begabungen, Persönlichkeitseigenschaften und Erfahrungen angelegt. Nur wenn Sie diese individuelle Anlagenkombination auch leben, werden Sie am richtigen Platz sein. Diese Anlagen funktionieren wie die Zahlenkombination für einen Tresor. Nur wer die Kombination kennt und anwendet, kann den Tresor öffnen. Gäbe es eine Art Kurzanleitung zum Knacken des Zahlencodes für den Weg in die Berufung, würden wir sie ungefähr so zusammenfassen:

Finden Sie heraus, was Sie von Herzen gern tun, was Ihren Talenten entspricht und woran Sie glauben. Machen Sie daraus ein Produkt oder eine Dienstleistung mit dem Ziel, dass es für Sie und diese Welt von Nutzen ist. Und Sie werden entdecken, dass Sie nun

genau das leisten, wonach Menschen und Unternehmen suchen und was sich gesundend auf unsere Gesellschaft und unsere Umwelt auswirkt. Etwas, das für Sie und für andere einen Wert hat, wird zwangsläufig Wohlstand in Ihr Leben bringen.

Sie schütteln jetzt vielleicht den Kopf und denken, das sei naiv und fernab von jeder beruflichen Realität. An dieser Stelle zu zweifeln ist in unserer Gesellschaft normal. Arbeit ist mit so vielen beschwerlichen Glaubensmustern belegt, dass kaum jemand noch in Kontakt mit ihrer eigentlichen Bedeutung in seinem persönlichen Leben und unserer Gesellschaft ist. Arbeit hat sich auf eine sehr subtile Art entmenschlicht und verselbstständigt zu etwas, das uns und diese Welt mehr beherrscht, als dass es uns dient. Aber ist etwas richtig, bloß weil es wie eine Seuche um sich gegriffen hat?

Was wäre, wenn Selbstverwirklichung und nicht Anstrengung der Schlüssel zum Erfolg wäre? Wenn Arbeit den Zweck hätte, dieser Welt und ihren Bewohnern zu dienen und nicht immer mehr, immer Neues, immer weiter zu perfektionieren und in einen übervollen Markt zu drücken?

Wie wär's? Heute, hier, jetzt! Wie wäre es, wenn Sie für einen Moment innehielten und der inneren Stimme doch noch einmal zuhörten, die sagt: »Da war doch noch was … Da war doch mal dein Traum!« Zugegeben – sie ist leise. Aber wenn Sie genau hinhorchen? Dann erinnern Sie sich vielleicht auf einmal wieder an diese Sache, bei der es jedes Mal in Ihnen zu kribbeln anfängt … Dann taucht wieder diese Idee auf, die Sie elektrisiert … Die Vision, bei der Sie das Gefühl haben, endlich ganz bei Ihrer Sache zu sein … Etwas Sinnvolles zu tun … Ihren Beitrag zu leisten … Dann freuen Sie sich schon darauf, bald wieder dieser Beschäftigung nachgehen zu können, in der Sie so völlig versinken und die Sie wirklich zufrieden macht …

Schieben Sie Ihren Traum vom Leben nicht länger weg. Er entspringt Ihrem Wesen und trägt eine sehr reale Kraft in sich, Sie wieder lebendig werden zu lassen und aus dem Hamsterrad zu befrei-

Beruf oder Berufung? ∞ 121

en, Ihnen den Druck von den Schultern zu nehmen, wieder eine natürliche Balance in Ihr Leben zu bringen und Ihnen endlich die Zufriedenheit zu verschaffen, nach der Sie sich sehnen. Der Weg in ein befriedigendes und wirklich erfolgreiches Leben – und wie Sie ebenfalls gleich wissen sollen, auch der Weg in eine glückliche Beziehung – er führt tatsächlich über solche Visionen und Träume, über Freude beim Tun, Neugierde, Leidenschaft und Selbstverwirklichung.

Wie geht es Ihnen, wenn Sie sich vorstellen, dass Sie tatsächlich schon bald das ins Leben bringen, was in Ihnen steckt? Stellen Sie sich vor, Sie erzählen bald einem Freund: »Du, bei mir hat sich beruflich einiges geändert. Ich habe endlich etwas gefunden, das viel mehr meinen Talenten entspricht und mir am Herzen liegt. Ich habe jetzt bei der Arbeit das ganz neue Gefühl, etwas Sinnvolles zu tun, das auch für andere Menschen und für unsere Welt von Nutzen ist.«

Wir haben nach Burn-out und Kündigung den Einstieg in ein neues Berufs- und Beziehungsleben gefunden, das sich seitdem stetig entfaltet, längst kaum noch unserem alten gleicht und das wir für nichts in der Welt gegen unsere einstigen Karrieren eintauschen wollten. Dieses Leben funktioniert nach völlig anderen Gesetzen und sorgt für eine ganz andere Art von Wohlstand und Erfolg. Es ist ein Leben, dessen größte Herausforderung darin besteht, auf sich selbst zu vertrauen. Und darauf, dass die eigene Arbeit nicht nur einem selbst, sondern auch dieser Welt dient. Darauf zu vertrauen, dass man tatsächlich etwas zu geben und mit anderen zu teilen hat.

Das größte Geschenk an diesem neuen Leben: Es ist im Moment spürbar, selbstbestimmter und viel lebendiger. Das heißt nicht, dass wir nun nur noch den bequemen Weg gehen. Wenn man eine Sache anpackt, an die man glaubt, gibt es oft Widerstände zu überwinden und Risiken einzugehen. Damit ist unser Berufsleben alles andere als statisch. Wir sind immer wieder zu Kurskorrekturen gezwungen und können nie weit in die Zukunft planen. Aber damit fördert unsere

Arbeit heute auch deutlich mehr unsere Kreativität und bringt uns immer wieder in Bewegung.

Vielleicht sagen Sie sich, dass eine derartige Lebenshaltung Ihnen einfach nicht entspricht. Sie denken: Dazu ist mein Pflichtgefühl einfach zu groß … Das bin ich einfach nicht … Meine Prägungen von Hause aus waren auch ganz anders … Aber auch wir hatten gelernt, dass es darum geht, finanzielle Sicherheit zu schaffen und Karriere im Sinne von stetigem Wachstum zu machen. So hatten auch wir Leute, die solche Szenarien in den Raum stellen, lange Zeit für Träumer gehalten. Und die, die ihr Berufsleben tatsächlich nach solchen Fragen ausrichten, für Glückspilze oder Exoten. Im besten Fall für heimlich zu beneidende Randerscheinungen des ansonsten grundsätzlich harten Berufslebens. Aber eben nur Randerscheinungen, die man als Wegweiser für sich selbst getrost vernachlässigen kann.

Wie bei den meisten lösten solche Fragen nach der Berufung auch bei uns noch vor wenigen Jahren neben sehr leisen Sehnsüchten vor allem Widerstände aus. Im Rahmen unserer Arbeit hören wir auf solche Fragen anfangs fast immer Antworten wie: »Sicher, das wäre befreiend. Aber eigentlich ist es doch völlig realitätsfern.«

Sich auf seine Berufung zuzubewegen heißt nicht, seinen gesunden Menschenverstand zu verlieren. Ihre Berufung zu erfüllen heißt auch nicht, dass Sie ab morgen Missionar in Afrika oder Erfinder sein müssen. Auch nicht, dass Sie unbedingt gleich die ganze Welt verändern, von der Muse geküsst oder in Ihrem Inneren auf ein begnadetes Talent stoßen müssen.

Die eigene Berufung zu finden und zu erfüllen ist ein kontinuierlicher Prozess des Herantastens durch Versuch und Irrtum. Es geht darum, dass Sie Ihr Tun wach und ehrlich einer Inventur unterziehen. Dass Sie beginnen, überall dort Kurskorrekturen vorzunehmen, wo die Dinge nicht mehr stimmig sind. Und Ihre Arbeit schließlich in kleinen Schritten mit dem bereichern und erweitern, was Ihnen guttut.

Beruf oder Berufung?

Manchmal fängt alles mit einem Hobby an. Manchmal geht es darum, eine Zeit lang zweigleisig zu fahren und Ihr Geld so lange weiterhin im alten Job zu verdienen, bis Sie vielleicht die entsprechenden Ideen und den Mut haben, um Ihre Berufung auch zu Ihrem Beruf zu machen. Eine ganze Zeit lang scheint dann erst mal Ihre Hauptaufgabe darin zu bestehen, zwei scheinbar entgegengesetzte Pole in Ihrem Leben in Verbindung zu bringen: Sie haben eine klassische Berufsausbildung und etwas Seriöses gelernt – aber da ist auch dieses eher unkonventionelle Talent, das in Ihnen schlummert. Die Aufgabe besteht darin, herauszufinden, wie beides unter einen Hut geht und sich gegenseitig ergänzt oder gar befruchtet.

Wichtig ist, dass Sie sich nicht unter Druck setzen. Bei vielen, die einen neuen Weg eingeschlagen haben, war die Berufung nicht automatisch auch gleich der Beruf. Bei den wenigsten hat die Berufung eines Tages eingeschlagen wie der Blitz. Meist hat sie sich eher eingeschlichen. Sich immer deutlicher gezeigt, je mehr man den Mut hatte, auch wirklich seinen Platz einzunehmen.

Der Arzt, Kabarettist und Fernsehmoderator Eckhart von Hirschhausen erzählt gern die Geschichte vom Pinguin, wenn er über seinen Weg in die Berufung redet. Hirschhausen war Spaßmacher auf einem Kreuzfahrtschiff und dabei »kreuzunglücklich«. In Norwegen ging er an Land und in einen Zoo. Dort sah er einen Pinguin, der ungelenk daherwatschelte und fast wie eine evolutionäre Fehlkonstruktion wirkte. So lange, bis der kleine Kerl ins Wasser glitt und zeigte, was er kann. Im Wasser sind Pinguine unschlagbar, und der promovierte Arzt begriff für seinen weiteren Weg: »Viel sinnvoller, als sich mit Gewalt an die Umgebung anzupassen, ist es, das Umfeld zu wechseln.« Heute hat Hirschhausen das richtige Umfeld für sich gefunden. Sein Erfolg ist überwältigend.

Das aber war nicht immer so. Auch er watschelte erst unbeholfen als Krankenhausarzt durchs Leben, bis er sein Element gefunden hatte. In der Klinik fühlte er sich unwohl. Als kreativ-chaotischer Typ – wie er sich selbst sieht – fiel es ihm schwer, in den vorgegebenen Abläufen zu funktionieren. Die Freude an Wortspielen und witzigen Wendungen kollidierte mit dem Zwang, Arztbriefe diktieren zu müssen. Kurz: Er war ein Pinguin auf dem Trockenen.

Aber er hatte ein Hobby: Schon während des Studiums hatte er Freude daran, Witze zu sammeln, zu zaubern, Kabarett zu machen. Er hatte Spaß daran, wenn andere an ihm Spaß hatten. Er merkte: »Hier geht mein Herz auf, hier brenne ich, ohne auszubrennen.« Und so vollzog er den wichtigsten Schritt seines Lebens: Er legte den weißen Kittel ab und die rote Nase an. Arzt ist er dabei gleichwohl geblieben, »nur auf eine andere Weise«, wie er sagt.

Sein Berufswechsel erfolgte gegen jede ökonomische Vernunft, und eine Karriere war nie planbar. Deshalb hält er Rumprobieren für die beste Strategie.

»Wenn du merkst, du bist ein Pinguin, schau dich um, wo du bist. Wenn du feststellst, dass du dich schon länger in der Wüste aufhältst, liegt es nicht nur an dir, dass es nicht ›flutscht‹. Alles, was es braucht, sind kleine Schritte in Richtung deines Elements. Finde dein Wasser. Und dann heißt es: Spring ins Kalte! Und schwimm! Und du weißt, wie es ist, in deinem Element zu sein.«

Ich (Eva) gehöre zu den Menschen, die schon sehr früh in ihrem Element umhergeschwommen sind und ihren »Ruf« hörten. Schon als junges Mädchen hatte ich nur einen Traum: Ich wollte schreiben, wollte Journalistin werden. Zur Verwirklichung dieses Traums ließ ich nichts unversucht. Mit dem kleinstmöglichen Nenner hat meine »journalistische« Karriere schon im Alter von dreizehn begonnen, als ich anfing, jeden Morgen die örtliche Tageszeitung auszutragen. Mit sechzehn lauerte ich einem Lokalredakteur dieser Zeitung in einer Kneipe auf und erzählte ihm dann mutig von meinem Traum, Journalistin werden zu wollen. Wenige Wochen später war der Wohn-

Beruf oder Berufung? 125

zimmerboden meiner Eltern von Dutzenden zerknüllter Blätter überzogen, während ich mit klopfendem Herzen versuchte, meinen ersten Artikel zu schreiben.

Mit achtzehn bekam ich meinen Ausbildungsplatz bei der Tageszeitung der nächstgrößeren Stadt. Mit Anfang zwanzig war ich eigentlich im Studium. Aber in Wahrheit verbrachte ich jede freie Minute mit Schreiben. Hatte gleich mehrere Redaktionen, für die ich als freie Mitarbeiterin arbeitete, und insgeheim träumte ich schon davon, Auslandskorrespondentin zu werden.

Unter einer meiner letzten Hausarbeiten vor dem endgültigen Abbruch meines Studiums stand als Kommentar des Professors: »Wir sind hier nicht bei Werner Höfers Frühschoppen. Lernen Sie endlich wissenschaftliches Arbeiten.« Da wusste ich, dass ich hier an der Uni ein Pinguin an Land war. Aber da hatte ich schon das Unmögliche möglich gemacht und stand kurz vor meiner Abreise, um ein Jahr für die Deutsche Presseagentur in Kairo zu arbeiten.

Eine Berufung kann ein kraftvoller Motor sein. Ich könnte Ihnen jetzt sicher ein Dutzend ungewöhnliche Geschichten erzählen, wie ich die unmöglichsten Dinge unternommen habe, die unüberwindbarsten Hürden hartnäckig so lange angesteuert habe, bis ich sie auf meinem Weg des Schreibens endlich nehmen konnte. Wie vor meinen größten Träumen oft die größten, scheinbar unüberwindbaren Mauern standen. Wie manchmal, als ich nach x vergeblichen Anläufen endgültig alle Hoffnung auf die Verwirklichung einer Vision hätte begraben müssen, Förderer und Menschen, die an mich glaubten, auftauchten. Mir Türen öffneten und Wege ebneten.

Aber meine Erfahrung wurde es auch im Laufe der Jahre und Jahrzehnte, dass eine Berufung einem wenig Chancen lässt, sich beruflich irgendwo einzurichten. Die, die ihre Berufung kennen, wissen, dass sie sich im Laufe des Lebens immer wieder einen neuen Ausdruck suchen kann. Dass man wegen ihr manchmal ganz allein vorangehen und Durststrecken überwinden muss. Dass man lernen muss, mit

Widerständen und Unverständnis von anderen umzugehen. Und vor allem, dass man sich nie irgendwo auf Dauer festsetzen kann.

Vielleicht sehen Sie sich eines Tages gezwungen, einen einstmals befriedigenden Beruf wieder aufzugeben und einen anderen zu wählen, um weiterhin Ihrer Berufung treu bleiben zu können. So wie es bei mir war, als ich in Südafrika eine Entscheidung für mein Herz und gegen den Journalismus treffen musste. Das fühlte sich damals an wie eine Amputation. Aber rückblickend war es keineswegs das Ende meines Schreibens. Es war das Ende einer begrenzten Form des Schreibens, auch wenn ich das damals überhaupt nicht sehen konnte.

An solchen erzwungenen Wendepunkten sollten Sie wachsam sein und sich fragen: Ist das hier wirklich das Ende? Oder ist es, wenn Sie ehrlich sind, nicht eher so, als ob Sie langsam aus einer Form herausgewachsen sind, die nicht mehr reicht oder nicht mehr passt, als dass in ihr Ihre Berufung zum Ausdruck kommen könnte?

Berufung ist etwas sehr Lebendiges. Etwas, das Sie nie in Routine funktionieren lässt. Ihre Berufung fordert Sie immer wieder heraus, sich neu zu überprüfen, zu öffnen, auf Ihr Herz zu hören und Wagnisse einzugehen. Die eigene Berufung zu erfüllen ist nichts Statisches, sondern ein stetiger Entfaltungsprozess Ihres persönlichen Potenzials. Berufung ist eigentlich eine Annäherung an sich selbst.

Je mehr Sie das Gefühl von »Hier bin ich richtig« haben, desto näher sind Sie Ihrer Berufung. Desto mehr erfüllen Sie Ihre Lebensaufgabe.

Jemand mit großer Menschenkenntnis und Lebenserfahrung sagte einmal zu mir: Was leicht geht, ist richtig. In diesem Sinne sollten Sie sich fragen: Wo ist es mühsam, ohne dass ich wirklich zum Ziel komme? Was – egal wie unbedeutend es sein mag – macht mir Freude? Bin ich bereit, meine innersten Bedürfnisse mehr zu achten als die unablässig wachsenden Anforderungen von außen? Bin ich bereit, meinen Platz einzunehmen, der meinem Wesen und meinen Talenten entspricht?

Beruf oder Berufung?

Und dann bleibt Ihnen nur eins: In kleinen Pinguinschritten los-
watscheln in Richtung Wasser. Immer weiter in Ihr Element.

Wie der Elefant seine Freiheit entdeckte

Im Wasser ist es leicht für den Pinguin. Im Wasser ist er in seinem Element. Aber der Weg ins eigene Element fordert uns immer auf, die altvertraute Komfortzone hinter uns zu lassen und ins Unbekannte zu springen. Das kann uns unüberwindbar weit oder wie die Überquerung eines bedrohlichen Sumpfes vorkommen. Das Unüberwindbare und Bedrohliche entspringt allerdings meist vor allem dem eigenen Geist und nur sekundär der Welt da draußen. Der Weg ins eigene Element fordert uns immer auf, alte Prägungen zu überwinden und durch neue mutige Handlungen zu entdecken, dass wir mehr Möglichkeiten und Freiheiten haben, als wir uns bisher zugestanden hatten.

Prägungen und Glaubensmuster können so machtvoll wirken, dass sich nicht nur kleine Pinguine, sondern selbst Elefanten von ihnen beherrschen lassen. Wir ahnen meist gar nicht, wie sehr unser Umgang mit Beruf und Beziehung durch das, was wir als Kinder in unseren Herkunftsfamilien und unserem sozialen Umfeld erlebt und aufgenommen haben, geprägt ist. Um das zu verdeutlichen, eine kleine Geschichte von Paulo Coelho über einen heranwachsenden Elefanten:

»Einem Dompteur gelingt es, einen Elefanten mit einem ganz einfachen Trick zu beherrschen: Er bindet das Elefantenkind mit einem

Fuß an einen großen Baumstamm. So sehr es sich auch wehrt, es kann sich nicht befreien. Ganz allmählich gewöhnt es sich daran, dass der Baumstamm stärker ist als es selbst. Wenn der Elefant erwachsen ist und dann ungeheure Kräfte besitzt, braucht man nur eine Schnur an seinem Bein zu befestigen und ihn an einem Zweig anzubinden, und er wird nicht versuchen, sich zu befreien. Denn er erinnert sich daran, dass er diesen Versuch unzählige Male vergebens unternommen hat. Wie bei den Elefanten stecken auch unsere Füße in einer dünnen Schlinge. Doch da wir von Kindesbeinen an die Macht jenes Baumstamms gewohnt sind, wagen wir nicht, uns zu wehren. Und vergessen darüber, dass es nur einer mutigen Tat bedarf, um unsere Freiheit zu erlangen.«

Was dachten Ihre Eltern und die nächsten Menschen in Ihrer Umgebung über Spaß bei der Arbeit? Was über Erfolg? Was haben sie Ihnen über ihre Talente und Möglichkeiten im Leben vermittelt? Was war ihre Einstellung zu Geld? Was haben sie in ihrer Beziehung vorgelebt? Welche Bedeutung hatte die Arbeit? Was würden Ihre Eltern oder Geschwister sagen, wenn Sie ihnen erzählen würden, dass Sie jetzt Ihrer Berufung folgen wollen? Dass Sie gern mehr Zeit für Ihre Beziehung hätten? Und dass es Ihnen immer wichtiger ist, Spaß bei der Arbeit zu haben, als weiter auf den alten sicheren Gleisen zu fahren?

Auch wenn Ihre Eltern vielleicht nie bewusst mit Ihnen über diese Themen geredet haben – sie waren der Baumstamm und ihre Glaubenssätze und Gewohnheiten waren der dünne Strick, der Ihnen den Raum für Ihre Entfaltung vorgezeichnet hat. Auch wenn Sie heute längst erwachsen sind und Ihrer eigenen Wege gehen, so wirken diese Programme immer noch in Ihrem Unterbewusstsein. Wenn Sie jetzt vorangehen wollen, sollten Sie sich einfach noch mal einen Moment darüber klar werden, wo der dünne Strick an Ihrem Fuß Sie immer noch hält … Wo Sie noch nach einer veralteten Software funktionieren …

Ich (Wolfram) habe mich nie gefragt, was meine Träume sind oder was mir besonders liegt. Ich habe früh gelernt, meinen Gefühlen gegenüber auf Distanz zu gehen und sie im Zaum zu halten. Gespräche bei uns in der Familie waren eher auf den Austausch von Informationen beschränkt. Selten ging es darum, eigene Bedürfnisse oder Befindlichkeiten mit den anderen zu teilen. Was in den Herzen unserer Familienmitglieder vorging, kam eigentlich nie zur Sprache.

Auch mit meinen individuellen Talenten und Instinkten hatte ich mich nie näher beschäftigt. Als Jüngster von vier Brüdern erlebte ich früh, dass es leichter ist, mit der Gruppe zu gehen, als den Versuch zu unternehmen, mich allein mit etwas durchzusetzen. Bei uns standen Familiensinn und konservative Werte über allem. Individuelle Entfaltung spielte nur eine untergeordnete Rolle. Meinen Eltern war es wichtig, uns alle gleich zu behandeln. Und wir Brüder wachten untereinander immer darüber, dass ja keiner der anderen zu viel Raum einnahm oder zur sehr nach vorn preschte. Unabhängig von jeweiligen Talenten und Vorlieben war unser Außenbild als Familie entscheidend.

Bei uns galt: Erfolg erreicht man durch Fleiß und Verzicht. Geld war angeblich nicht wichtig. Keiner von uns Jungs durfte sich laut wünschen, reich und wohlhabend zu sein. Wir hörten oft, dass es im Leben eher um Tugenden wie Wissen, Aufrichtigkeit und Zusammenhalt ging.

Die Frage nach meiner Berufung stellte sich mir gar nicht. Zu Hause funktionierte ich als Teil des Systems und passte mich den Regeln an. Und wenn ich mich austoben wollte, dann ging ich zu meinen Freunden. Wir waren eine wilde Gang, die kaum ein Abenteuer ausließ. Aber diese Spaltung zwischen dem, der ich zu Hause war, und dem, der mit seinen Jungs nichts ausließ, hinterfragte ich nie. Ich lebte einfach in zwei Welten und hielt das für normal.

Ich genoss das Leben mit all seinen Wagnissen und Herausforderungen. Ich liebte es, über die Grenzen zu gehen und Unbekanntes, Unerlaubtes auszuprobieren – aber eben nur da draußen, wo meine

Familie nicht war. Da durfte ich auch mit meinen Freunden unumwunden darum rangeln, der Beste sein zu wollen oder später das schnellste Auto zu fahren. Zu Hause wurden solche Wünsche als Egoismus oder Unvernunft getadelt. Da war es das Wichtigste, sich einzuordnen und Teil des Ganzen zu sein.

Manch einer findet die dünnen Fesseln der Familie unerträglich. Er wird vielleicht mit aller Kraft im späteren Leben darum kämpfen, sich von ihnen zu befreien. Aber viele von uns erkennen nicht mal, dass sie in Fesseln stecken. Sie halten das, was sie leben, für das Leben. Auch ich habe nie wirklich gemerkt, dass ich in einer Schlinge hänge. Ich hätte immer im Brustton der Überzeugung gesagt, dass ich Teil einer perfekten Familie bin, die immer zusammenhält.

Dass ich draußen bei meinen Jungs ein komplett anderer war als zu Hause, schien mir normal. Und so merkte ich auch nicht, dass ich in zwei Teile gespalten durchs Leben ging. Dass ich auf meinem Weg ins Berufsleben unbewusst alles boykottierte, was in meiner Familie erstrebenswert schien. Ich schlug keine klassische akademische Laufbahn ein wie mein Vater und alle meine Brüder vor mir. Im Gegenteil: Ich vermasselte mein Abitur nach Leibeskräften, obwohl es mir an den Fähigkeiten nicht fehlte. Ohne Abitur hatte ich eine erstaunlich spannende Perspektive: Ich konnte und musste nicht mehr länger den Weg unserer Familie einschlagen. Die Türen zu wachsendem theoretischem Wissen und allen Universitäten und Promotionen waren nun verschlossen. Ich war frei, um einen anderen, einen eigenen Weg gehen zu können.

Diese Freiheit hatte ich mir aber eben nicht bewusst genommen. Ich hatte nie laut einen Punkt gemacht. Mich nie gefragt, was ich eigentlich will, was ich nicht will, was mein Weg ist. Ich hatte mich eher unmerklich aus allem herausmanövriert und Fakten geschaffen, die mich heraus aus dem Fahrwasser meiner Familie brachten. So landete ich tatsächlich weit weg von deren beruflicher Vorstellungswelt in der Modebranche und war fortan wie ein Rennpferd, das man endlich aus der Box gelassen hatte. Mein Leben verlief nun immer im vollen Galopp auf der Überholspur.

Dass ich in meinem Galopp nicht wirklich frei und auf meinem Weg war, sondern noch immer an den alten Fesseln meiner Prägungen hing, merkte ich erst viele Jahre später, als mich meine Kündigung abrupt zum Anhalten zwang und zurück auf Los nach Hause zu Frau und Kind beförderte. Jetzt war ich gezwungen, mir anzuschauen, was ich all die Jahre vermieden hatte: dass es einen Wolfram zu Hause und einen anderen draußen in der Welt gab – und dass beide kaum Verbindung hatten. Ich hatte zwar eine ganze Reihe von Karrieresprüngen gemacht, hatte alles Mögliche gewagt, um beruflich voranzukommen. Aber unterschwellig hatte ich immer noch Angst vor meinen Gefühlen und eine Abhängigkeit von Autoritäten.

In vielen Bereichen stand ich immer noch da, wo ich auch damals in meiner Herkunftsfamilie gestanden hatte: Ich wusste nicht, wie ich meine Gefühle ausdrücken sollte. Ich kannte kaum eine andere Begegnung mit Menschen als die, Informationen auszutauschen. Ich hatte keine Ahnung, was mir wirklich entsprach, was meine Berufung sein könnte und was meine Talente. Ich hatte mir nie die Frage nach dem Sinn meines Tuns gestellt. Und mir war nicht im Geringsten klar, wie sehr sich meine Frau und meine Tochter nach einer anderen Form von Nähe mit mir sehnten und wie ich mit dieser Nähe umgehen sollte.

Auch wenn ich es nicht wahrhaben wollte, aber jetzt nach meiner Kündigung war mein Job ein ganz anderer, als Mode zu verkaufen. Mein Job war es, zuerst einmal die Spaltung in mir wieder aufzuheben, vor der ich so lange weggelaufen war. In der Zeit nach der Kündigung lernte ich in winzigen Schritten, das wieder zu verbinden, was mir damals als Kind unmöglich schien: mich als eigenständiges Wesen mit meinen ureigenen Talenten zu entdecken und mich mit meiner Lebendigkeit zu Hause zu zeigen. Meine Kündigung verhalf mir dazu, bei mir, bei meiner Frau und meiner Tochter zu landen und mein Leben wieder ganz werden zu lassen.

Wie der Elefant seine Freiheit entdeckte

Was damit einherging: Ich erkannte langsam die dünnen Fesseln, die all die Jahre unbewusst in mir gewirkt hatten. Ich fing an aufzuwachen und zu entdecken, wer ich selbst war und was mich viele Jahre gebremst und gespalten hatte. Jetzt konnte ich langsam spüren: Es gab tatsächlich einen Wolfram in mir, der zu Hause der gleiche war wie im Beruf. Er war nicht einfach ein Ergebnis der Prägungen und Wertesysteme seiner Herkunftsfamilie und auch nicht sein eigenes Idealbild eines smarten Managers. Dieser Wolfram war der, dessen natürliche Stärken mit seinem Herzen verbunden waren.

Ich bin spät aufgewacht. Aber von daher kann ich Ihnen heute nur sagen: Es ist nie zu spät, den dünnen Fesseln zu entkommen und eine mutige Tat zu wagen. Es ist nie zu spät, seinen eigenen Weg zu gehen, egal wie weit man vom ihm abgekommen ist. Es ist auch nie zu spät, eine neue Form von Verbindung und seine Berufung zu finden.

Falls Sie gerade mit dem Leben hadern und sich sagen: »Warum passiert mir das jetzt? Ich habe doch gar keine Chance mehr. Ich bin zu alt für einen Neubeginn ...« Geben Sie solchen Gedanken gar nicht erst zu viel Raum. Sie halten Sie nur im alten Denken und in einer Opferhaltung gefangen, die Ihnen nicht weiterhilft. Es ist auch in späteren Jahren nicht zu spät, das eigene Leben in die Hand zu nehmen. Wichtig ist, dass Sie sich bewusst machen, dass die Ängste, die in Zeiten des Wandels auftauchen, alt sind und eigentlich der Vergangenheit angehören. Als Kind waren Sie vielleicht ohnmächtig, etwas zu ändern und die Weichen so zu stellen, wie Sie sie gebraucht hätten. Aber heute sind Sie erwachsen. Heute stehen Ihnen andere Kräfte zur Verfügung. Heute können Sie die Verantwortung selbst übernehmen.

Aus eigener Erfahrung kann ich sagen: Die Ängste, die nach meiner Kündigung auftauchten, waren an manchen Stellen gewaltig. Die dünnen Fesseln erschienen mir wie dicke Ketten. Aber wenn ich mich ihnen ehrlich gestellt habe, gab es immer eine Lösung. Und jedes Mal nach dem Durchleben tatsächlich die Erkenntnis, dass ich alle Fähigkeiten in mir habe, die ich zur Lösung meiner Herausforderungen brauche.

Heute als Erwachsener habe ich eine weitere Freiheit, die ich als Kind nicht hatte: Auf der Reise zu mir kann ich über die dafür notwendigen Kurskorrekturen selbst entscheiden. Und schließlich kann ich diese Entdeckungsreise, die mich unterwegs durch das Dickicht meiner Ängste und beengenden Glaubenssysteme hin zu meinen Stärken und meiner Freiheit führt, heute viel bewusster wahrnehmen, als ich es in frühen Jahren gekonnt hätte. Mittlerweile bin ich überzeugt, dass es in Wahrheit im Leben um nichts anderes als um diese Entdeckungsreise geht. Wer sich auf dieser Reise seinen Fesseln stellt, der kann sich von ihnen befreien. Paulo Coelho sagt in seiner Geschichte vom Elefanten, dass es dazu nur einer mutigen Tat bedarf.

Was unterscheidet zufriedene und erfolgreiche Menschen von anderen? Was unterscheidet die, die unsere Welt verändern, von anderen? Dass sie von Hause aus perfekte Prägungen mitgebracht haben? Wohl kaum. Seien Sie sich sicher: Es gibt die dünnen Fesseln, von denen Paulo Coelho spricht, im Leben eines jeden. Und oft sind sie bei denen, die in ihrem Leben ihre Träume verwirklichen, sogar noch dicker als bei anderen. Die Fesseln sind es nicht, die über den Erfolg oder die Erfüllung bestimmen, die ein Mensch in seinem Leben erfährt. Unser Schicksal ist eins. Was wir aus ihm machen, etwas ganz anderes. Entscheidend ist die mutige Tat, die Sie entdecken lässt, dass Sie freier, größer und mächtiger sind, als Sie glaubten.

Eine meiner (Eva) prägenden Lebenserfahrungen war die, als ich Nelson Mandela am Tag nach seiner Freilassung live in Südafrika erleben durfte. Bis dahin hatte er fast dreißig Jahre in einer Zelle hinter Gefängnismauern verbracht, war gefoltert und in Isolationshaft gesteckt worden und hatte viele Freunde und Familienmitglieder im Kampf gegen die Apartheid verloren. Was sollte dieser Mann schon

Wie der Elefant seine Freiheit entdeckte

noch ausstrahlen, wenn er nach mehreren Jahrzehnten hinter Gittern zum ersten Mal wieder in die Öffentlichkeit treten würde? Was sollte er mir und den 120 000 Menschen im Fußballstadion von Soweto und den Millionen von Menschen an den Bildschirmen zu Hause schon vermitteln? Sollte er tatsächlich der sein, der eine ganze Nation in die Freiheit führen könnte? Bei aller Faszination um seinen Mythos – aber der reale Mensch Mandela könnte doch nach drei Jahrzehnten Gefangenschaft nur noch ein gebrochenes Wesen sein.

So wartete ich in der gigantischen singenden und tanzenden Menschenblase stundenlang darauf, dass der echte Nelson Mandela aus Fleisch und Blut gleich vom Fußballfeld zu seinem Volk und der Welt sprechen würde. Ich saß ganz oben auf den letzten Rängen, als endlich irgendwann unten aus einem unterirdischen Aufgang ein winzig kleiner, schwarzer Mann erschien und an einem bescheidenen Rednerpult seinen Platz einnahm.

Ich konnte seine Gestalt von meinem Platz aus nur erahnen. Mir blieb nur, dem Klang seiner Stimme und seinen Worten über Lautsprecher zu lauschen. Und eins merkte ich schnell: Da stand kein gebrochener Häftling. Da stand ein aufrechter Mann, der innerhalb weniger Sekunden in großer Entschlossenheit ein ganzes Fußballstadion elektrisierte. Von ihm gingen eine Klarheit und eine Hoffnung aus, die mit rationalen Erklärungen nicht zu beschreiben wären. Dieser Mann hatte tatsächlich die Kraft, diese Welt zu verändern.

Was war es, das ihn dazu befähigte, trotz dieser Jahrzehnte im Gefängnis? Nelson Mandela war zeitlebens von einer inneren Vision getragen, die ihn Ausgrenzung, Unterdrückung, Gefangenschaft und Folter in der Seele unbeschadet hat überstehen lassen: Er glaubte an Vollkommenheit und göttliche Verbindung in jedem Menschen. Alles in seinem Leben drehte sich darum, diesen Glauben in sein Volk zu tragen und in anderen Menschen zu erwecken.

Diesen Glauben kann ein Mensch nur dann authentisch vermitteln, wenn er diese Kraft in sich selbst erfahren hat. Dann muss er nicht predigen, er verkörpert eine Vision und strahlt sie dann auf andere – so wie uns alle in der großen Menschenblase – aus. Das ist gemeint, wenn davon die Rede ist, dass der Funke überspringt. Nelson Mandela hatte in sich erlebt, war sich gewiss, wer er wirklich ist: ein vollkommenes, göttliches Wesen jenseits aller Prägungen, Richtlinien und gesellschaftlichen Vorgaben. So konnte er den Funken auf uns alle im Stadion und später auf sein Volk und auf viele Menschen in der Welt überspringen lassen.

Jeder von uns ist in sich dieses vollkommene Wesen. Das, was uns davon abhält, als solches zu leben, ist nur unsere Vorstellung, dass wir klein und begrenzt sind. Sie hält uns am dünnen Ast unserer Angst gefesselt.

Unsere Angst ist,
dass wir stark sind

Unsere größte Angst ist nicht die, dass wir unzulänglich sind.

Unsere größte Angst ist die, dass wir über die Maßen machtvoll sind.

Es ist unser Licht, nicht unsere Dunkelheit, das uns am meisten erschreckt.

Wir fragen uns: Wer bin ich denn, dass ich brillant, großartig und fabelhaft sein sollte?

Aber wer sind Sie denn, dass Sie es *nicht* sein sollten?

Sie sind ein Kind Gottes.

Wenn Sie sich kleinmachen, dient das der Welt nicht.

Es hat nichts von Erleuchtung an sich, wenn Sie sich so schrumpfen lassen, dass andere Leute sich nicht mehr durch Sie verunsichert fühlen.

Wir sollen alle so leuchten wie die Kinder.

Wir sind dazu geboren, die Herrlichkeit Gottes in uns zu manifestieren. Sie existiert in allen von uns, nicht nur in ein paar Menschen.

Und wenn wir unser eigenes Licht leuchten lassen, erlauben wir auch unbewusst anderen Menschen, das Gleiche zu tun.

Wenn wir von unserer eigenen Furcht befreit sind,
befreit unsere Gegenwart automatisch auch andere.

Marianne Williamson

Tatsächlich wird die Urheberschaft dieser Worte seit Jahren Nelson´ Mandela zugesprochen. Vielleicht deshalb, weil wir der Kraft, die ihn über alle Widerstände hinweggetragen und zum Anführer seiner Nation und unzähliger Herzen auf der Welt gemacht hat, gern Worte geben möchten. Aber der Text war nie Teil seiner Amtsantrittsrede, wie in vielen Quellen behauptet wird.

Er stammt von der spirituellen Lehrerin Marianne Williamson, die ebenfalls eine herausfordernde Lebensgeschichte voller Hindernisse, Schmerz und Widerstand hatte. Sie ist an dem Tiefpunkt ihres Lebens auf die universellen Lehren des *Kurs in Wundern* gestoßen. Der Kurs hat sie gelehrt, dass im Kern eines jeden ein kraftvolles, unbegrenztes Potenzial wirkt und dass es nur unsere eigenen Ängste, unsere Schuldgefühle und unser Unglaube sind, die uns von diesen Kräften trennen.

Auch in Ihnen und uns ist dieses Licht, von dem Marianne Williamson spricht. Aber wenn Sie Selbstzweifeln, Schuld- und Wertlosigkeitsgefühlen in sich unbeachtet Raum geben, dann verdunkeln Sie das Licht und halten jeden Erfolg von sich fern. Viele Menschen haben Angst, ihre echte Größe zu leben. Sie machen sich klein oder sind nicht in der Lage, Zuwendung und Fülle zu empfangen.

Fragen Sie sich selbst: Wie geht es Ihnen, wenn Sie im Text von Marianne Williamson lesen, dass in Ihnen die gleiche Kraft wirkt wie in Nelson Mandela? Dass Sie über alle Maßen machtvoll sind? Dass Ihnen aller Erfolg zusteht? Dass Sie Ihr Licht leuchten lassen und zu Ihrer Größe stehen dürfen? Dass Sie ein Kind Gottes sind und nur bereit sein müssen zu empfangen?

Vielleicht sind Sie ja berührt von den Worten im Text. Aber was ist, wenn jemand im alltäglichen Leben vor Ihnen steht und Ihnen sagt, dass Sie ein großartiger und außergewöhnlicher Mensch sind und wirklich nur das Beste verdient haben? Beschleicht Sie da nicht auch ein leicht beschämtes, verunsichertes Gefühl, wie die meisten von uns, wenn sie Gutes empfangen sollen?

Wie der Elefant seine Freiheit entdeckte

Diese Angst vor der eigenen Größe betrifft längst nicht nur Menschen, die ein durchschnittliches Leben leben. Es gibt viele Menschen, die in der Lage sind, großartige Leistungen zu erbringen oder materiellen Wohlstand zu erschaffen. Aber auch sie halten den Erfolg oft nicht aus. Um Ihnen deutlich zu machen, wie wir unseren Erfolg zwar selbst erschaffen, aber oft nicht empfangen können, möchte ich die Geschichte von Paul erzählen, einem Mann mit einem großen Herzen.

Als ich Paul kennenlernte, schwärmte er mir von seinem Traumhaus vor, das er für sich und seine Familie an einem paradiesischen Flecken am anderen Ende dieser Erde errichtet hatte. Als er so begeistert erzählte, entstand vor meinem inneren Auge wirklich das Bild eines Paradieses. Er liebte diesen Platz, und er hatte dort alle seine persönlichen Träume verwirklicht. So spontan und offenherzig, wie ich ihn kennengelernt hatte, lud er mich und meine Familie bald darauf ein, um uns seinen Platz zu zeigen. Und tatsächlich saßen wir einige Monate später im Flugzeug auf dem Weg in Pauls Paradies.

Ich werde den Augenblick wohl nicht vergessen, als ich zum ersten Mal auf das Haus inmitten der unglaublichsten Natur über einer wunderschönen Meeresbucht schaute: Ich war schon viel gereist und hatte einiges gesehen. Aber das war das Schönste, was ich je erblickt hatte. Hier waren Natur und Architektur eins. Hier gab es wilde Üppigkeit und Frieden zugleich. Und darüber hinaus sollten wir während unserer Tage im Paradies auch noch hervorragend umsorgt und köstlich bekocht werden.

Paul hätte also der glücklichste Ehemann und Vater auf Erden sein können, zumal er finanziell unabhängig war und sich sein Leben so einrichten konnte, dass er weitgehend frei entscheiden konnte, wann und wie lange er an diesem Platz verweilen wollte. Trotzdem hat die Geschichte, so märchenhaft sie auch begann, leider kein Happy End.

Wie sich bald herausstellte, war das Paradies da, wir waren da, nur Paul war nie da. Er verließ frühmorgens das Haus und kam meist erst

abends wieder. Er hatte immer Besorgungen zu machen oder irgendwelchen Verpflichtungen im Ort nachzukommen. Er war immer unruhig und geschäftig. Und selbst wenn er einmal da war, kam er nie
zur Ruhe. Geschweige denn, dass er ausgiebig von der Stille und
Schönheit dieses Fleckchens Erde gekostet hätte oder mit seiner Frau
und seinen Kindern mal ausgelassen durch den Pool geplanscht wäre.
Irgendwann war offensichtlich, dass er viel trank, sobald er in seinem
Paradies hätte zur Ruhe kommen und die Nähe zu seiner Familie hätte genießen können. Es war, als ob er sich den Blick vernebeln müsste vor all der Schönheit, die ihm zuteil wurde. Seine Frau war über all
das sehr unglücklich. Und wir bald mit ihr.

Paul hatte in seinem Leben viel erschaffen. Aber er hatte in sich
keinen Glauben, dass er es wirklich wert ist, dies auch zu empfangen
und zu genießen. Sein Vater war ein harter Mann gewesen, der Paul
oft gesagt und gezeigt hatte, dass er nicht gut genug sei. Paul wurde
sehr früh von zu Hause weg auf die besten Schulen der Welt ge-
schickt, damit aus ihm mal »etwas Besseres« würde. Aber egal, was
Paul dort leistete und wie viele Sprachen er lernte – wenn er nach
Hause kam, wurde er von seinem Vater wieder gedemütigt und
harsch in die Grenzen verwiesen.

Pauls Geschichte zeigt viel über die verborgenen Dynamiken in
unserem Inneren. Sie zeigt, wie stark unbewusste Glaubenssätze unsere aktuelle Realität bestimmen können. Sie zeigt, was geschieht,
wenn wir uns unseren Ängsten nicht stellen. Wenn wir zulassen, dass
in uns verstecktes Mangelbewusstsein und Wertlosigkeitsgefühle die
Macht übernehmen, weil wir uns ihnen nicht mutig in den Weg
stellen.

Was unterscheidet Paul und Unzählige von uns von Nelson Mandela? Nelson Mandela hatte mit all der Angst und den inneren Widerständen genauso zu kämpfen wie wir. Können Sie sich vorstellen,
welche Ängste er während der Folter durchleben musste? Können Sie
sich vorstellen, welchen Ohnmachts- und Hoffnungslosigkeitsgefüh-

Wie der Elefant seine Freiheit entdeckte   141

len er sich in den endlosen Gefängnisnächten stellen musste? Wie oft er erniedrigt wurde? Wie oft er Angst um sein Leben hatte?

Wenn Sie sich nach Erfolg und Erfüllung in Ihrem Leben sehnen und entdecken wollen, wer Sie wirklich sind, brauchen Sie keine perfekten äußeren Voraussetzungen. Aber Sie werden nicht umhin kommen, Ihrer Angst zu begegnen und alle in ihr eingeschlossenen Gefühle von Hilflosigkeit, Ohnmacht, Minderwertigkeit und Mangel zu durchleben, anzunehmen und zu transformieren. Wir werden Ihnen im Praxisteil und auf der Übungs-CD zeigen, wie der Umgang mit der Angst praktisch funktioniert. Dabei werden Sie erfahren, dass alles in Ihnen ist, was Sie brauchen, um über Ihre Angst hinauszuwachsen und Ihr Leben und die Welt um Sie herum zu verändern.

Nelson Mandela sagt: »Ich habe gelernt, dass Mut nicht die Abwesenheit von Angst ist, sondern der Triumph über sie. Der mutige Mann ist nicht der, der keine Angst hat, sondern der, der sie überwindet.«

Wenn Gefühle zu Widerstandskämpfern werden

Was hält uns in der Angst gefangen? Was boykottiert uns in unserer wahren Größe? Was lässt uns vor unserem Erfolg weglaufen? Es sind unsere eigenen Gefühle. Alte, verdrängte Gefühle von Mangel und Wertlosigkeit sorgen dafür, dass wir nicht genießen können, was wir haben, und nicht erreichen, wovon wir träumen.

Sie kommen nicht umhin, sich Ihren Gefühlen etwas genauer zu widmen, wenn Sie Ihre Ziele erreichen und Ihre Angst überwinden wollen. Wenn Sie wirklich in Ihre Kraft wollen, kommen Sie nicht umhin, einen emotionalen Vermasselungsautomatismus in sich zu entlarven und zu knacken, der in uns allen wirkt, aber kaum beachtet wird.

Eigentlich ist es verrückt, oder? Wir streben nach vorn … Wir wollen unbedingt etwas erreichen … Erfolg haben und einen Beruf, der uns erfüllt und für Wohlstand sorgt … Wir wünschen uns eine glückliche Partnerschaft und Spaß im Leben … Und wir alle sehnen uns nach friedlichen Lösungen für diese Welt, wie die, denen Nelson Mandela sein Leben verschrieben hat … Aber gleichzeitig sabotieren wir uns selbst auf dem Weg zur Erfüllung unserer Träume.

Kürzlich saß ein weinender Mann voller Schuldgefühle in unserer Praxis. Er schluchzte: »Ich habe auch sie schon wieder betrogen. Ich will das nicht mehr! Ich hasse mich dafür!« Der Mann war mittlerweile zum dritten Mal verheiratet. Er hatte die erste Frau mit der zweiten Frau betrogen und sie dann wegen ihr verlassen. Nach einigen Jahren begann er, auch die zweite Frau zu betrügen. Und zwar mit der Frau, mit der er heute verheiratet ist und die er jetzt gerade wieder zu betrügen begann.

Er sagte: »Es ist wahnsinnig, was ich da mache! Jedes Mal, wenn ich eine Frau geheiratet habe, dachte ich: Das ist jetzt perfekt. Mit ihr werde ich glücklich. Und dann habe ich es doch nicht mehr ausgehalten und wieder alles kaputt gemacht.«

Nach all den Jahren unserer Arbeit mit Menschen könnten wir Ihnen Dutzende anderer Geschichten erzählen, die alle nach dem gleichen Muster verlaufen: Ein Traum erfüllt sich, und jemand beginnt wie ferngesteuert, ihn wieder zu vermasseln oder sich zu verstecken und klein zu machen.

Wenn wir bei Berufscoachings über Erfolg und Wohlstand reden, haben wir schon oft – wenn auch in einem ganz anderen Kontext – ähnliche Geständnisse von Männern gehört. Sie haben sich Positionen erkämpft oder Ziele erreicht und waren nicht in der Lage, sie zu genießen und sich ihrer wert zu fühlen. Schon oft haben wir diese oder eine ähnliche Geschichte gehört: »Ich habe mir endlich meinen Traum erfüllt. Ich habe mir einen Porsche gekauft. Aber ich fahre nie mit ihm ins Büro. Ehrlich gesagt, fahre ich ihn nur, wenn es keiner sieht, und wenn ich damit jemanden besuche, stelle ich ihn irgendwo hinter der nächsten Straßenecke ab.«

Frauen träumen eher selten von einem Porsche. Aber auch sie haben alle möglichen Themen damit, ihre Größe nicht annehmen zu können. Svenja beispielsweise ist eine anerkannte IT-Spezialistin, ehrgeizig und in ihrem Fach unumstritten. Svenja aber bleibt in keinem Unternehmen länger als anderthalb Jahre. Dann überwirft sie sich regelmäßig mit ihrem Chef. Als sie wieder einmal kurz vor der Kündigung stand, kam sie zu uns und erzählte: »Erst sind sie begeis-

144 ∞ *I. Teil: Erfahrung*

tert von meinem Können und dann behandeln sie mich wie den letzten Fußabtreter. Und jetzt habe ich zum zweiten Mal durch Zufall erfahren, dass ich deutlich weniger verdiene als Kollegen in vergleichbaren Positionen.«

Während Svenja sprach, wirkte sie nüchtern und souverän, wenn es um ihre Fachkompetenz ging. Aber sobald es nur um sie ging, fiel sie unsicher zusammen und guckte zu Boden. Bei ihrer letzten Stelle war sie systematisch von ihren Kollegen und ihrem Chef ausgegrenzt worden, während gleichzeitig ihr Arbeitspensum immer weiter wuchs. »Wenn mein Chef überhaupt mit mir gesprochen hat, hat er mich angeraunzt und zu mehr Leistung angetrieben. Zum Schluss saß ich wie Aschenputtel in einem Containerbüro auf dem Hof und habe nicht selten allein bis 23 Uhr nachts gearbeitet.«

Erst nach einer Weile wurde in unserem Gespräch deutlich, was dahintersteckte, dass Svenja in jeder neuen Firma von der Prinzessin zum Aschenputtel degradiert wurde. Sobald ich (Eva) ihr Fragen zu ihrer Arbeit stellte, die deren fachlichen Inhalt betrafen, wurde sie professoral, fast überheblich, wenn ich ihr nicht gleich folgen konnte. Meine Fragen beantwortete sie ungeduldig und barsch, ich saß da und fühlte mich abgekanzelt. Wenn ich dagegen mit ihr über die Konflikte im Büro redete, dann hatte ich das Gefühl, es mit einem kleinen, devoten Mädchen zu tun zu haben, das dankbar ist, wenn es eine Erbse abbekommt, während die anderen zum Ball gehen. Dieser Mix machte ein Gespräch mit ihr eher anstrengend, und ich konnte gut verstehen, wenn andere ihr aus dem Weg gingen.

Svenja hatte alles getan, um fachlich ganz vorn zu sein. Aber ihr Selbstwertgefühl war nie mitgewachsen. Schon in der Schule wurde sie von anderen Kindern gehänselt, weil sie eher klein, unbeholfen und unsportlich war. Gleichzeitig war sie ein Zahlen- und Logikgenie, und viele wollten von ihr abschreiben oder die Hausaufgaben gemacht bekommen. Irgendwann sagte sie unter Tränen: »So lange ich denken kann, wollen alle was von mir, aber keiner will mich.«

Wenn Gefühle zu Widerstandskämpfern werden ∞ 145

Und so war Svenja in einem scheinbar ausweglosen Kreislauf gefangen: Sie versuchte allen immer mehr von dem zu geben, was sie wollten – Fachwissen – und das immer mehr zu verstecken, was sie nicht wollten – sich selbst. Irgendwann hielt sie diesen Spagat und die unterschwellige Demütigung und Einsamkeit nicht mehr aus und fing fast immer ziemlich genau nach einem Jahr an, ihren Chefs klarzumachen, dass sie weniger wussten als sie. Das führte aber auch nicht zu mehr Respekt, sondern zu weiterer Ausgrenzung und irgendwann zur Kündigung. Nach jeder Kündigung vertiefte sich Svenja noch mehr in die Materie. So wurde sie mit den Jahren immer kompetenter, während ihre Bezahlung stagnierte und ihr Selbstwertgefühl gegen Null schrumpfte.

Im Laufe unserer Gespräche mit Klienten erleben wir oft, dass ihr Leben sich wiederholenden, unsichtbaren und oft zerstörerischen Abläufen folgt – ob sie wollen oder nicht. Die gleichen Dinge passieren wieder und wieder, sogar die zeitlichen Rhythmen sind ähnlich. Da wechseln sie immer wieder nach fast der gleichen Zeit die Firma, weil sie gemobbt werden oder sich mit ihrem Chef überwerfen. Da verlieren Wünsche, sobald sie in Erfüllung gehen, jeglichen Reiz. Da enden Beziehungen auf ähnliche Weise. Da verdienen sie viel Geld und verlieren es wieder.

Warum machen wir das? Frauen heiraten und sie dann betrügen … Von Sportwagen träumen und sie dann hinter der nächsten Ecke verstecken … Jobs annehmen, alles geben und uns dann doch immer neu aus ihnen herauskatapultieren … Viel Geld verdienen und doch immer wieder pleite sein … Wir mühen uns ab, um zu erreichen, wovon wir träumen, und wenn der Erfolg sich einstellt, laufen wir vor ihm weg.

Sicher vermasselt kein Mensch freiwillig sein Leben. Keiner baut sich, so wie Paul, ein Traumhaus und sagt sich dann: Da darf ich auf keinen Fall gemütlich die Füße hochlegen und mich wohlfühlen. Da muss ich schnell wieder abhauen … Keiner will immer der Beste in seinem Gebiet sein, so wie Svenja, und dabei wie Aschenputtel leben. Keiner baut sich eine Ehe oder eine Karriere auf, um sich dann zu sagen: Och, jetzt guck ich mal, wie ich sie auf dem sichersten Wege wieder zerstöre.

Warum tun wir es trotzdem? Warum mühen wir uns für etwas ab und können es dann nicht annehmen? Oder konkreter: Wer in uns müht sich ab, um seine Ziele zu erreichen? Und wer in uns weigert sich, den Erfolg anzunehmen? Den, der sich abmüht, den kennen wir alle meist ganz gut. Das ist der, den Sie morgens im Spiegel sehen. Der, über den Sie sagen: Das bin ich! Das ist die kluge und fleißige Svenja, die jeden in die Tasche steckt. Das ist der Paul, der in seinem Leben viel erreicht und sich viel erarbeitet hat. Der, der uns so großzügig eingeladen hat in sein Traumhaus im Paradies. Der, der nicht nur mit großem Wohlstand gesegnet ist, sondern auch die Macht und Entscheidungsfähigkeit besitzt, seine Träume tatsächlich zu verwirklichen. Aber wer ist es, der dafür sorgt, dass Paul trotz allem Ackern die Ernte, die er gesät hat, nicht einfahren kann?

Auch wenn es vielleicht verrückt klingt: Aber unsere eigenen Gefühle sind die Erfolgssaboteure. Und zwar all die Gefühle, die wir nicht bereit sind zu fühlen. Die wir uns nicht eingestehen wollen und vor denen wir im Laufe unseres Lebens weggelaufen sind: Angst-, Scham-, Schuld-, Wertlosigkeits- und Opfergefühle. Gefühle, die uns als Kind bedrohlich und zu überwältigend erschienen. Gefühle, für die wir uns geschämt haben. Gefühle, die wir uns nie eingestehen wollten. Gefühle, von denen wir glaubten, sie nicht aushalten zu können. All diese Gefühle haben wir im Laufe der Zeit systematisch in den Untergrund verdrängt.

Allerdings sind Gefühle extrem lebendig. Stellen Sie sich Gefühle als Gedanken vor, die mit kraftvoller Energie aufgeladen sind. Deswegen haben Gefühle in unserem Leben eine viel größere Kraft als Gedanken. Sie verschwinden nicht, bloß weil wir sie verdrängen oder weil wir sie nicht haben wollen. Nur weil wir sie nicht mehr wahr-

Wenn Gefühle zu Widerstandskämpfern werden ∞ 147

nehmen, haben sie sich nicht in Luft aufgelöst. Sie leben in uns weiter. Nur weitgehend unsichtbar im Untergrund.

Im Laufe der Jahre haben die meisten von uns eine wahre Unterwelt aus ungelebten und ungeliebten Gefühlen und unverdauten vergangenen Erfahrungen in sich angesammelt. Und parallel dazu haben sie sich immer weiter in eine Art Gefühlsamnesie geflüchtet. Die Unterwelt ist so gut weggepackt, dass keiner mehr weiß, dass er gerade unsicher, voller Wut, Angst oder Scham ist.

Aber egal, wie perfekt Ihr bewusstes Selbstbild auch ist – die Gefühlsunterwelt besitzt eine mächtige Energie, die wir nicht nur in Krisen unfreiwillig zu spüren bekommen, sondern auch dann, wenn es gerade nett werden könnte. Dann tauchen aus dem Nichts diffuse Erfolgssaboteure auf: verspannte Regungen, die uns bremsen, dämpfen, beunruhigen oder klein machen.

Es ist, als ob in uns von unsichtbarer Hand zur unpassendsten Zeit eine Handbremse gezogen würde: Wir wollen uns am neuen Haus erfreuen, aber prompt meldet sich das verdrängte Wertlosigkeitsgefühl und signalisiert: Nein, das ist zu gut für mich. Das halte ich nicht aus. Hier muss ich weg … Und schon werden wir innerlich angespannt und kommen am selbstgeschaffenen Traumplatz nicht zur Ruhe. Oder wir halten den lang ersehnten Erfolg nicht aus, weil die alten Schuld- und Schamgefühle uns runterziehen oder zu noch mehr antreiben, kaum dass er sich einstellt. Wir können die Nähe zum Partner nicht ertragen, weil die alte Angst vor Verletzung sich wie eine Mauer um uns legt.

Das Handbremsengefühl ist so, als ob wir auf Schritt und Tritt von einem Richter beobachtet würden, der sagt: »So viel Spaß? So viel Glück? So viel Geld? So viel Nähe? Das darfst du nicht! Das steht dir nicht zu!« Und schon tun wir alles, um diesem Richter zu entkommen und unser Leben zusammenzustauchen, bis es wieder unseren unbewussten Wertlosigkeitsgefühlen und den tief ins innere System eingeprägten negativen Glaubenssätzen entspricht, die immer wieder nach Bestätigung lauern. Praktisch sieht das dann so aus, dass wir zwar bewusst voranschreiten, uns aber unbewusst beweisen, dass wir es tatsächlich nicht schaffen, nicht können, nicht dürfen …

Natürlich möchte kein Mensch ständig am Angelhaken einer inneren Zerstörertruppe hängen, die ihn von allen Freuden und Geschenken des Lebens fernhält. Was machen wir also? Wir verstärken im Laufe der Jahre den permanenten Verdrängungsautomatismus und leben ein Leben nach dem Motto: Wenn ich nichts fühle, leide ich nicht. Dieser Mechanismus hat uns als Kinder oft gerettet, wenn der Schmerz zu groß zu werden schien. Aber sosehr das damals für Linderung gesorgt haben mag, auf Dauer bildet das Verdrängen von unangenehmen Gefühlen den Grundstein für ein selbstgezimmertes Gefängnis. Wir richten uns in einer gedämpften Komfortzone ein, brauchen aber immer mehr Kraft und Kontrolle, um alles Unangenehme von unserem Bewusstsein fern und unsere Gefühle im Zaum zu halten.

Das führt dazu, dass immer mehr Menschen keinen Zugang mehr zu ihren Gefühlen haben und emotional extrem eingeschränkt leben. Viele von uns erweitern ihren Aktionsradius und ihr Wissen, trainieren ihr logisches Denkvermögen und üben ihr Gedächtnis. Andere trainieren ihren Körper, stärken ihre Muskeln und dehnen ihre Sehnen. Nur die Gefühlswelt wächst nicht mit.

Ganz im Gegenteil: Aus unserer Angst vor Leiden leben wir emotional nur gebremst. Aber damit versperren wir uns leider auch automatisch die Tür zur Erfahrung von unmittelbarer, unbegrenzter Freude und unserem inneren Potenzial.

Unsere Fähigkeit, Gefühle einfach ungehemmt und kraftvoll zu erleben und zu zeigen, ist die Basis unserer Empfindsamkeit im Allgemeinen und der Zugangscode zu authentischer Lebendigkeit und Kraft.

Außerdem besitzen Gefühle – wenn sie sich entwickeln und in uns frei bewegen dürfen – enorme schöpferische Kraft. Unsere Gefühle

Wenn Gefühle zu Widerstandskämpfern werden ∞ 149

sind die Antriebskraft, sie sind der ständige Seismograf auf dem Weg unserer Berufung, bei dem wir unseren Instinkten folgen und uns selbst vertrauen müssen. Das geht nur in dem Maße, wie unser Gefühlsleben intakt und reif ist.

Es geht nicht, wenn wir alle Gefühle, die über eine kontrollierbare, unverfängliche Mittellage hinausgehen, im besten Falle noch registrieren, aber auf keinen Fall erleben wollen. Dann werden wir von ihnen zwar nicht mehr aus der Bahn geworfen, aber auch nicht mehr tiefer berührt oder schöpferisch in Bewegung gesetzt.

Wenn unsere Gefühle nur noch auf enger Mittellage funktionieren, dann liegt das daran, dass wir sie kategorisiert und deklariert haben. Die einen machen uns glücklich, die anderen unglücklich. Die einen sind gut, die anderen schlecht. In unserem Wunsch, nicht zu leiden, wollen wir natürlich nur noch die glücklichen und guten Gefühle. Die unglücklichen müssen vermieden und die schlechten um jeden Preis im Zaum gehalten werden.

Die meisten von uns haben bereits als Kinder gelernt, dass bestimmte Gefühle gut und andere schlecht sind. Wir dürfen nicht wild sein, nicht laut, müssen freundlich sein. Schon früh zeigen wir nicht, wenn wir uns verlassen und allein, ausgegrenzt und ohnmächtig fühlen. Auf all diesen alltäglichen Schmerz und die vielen kleinen Enttäuschungen, aber erst recht auf missbräuchliches Verhalten, Drohungen, Trauma und Gewalt reagieren Kinder meist mit der kindlichen Schlussfolgerung: Wenn ich nicht mehr fühle, werde ich nicht unglücklich sein. In der Fachsprache nennt man das auch Dissoziation. Das Kind trennt sich von dem ab, was ihm wehtut.

Diese Tendenz zur Gefühlsvermeidung wird durch die Eltern meist noch verstärkt. Kaum ein Kind wird von seinen Eltern zu dem ermutigt, was für ein gesundes Wachstum der Gefühle eigentlich so wichtig wäre: nämlich Gefühle, wenn sie kommen, einfach zu durchleben. Das Schmerzliche an Gefühlen ist nie das Gefühl selbst, sondern die Spannung, die durch die Kontrolle und Unterdrückung entsteht.

Statt den mutigen und richtigen Schritt zu lernen, negative und unreife Gefühle zu durchleben, um ihnen die Möglichkeit zu geben, reif und konstruktiv zu werden, unterdrücken und vergraben wir sie und entfernen sie kurzerhand aus dem Bewusstsein. Doch sie bleiben im System und werden im Ausdruck zerstörerisch, auch wenn wir uns ihrer Existenz nicht bewusst sind.

Es braucht dann nur erhöhten Druck im Alltag, Stress oder Anspannung, eine Lücke in unserem Kontrollsystem, und schon brechen Angst, Wut oder Aggression aus uns heraus, die oft in keiner Relation zu der aktuellen Lebenssituation zu stehen scheinen. Da wird der Jurist kurz vor einer Präsentation von so heftigen Versagensängsten überfallen, dass er glaubt, sie nur mit Beruhigungsmitteln wieder loswerden zu können. Da reden wir mit unserem Chef und fühlen uns wie ohnmächtig und gelähmt, statt einfach unsere Position zu vertreten. Da reicht eine Bemerkung von unserem Partner, und wir explodieren. Da kommen unsere Kinder ungestüm und verspielt auf uns zu und wir erstarren und versteinern, so wie es uns einstmals selbst als Kindern abverlangt wurde. Da sitzen wir vor einem Kunden und sind angepasst freundlich, aber leblos wie einst, wenn Besuch kam.

Auch wenn wir im Moment vielleicht keine bewussten Erinnerungen haben, ist es trotzdem wichtig, dass wir uns klarmachen, dass es nur einen Grund dafür gibt, dass unser Leben heute so festgefahren und leer oder nur noch mit Psychopharmaka, Drogen oder Alkohol auszuhalten ist: Wir selbst haben uns irgendwann einmal vom Leben, von der Liebe und der unmittelbaren Erfahrung zurückgezogen. Ohne es zu ahnen, haben wir damit leider auch selbst dafür gesorgt, dass unsere intuitiven, schöpferischen und kreativen Fähigkeiten langsam verkümmert sind und wir nur noch einen Bruchteil unserer Kräfte nutzen können. Wir haben in dem Versuch, Schmerz und Unglück von uns fernzuhalten, gleichzeitig unser Herz verschlossen. Wir haben unsere Fähigkeit, glücklich zu sein und tiefe Lust zu empfinden, sukzessive eingeschränkt – ohne dass wir das gefürchtete Unglücklichsein auf Dauer wirklich vermeiden konnten.

Ganz im Gegenteil, das Unglück, das wir so unbedingt vermeiden wollten, kommt jetzt nur aus der entgegengesetzten Richtung zu uns. Während wir mit dem gewohnten Abwehrmechanismus versuchen, unsere Gefühlswelt zu kontrollieren und in Erstarrung zu versetzen, um nicht verletzt zu werden, hindert genau diese Erstarrung uns daran, unsere Kraft und Leidenschaft, unsere Kreativität und Inspiration zu fühlen, zu lieben und die Liebe von anderen zu spüren.

Dieser Mechanismus lässt zwar zu, dass jemand wie Paul sich sein Paradies erschaffen kann, doch er sorgt dafür, dass er es nie wirklich als erfüllend erfahren kann. Jeden Tag, wenn er sein Paradies betritt, vermag es ihn nicht in den Zustand des Glücklichseins zu versetzen, nach dem er sich so sehr sehnt. Ohne dass er es bewusst wahrnehmen könnte, ist er das Opfer seiner Scheinlösung geworden.

Und auch Svenja ist Gefangene ihres Schutzsystems geworden. Damit niemand sie noch mal verletzen kann, sammelt sie immer mehr sicheres Wissen an, wie eine Rüstung. Sie benutzt dieses Wissen so, dass es sie von den Menschen um sie herum trennt, nach deren Liebe und Anerkennung sie sich doch eigentlich so sehr sehnt. Und so wiederholt sich ständig der Kreislauf der Erschaffung, der Taubheit, der Vermeidung und der erneuten Suche.

Wir wissen dann nicht mal genau, warum, doch in unser Leben schleicht sich langsam, aber stetig ein Gefühl von Isolation, Einsamkeit und Ohnmacht ein. Oder wir suchen ständig zwanghaft nach Höhen, Kicks, neuen Abenteuern, Partnern, Jobs und Herausforderungen, um einem Leben zu entfliehen, das ohne Höhen und Tiefen eingefroren zu sein scheint.

Der einzige Ausweg aus dieser Abwärtsspirale: Wir müssen uns endlich eingestehen, dass unsere emotionale Amnesie vielleicht allerorts üblich, aber trotzdem absolut untauglich ist, wenn wir wahrhaft erfolgreich, echt und wirklich erfüllt leben wollen. Wir müssen uns klarmachen, dass wir uns, indem wir uns dem Schmerz entziehen, vor der unmittelbaren Erfahrung des Lebens und damit von unserem Glück zurückziehen. Wir müssen erkennen, dass wir schon lange doppelt in der Falle sitzen: Mit der Vermeidung von Schmerz vermeiden wir nicht wirklich und nicht auf Dauer, wovor wir Angst haben – aber wir verpassen alles, was wir haben könnten, würden wir nicht vor dem Leben davonlaufen. Denn Leben und Fühlen sind eins. Erfolg und Fühlen sind auch eins. Wohlstand und Fühlen ebenso.

II. Teil
Der Königsweg

Rückkehr ins eigene Leben

Oprah Winfrey sagt: »Das Wichtigste, um voranzukommen, ist die Fähigkeit, die Wahrheit des eigenen Lebens zu suchen. Und zwar auf jede Weise. Du musst wahrhaftig zu dir selbst sein. Du kannst einem Beruf nachgehen, weil deine Eltern sagen, das sei für dich das Beste. Du kannst einem Beruf nachgehen, weil du glaubst, damit eine Menge Geld zu verdienen. Du kannst einem Beruf nachgehen, weil du glaubst, dadurch große Aufmerksamkeit zu erlangen. Nichts von alledem wird dir guttun, solange du nicht wahrhaftig zu dir selbst bist! Diese Wahrhaftigkeit kommt aus deinem natürlichen Instinkt. Er sagt dir bei allem, was du tust, ob es sich gut oder schlecht anfühlt.«

Der Königsweg in Beruf und Beziehung – der Schlüssel zu allem – das ist der Umgang mit der Angst und die Rückkehr zu den unmittelbaren Gefühlen. Es geht auf diesem Weg darum, sich von den einschränkenden Vorstellungen vergangener Erfahrungen und der ständigen Erwartungshaltung in die Zukunft zu lösen und wieder hier und jetzt den Moment zu erleben.

Wir benutzen ein so großes Wort wie »Königsweg«, weil es tatsächlich nur *eine* wirkliche Macht gibt, die Sie in Ihrem Leben erlangen können: die Macht über sich selbst. Diese Macht finden Sie, wenn Sie bereit sind, über Angst, Gewohnheit, Vermeidung und Sucht hinauszuwachsen, Ihre sichere, scheinbar schmerzfreie, gewohnte Komfortzone zu verlassen und sich wieder auf Ihr Leben und alle damit verbunden Gefühle einzulassen.

Es geht darum, dass Sie lernen, das anzunehmen, was ist, und darin bewusst und klar zu bleiben. Das macht verletzlich, aber nicht schwach. Dieses Annehmen führt Sie zurück in die Lebendigkeit und in authentische unmittelbare Entscheidungsfähigkeit. Wenn Sie lernen, anzunehmen, was ist, werden Sie verblüffenderweise automatisch für einen machtvollen Wandel in Ihrem Leben sorgen und Ihre Stärke am eigenen Leib erfahren.

Auf dem Königsweg braucht man an manchen Stellen Mut, aber vor allem Übung und Beharrlichkeit, weil es eben bei den meisten von uns eine seit Kindertagen fest verwurzelte Gewohnheit ist, die Angst zu verdrängen und den Schmerz zu vermeiden. Deshalb haben wir auch das praxisorientierte CD-Trainingsprogramm zu diesem Buch entwickelt, damit Sie mithilfe konkreter Übungen diese alten Gewohnheiten überwinden und neue innere Ressourcen anzapfen können. Sie werden sehen: Wenn Sie die gewohnten Vermeidungsstrategien und Abwehrhaltungen durchbrechen und erleben, wie der Saft in Ihr Leben zurückkommt und das Eis in Ihnen wieder auftaut, dann wollen Sie sicher nie mehr zurück. Dann erleben Sie, dass die Komfortzone nie wirklich komfortabel, sondern eng und begrenzt war und dass die Kontrolle Sie die Lebendigkeit gekostet hat.

Der Königsweg ist kein Weg der Kompromisse. Er ist sanft, aber klar. Deshalb ist es hilfreich, wenn Sie sich zu Beginn des Weges innerlich verneigen und sich bewusst eingestehen, dass Ihr neues Ziel nicht mit den alten Mitteln zu erreichen ist.

Sie können nicht beides haben: Vermeidung, Gewohnheit, Angepasstheit, Gefühlstaubheit und Kontrolliertheit auf der einen Seite und Liebe, Lebendigkeit, Frieden, Zugehörigkeit, Schaffenskraft und Erfolg auf der anderen Seite.

Konkret heißt das, dass Sie Ihr offensichtliches Ziel – im Job wieder durchzustarten, eine neue berufliche Perspektive zu entwickeln, wieder zu Kräften, zu mehr Ruhe und in die Balance zu kommen oder mit Ihrem Partner einen Ausweg aus dem Machtkampf, der toten Zone oder der Dreiecksbeziehung zu finden – nur erreichen können, wenn Sie die weniger offensichtliche, darunterliegende Dynamik verändern und sich dem natürlichen Rhythmus Ihres Wesens nähern. Wenn Sie die alten kontraproduktiven Glaubenssätze und Ihre Schmerzvermeidungsstrategien entlarven, sich den in Ihnen eingeschlossenen Gefühlen wieder zuwenden und mit deren Schubkraft alte Begrenzungen durchbrechen.

Bestandsaufnahme

Als Erstes braucht es eine Bestandsaufnahme. Wenn Sie etwas Neues wollen, sollten Sie wissen, was Sie bisher über Arbeit, Wohlstand, Freiheit, Partnerschaft und Nähe glaubten. Warum? Weil dieser Glauben Ihre jetzige Realität hervorgebracht hat. Ihr momentanes Leben zeigt Ihnen, woran Sie unbewusst glauben.

Nehmen Sie sich also ein Blatt Papier und schreiben Sie den Bereich Ihres Lebens auf, der Sie gerade am meisten beschäftigt. Und dann stellen Sie sich folgende Fragen – am besten schriftlich. Es nützt nichts, wenn Sie die Fragen einfach überfliegen. Beim Schreiben kommen Sie mehr in die Tiefe Ihrer selbst. Und damit erfahren Sie auch präziser, was Sie bisher vom Erreichen Ihrer bewussten Ziele abgehalten hat.

Hier also die Fragen:

▶ Was wäre, wenn ich das, was ich gerade durchlebe, selbst erschaffen hätte?
▶ Was erreicht ein Mensch, der sich das erschaffen hat?
▶ Was erlaubt sich ein Mensch nicht, der sich das erschaffen hat?
▶ Was verhindert ein Mensch, der sich das erschaffen hat?

Rückkehr ins eigene Leben ∞ 159

- Was fürchtet ein Mensch, der sich das erschaffen hat?
- Woran zweifelt ein Mensch, der sich das erschaffen hat?
- Was fehlt einem Menschen dadurch, dass er sich das erschaffen hat?
  - Was fehlt ihm emotional?
  - Was fehlt ihm geistig?
  - Was fehlt ihm körperlich?
  - Was fehlt ihm finanziell?
- Welche seiner negativen Erwartungen werden von anderen Menschen erfüllt?

Die Antworten auf diese Fragen zeigen Ihnen, was Sie wirklich denken. Sie geben Ihnen schon einen ersten deutlichen Einblick in Ihre Vermasselungsstrategien.

Nehmen Sie sich die Zeit und gehen Sie mit diesen Fragen alle für Sie wichtigen Bereiche Ihres Lebens durch: Wie steht es um Ihren Erfolg? Um Ihre Partnerschaft? Um Ihre Gesundheit? Stellen Sie sich in jedem wichtigen Lebensbereich die Fragen – vor allem überall dort, wo Sie gerade Klärung benötigen – und machen Sie so präzise und ehrlich Sie können eine Rundum-Bestandsaufnahme. Es hilft, wenn Sie mit etwas Abstand an die Sache gehen und von sich selbst einen Schritt zurücktreten.

Ein Beispiel: Sie sind krank geworden und können nicht mehr arbeiten. Vielleicht werden Sie ja in Ihrem Bewusstsein von der Angst gequält, womöglich Ihren Job oder Ihr Einkommen zu verlieren, wenn Sie nicht bald wieder fit werden. Aber was ist in Ihrem Unterbewusstsein los? Was können Sie entdecken, wenn Sie sich die Fragen stellen: Was wäre, wenn ich diese Krankheit selbst erschaffen hätte? Was erreiche ich damit für mich, dass ich krank bin? Was verhindere ich dadurch, dass ich krank bin? Und so weiter.

Ein anderes Beispiel: Ihr Partner hat Sie verlassen. Sie leiden schrecklich und wollen nur eins: dass er wieder zu Ihnen zurückkommt. Nun stellen Sie sich die Fragen: Was wäre, wenn ich diese Trennung selbst erschaffen hätte? Was erreiche ich damit für mich, dass ich jetzt allein bin? Woran zweifle ich? Und so weiter.

Das Gleiche können Sie mit einer Kündigung, mit einem finanziellen Problem oder einer anderen Frage tun – mit allem, was Ihnen unklar ist oder Sorge macht. Mit der Bestandsaufnahme lernen Sie sich selbst kennen, wie Sie es vielleicht noch nie vorher in Ihrem Leben getan haben. Sie lernen Ihre verdeckten Bestrebungen kennen, die all die Jahre Ihren Erfolg und die Fülle, nach der Sie sich gesehnt haben, boykottierten. Sie begegnen Ihren inneren Widerständen. Und Sie lernen zu verstehen, warum sich nicht einstellt, was Sie sich wünschen.

Anschließend sollten Sie die Bestandsaufnahme unbedingt auch in Bereichen machen, die gut laufen und Ihnen ganz selbstverständlich von der Hand gehen. Fragen Sie sich auch da:

- Was wäre, wenn ich das selbst erschaffen hätte?
- Was erreicht ein Mensch, der sich das erschaffen hat?
- Was erlaubt sich ein Mensch, der sich das erschaffen hat?
- Was bewirkt ein Mensch, der sich das erschaffen hat?
- Woran glaubt ein Mensch, der sich das erschaffen hat?
- Wovon ist ein Mensch überzeugt, der sich das erschaffen hat?
- Was gewinnt ein Mensch dadurch, dass er sich das erschaffen hat?
  - Was gewinnt er emotional?
  - Was gewinnt er geistig?
  - Was gewinnt er körperlich?
  - Was gewinnt er finanziell?
- Welche seiner positiven Erwartungen werden von anderen Menschen erfüllt?

Bei dieser positiven Bestandsaufnahme lernen Sie Ihr natürliches Potenzial etwas genauer kennen. So können Sie jetzt die ersten Puzzle-

Rückkehr ins eigene Leben 161

steine zusammensetzen und auf der einen Seite deutlicher erkennen, wie Sie sich selbst boykottieren. Und auf der anderen Seite deutlich sehen, was Ihre Ressourcen sind.

Was ist das Fazit Ihrer Bestandsaufnahme? Wo gibt es Konflikte zwischen Ihrem bewussten Wollen und Ihrem unbewussten Glauben? Wo gibt es Wohlstand und Fülle? Wo sind Sie Pinguin im Wasser? Wo sind die Dinge im Fluss? Wo halten Sie sich auf dem Trockenen? Was sind Ihre stärksten unbewussten Sabotageglaubenssätze? Was Ihre stärksten Ressourcen?

Diese Übung ist vielleicht ein bisschen unangenehm. Es ist nicht so leicht, sich selbst genauer zu erforschen und sich dann einzugestehen, dass man sich in manchen Bereichen wenig Gutes gönnt und noch weniger Gutes glaubt. Tun Sie sich den Gefallen trotzdem. Schreiben Sie alles auf, was nicht so läuft, wie Sie es gern hätten. Es ist wichtig, dass Sie Ihre Anlagen und Ihr unbewusstes Sabotage- und Vermasselungsprogramm möglichst gut kennenlernen, denn sonst kommen Sie mit allen weiteren Schritten nicht richtig voran. Dann trainieren Sie vielleicht etwas Neues. Aber Sie trainieren gegen Ihr Unbewusstes. Und Sie wissen ja mittlerweile, dass das nicht oder nur kurzfristig funktionieren kann.

Lernen Sie Ihre Komfortzone kennen

Das geht ganz einfach: Fragen Sie sich, was Sie im Alltag vermeiden. Das kann etwas existenziell Wichtiges sein oder eine Routinehandlung betreffen. Drücken Sie sich vor dem Aufräumen, dem Sport oder davor, Ihren Bruder anzurufen? Gehen Sie nicht gern auf fremde Menschen zu? Können Sie partout nicht allein sein? Vermeiden Sie körperliche Nähe und Berührung? Reden Sie nicht gern vor anderen? Kontrollieren Sie Ihre Gefühle? Vermeiden Sie offene Konfrontation im Beruf, klare Abgrenzung oder emotionale Gespräche mit Ihrem Partner? Wollen Sie bei anderen partout nicht auffallen? Vermeiden Sie es, Schwäche zu zeigen oder Dinge einfach mal laufen zu lassen? Vermeiden Sie unangenehme Gefühle in Ihrem Körper?

Welche Strategien haben Sie im Laufe der Zeit entwickelt, um den unangenehmen Gefühlen aus dem Weg zu gehen? Um nicht mit fremden Menschen in Kontakt zu kommen? Nicht allein zu sein? Nicht mit Ihrem Partner über Ihre Gefühle reden zu müssen? Bei anderen nicht unangenehm aufzufallen?

Ziehen Sie sich eher zurück? Werden Sie immer perfekter? Lenken Sie sich immer mehr ab? Suchen Sie immer mehr nach Anerkennung und Bestätigung? Haben Sie Angst vor Ablehnung?

Überprüfen Sie auch ruhig einmal ehrlich, wie viele Dinge Sie in Ihrem Leben gar nicht erst in Angriff genommen haben, weil Sie Angst vor einem möglichen Nein hatten. Wo haben Sie nicht um Hilfe gebeten? Wo haben Sie nicht vorgesprochen? Wo wollten Sie sich nicht lächerlich machen oder hatten Angst vor Ablehnung? Wo haben Sie sich nicht beworben? Wo eine wichtige Forderung nicht gestellt? Wenn Sie einmal genauer darüber nachdenken, werden Sie erkennen, dass es verrückt ist, sich zu kontrollieren, auszuweichen und sich zurückzuhalten. Wir verpassen damit jede Menge Chancen.

Vermeidung sorgt dafür, dass wir uns eigenhändig in eine sichere, aber enge Komfortzone einkerkern, deren Mauern immer dicker und unüberwindbarer werden. Und Vermeidung zwingt uns auch dazu, nach Ersatzbefriedigung für all das zu suchen, was wir uns nicht unmittelbar und direkt erlauben. Was auch immer Ihre Lieblingsvermeidungsstrategie ist – wenn Sie genau hinschauen, können Sie sehen, dass Vermeiden Sie automatisch in die Kompensation führt: Wenn Sie auf der einen Seite etwas aus dem Weg gehen, weil es Ihnen unangenehm ist, suchen Sie auf der anderen Seite automatisch nach etwas, was Ihnen angenehm ist.

Rückkehr ins eigene Leben

Das heißt: Wenn Sie weiter vermeiden, weiter den unangenehmen Gefühlen und Ihrer Angst aus dem Weg gehen, landen Sie zwangsläufig in allen möglichen Suchtaktivitäten: Sie shoppen, Sie essen, gucken Fernsehen, nehmen Drogen, gucken Pornos, surfen im Internet herum, telefonieren stundenlang mit den Freundinnen oder gehen mit den Jungs einen trinken. Die Suchtaktivitäten sollen Ihnen geben, was Sie sich ursprünglich von dem erwartet haben, was Sie jetzt vermeiden. Und so richten Sie sich langsam in Ihrer ganz persönlichen Komfortzone ein, in der es sich einigermaßen sicher und angenehm anfühlt, in der Sie Konfrontation und unangenehmen Gefühlen aus dem Weg gehen, nichts zu verlieren haben und sich keinem Risiko aussetzen, verletzt zu werden.

Vielleicht finden Sie sich in der Aufzählung oben auf den ersten Blick nicht so recht wieder, weil Sie weder Drogen nehmen, noch mit den Kumpels rumhängen, ständig essen oder auf Tauchstation gehen. Sie leben eher entgegengesetzt: Sie arbeiten viel und extrem zielstrebig. Sie laufen Marathon, haben jede Menge Termine, sind kommunikativ und gesellschaftlich aktiv. Wenn Sie sich dabei lebendig und erfüllt fühlen, ist alles bestens. Wenn Sie aber dadurch vor dem Alleinsein flüchten und die Ruhe nicht aushalten können, wenn Sie sich dabei immer angetrieben und unter Druck fühlen und wenn Sie nervös werden, sobald Sie das alles einmal nicht tun können, dann ist auch dieses Lebensmodell eine Komfortzone, allerdings eine nicht so offensichtliche. Ihr Perfektionismus, Ihre Zielstrebigkeit, Ihr Etwas-erreichen-Wollen haben ihren Ursprung nicht in der Freude, sondern in der Angst, nicht zu genügen.

Wenn Sie mal nichts tun, wenn kein neues Ziel zu erreichen ist, dann werden Sie unruhig. Wenn Ihnen etwas danebengeht oder die Karriere stagniert, dann beschleichen Sie Mangelgefühle oder Versagensängste. Ständig zu leisten, zu schaffen und voranzukommen ist also auch eine Komfortzone, die Sie vor dem Schmerz bewahrt, Ihre Wertlosigkeitsgefühle spüren zu müssen.

So oder so – der Preis, den Sie für das Leben in der Komfortzone zahlen, ist hoch. Dieses Leben verläuft in engen Bahnen, Sie kommen nicht in Ihre authentische Kraft und verlieren Ihre Lebendigkeit und die Nähe zu anderen. Deswegen ist der dritte Schritt so wichtig:

Seien Sie bereit, mit Frustration umzugehen

Frustration taucht unterwegs garantiert auf. Gerade waren Sie noch voller Tatendrang und hoch motiviert, und dann klappt etwas nicht. Schon sinkt Ihre Stimmung und wenn Sie nicht aufpassen, baden Sie im Frust. Wenn Sie Frustgefühle einfach laufen und sich ausbreiten lassen, verwandeln Sie jede Motivation blitzschnell in Lähmung. Sie zerstören die Selbstdisziplin und rauben Ihnen die Kräfte. Geht beides verloren, ist es, als ob eben noch erreichbare Ziele auf einmal in weite Ferne rückten.

Wenn Sie dauerhaft auf Ihrem eigenen Weg gehen und Ihre Ziele erreichen wollen, müssen Sie lernen, das Gefühl der Frustration zu beherrschen, statt sich von ihm beherrschen zu lassen.

Der aktive und bewusste Umgang mit Schmerz und Frustration ist ein entscheidender Schlüssel zum Erfolg. Wenn Sie sich große Erfolge und Menschen mit ungewöhnlichen Karrierewegen anschauen, dann können Sie meist erkennen, dass sie alle Phasen größter Frustration und extremer Widerstände hinter sich haben. Sie haben sich davon aber nicht runterziehen oder gar von ihrem Ziel abhalten lassen. Deshalb ist es so wichtig, sich auch bei Fehlschlägen, Kritik und Widerstand immer wieder auf sein Ziel auszurichten. Das fordert manchmal großen Mut, Stehvermögen und viel Selbstdisziplin. Aber genau durch die Aktivierung dieser Kräfte entfalten wir unser Potenzial.

Das gilt für langfristige Beziehungen genauso wie für berufliche Erfolge. Wenn Sie sich wirklich auf eine Partnerschaft einlassen wollen, wenn Sie erleben wollen, wie es ist, sein Herz mit jemandem zu

Rückkehr ins eigene Leben ∞ 165

teilen und wachsende, lebendige Nähe zu erleben, dann werden Sie über sich hinauswachsen, sich öffnen und Krisen durchstehen müssen. Zu jeder wirklich tiefen Beziehung gehören Krisen.

Wir selbst galten lange Jahre unserer Ehe unter Freunden als das hoffnungsloseste Paar. Keiner, der uns näher kannte, hätte fünf Cent auf unsere gemeinsame Zukunft gewettet – so verfahren, zerstritten und distanziert war unsere Ehe. Aber rückblickend können wir heute sagen, dass wir durch diese Superkrise gewachsen sind wie durch wenig sonst in unserem Leben. Sie hat uns unzählige Male herausgefordert, nach neuen Wegen zu suchen.

Heute können wir Ihnen beide versichern: Zwei Menschen, die wirklich ein erfüllendes Abenteuer aus ihrer Beziehung machen wollen, kommen nicht umhin, tote Zonen zu durchschreiten, in denen sie nicht wissen, wo und wie sie wieder herausfinden. Sie müssen bereit sein, Risiken für die Liebe einzugehen und feste Vorstellungen und Sicherheiten zur Disposition zu stellen.

Das Gleiche gilt auch für den beruflichen Weg: Fast jeder, der eine Vision verwirklicht und Großes geleistet hat, musste lernen, von Vertrautem loszulassen, unterwegs auf dem neuen Weg eine ganze Reihe von Rückschlägen in Kauf nehmen und an Punkten über sich hinauswachsen, an denen es so schien, als ginge nichts mehr.

Vielleicht kennen Sie ja die Bio-Limonade Bionade, die es heute längst in fast allen Super- und Getränkemärkten und in vielen Bars und Restaurants zu kaufen gibt. Ihr Erfinder, Dieter Leipold, ist einer dieser Menschen, die für eine berufliche Vision weit über sich und alle Widerstände und Ängste hinausgewachsen sind. Die Peter-Brauerei, in der er Ende der 1990er-Jahre Braumeister war, war am Ende, und ihr Untergang schien vorprogrammiert. Aber Leipold wollte sich damit nicht abfinden: Er glaubte an die Rettung, den großen Wurf, der die Peter-Brauerei nicht nur wieder auf die Beine stellen, sondern ihr zum großen Erfolg verhelfen sollte. Seine Vision: Er wollte ein alkoholfreies Erfrischungsgetränk brauen.

Da ihm dafür zunächst die Mittel fehlten, eröffnete er mit seiner Familie auf dem Werksgelände eine Diskothek, um die angeschlagene Firma wenigstens notdürftig über Wasser zu halten. Bis in die frühen Morgenstunden stand er selbst hinter dem Tresen im »Nullachtfuffzehn«. Ein anderes Geschäft, aber immerhin blieb die Firma am Leben.

Parallel dazu arbeitete er an seiner Vision: durch den Einsatz von Mikroorganismen die angesetzte Gerste nicht zu Alkohol vergären zu lassen, sondern zu Gluconsäure. So entstand die Bionade – und mit ihr ein wahres deutsches Wirtschaftsmärchen. Innerhalb von weniger als zehn Jahren wurde eine abgetakelte Brauerei zu einem Global Player der Softdrink-Branche.

Der Durchbruch ereignete sich 1998 im fernen Hamburg. Niemand hatte je etwas von Bionade gehört, aber Falco Wambold, der Betreiber der »Gloria Bar«, setzte den Öko-Drink auf seine Karte. Damit begann ein Triumphzug sondergleichen. Nach fünf Jahren, im Jahr 2003, war der Absatz auf satte zwei Millionen Flaschen angestiegen. Heute ist Bionade zu einem der erfolgreichsten Unternehmen der bundesdeutschen Wirtschaftsgeschichte geworden.

Dieter Leipold hat sich inzwischen zurückgezogen. Die Geschäftsführung der Bionade GmbH hat er seinem Stiefsohn Peter Kowalsky überlassen. Kowalsky sagt:

»Entscheidend für unseren Erfolg mit der Bionade war die Überzeugung, das Richtige zu tun, daran zu glauben, auch wenn keiner sonst daran geglaubt hat, mit der Absicht, etwas Sinnvolles zu machen.«

Es gibt einen großen Unterschied zwischen erfolgreichen Menschen und denen, die es noch werden wollen: Die Erfolgreichen haben bereits jede Menge Frustration hinter sich. Sie wissen, dass es einfach ein Teil des Weges ist, dass immer wieder neue Frustration auftaucht. Erfolgreiche Menschen nutzen sie, um neue Strategien zu entwickeln

Rückkehr ins eigene Leben ∞ 167

und zu wachsen. Wer keine Probleme haben will, sollte sich weder auf die Suche nach einer tiefer gehenden Beziehung machen noch den Weg der Berufung ernsthaft in Betracht ziehen.

Wenn Sie jetzt gerade genervt und entkräftet sind, dann lassen Sie sich nicht entmutigen. Menschen, die ihre Ziele nicht erreichen, haben sich einfach zu früh von ihren Widerständen und Frustgefühlen runterziehen und vom Weitermachen abbringen lassen. Lassen Sie sich von Hindernissen nicht abhalten, das zu tun, was nötig ist, um Ihr Ziel zu erreichen und Ihren Traum zu verwirklichen. Wenn es gerade nicht klappt, dann sollten Sie das als eine Rückmeldung auffassen, aus der Sie etwas lernen können. Und wenn Sie gerade richtig feststecken, dann denken Sie daran, dass Sie kaum einen wirklich erfolgreichen Menschen finden, der nicht stecken geblieben ist oder gar zurückgeworfen wurde.

Michael Otto beispielsweise, ehemaliger Vorstandsvorsitzender der Otto Gruppe, baute das von seiner Familie gegründete Unternehmen zum global erfolgreichsten Versandhandel aus. Er sagt:

»Viele möchten ihren eigenen Weg finden. Aber nicht ganz so viele besitzen die Fähigkeit, Rückschläge auszuhalten. Wenn eine Idee nicht funktioniert, liegt es häufig daran, dass man sie nicht richtig umgesetzt hat. Man darf sich dann nicht einschüchtern lassen. Denn jede Erfahrung, die man sammelt, wenn etwas nicht funktioniert, bringt einen weiter. Jeder neue Einsatz erschließt eine neue Perspektive. Und schließlich funktioniert es dann doch.«

Kevin Costner, einer der erfolgreichsten Schauspieler unserer Zeit, Produzent, Umweltunternehmer und Naturschützer, ist ein weiteres Beispiel für einen solchen Weg. Er sagt:

»Erfolge feiern kann jeder. Aber der Misserfolg ist eine absolut unterschätzte Erfahrung. Und doch kann genau daraus etwas Gewaltiges entstehen, je nachdem wie man gepolt ist. Manche schämen sich dafür und gehen ein wie ein abgeknicktes Gänseblümchen. Andere wechseln schnell das Metier. Und dann gibt es noch

die, die nicht lockerlassen. Sie wachen mitten in der Nacht auf, wecken ihre Frau und sagen: Ich lag gar nicht falsch. Ich hab's nur falsch angestellt!«

Auch Basketballlegende Michael Jordan sagt etwas Verwandtes: »Ich hatte während meiner Karriere mehr als 9000 Fehlwürfe. Ich habe fast 300 Spiele verloren. 26 Mal hat man gehofft, dass ich den spielentscheidenden Wurf mache – und ich habe nicht getroffen. Ich habe in meinem Leben wieder und wieder versagt. Und trotzdem bin ich wieder raus aufs Spielfeld gegangen. Deshalb hatte ich Erfolg.«

All diese Männer sind außerordentlich erfolgreich ihren Weg gegangen, haben allerdings unterwegs viele – oft extreme – Rückschläge erlebt und sind doch dabeigeblieben. So unterschiedlich ihre Betätigungsfelder auch sind, ihre Botschaft ist die gleiche: Lassen Sie sich von Krisen nicht abhalten, Ihrem Ziel zu folgen. Treten Sie heraus aus der Enge der Komfortzone und gehen Sie raus aufs Spielfeld Ihres Lebens. Während Sie sich von Gewohnheiten, Vermeidungsstrategien und Sicherheitsdenken befreien, werden Sie Fehlwürfe machen. Während Sie über alte Begrenzungen hinausgehen und eine neue Form Eigenverantwortung übernehmen, werden Sie Spiele verlieren. Aber wenn Sie trotzdem wieder rausgehen aufs Feld, werden Sie immer deutlicher fühlen und erleben, dass Sie der Schöpfer Ihres Lebens sind. Sie sind vielleicht der, der wegen einiger Fehlwürfe in der Vergangenheit das Spielfeld verlassen hat. Der Angst hat, dass er deswegen das nächste Spiel wieder verlieren könnte. Aber Sie sind auch der, der jederzeit weiter trainieren und neu antreten kann.

Wer behauptet, er habe einfach nur Glück gehabt oder sei eben ein Ausnahmetalent, der schummelt. Glück und Talent sind wichtig – aber am Ende entscheidet auf lange Sicht etwas anderes. Wer genau hinguckt, wird zwei Arten von Menschen entdecken: die, die mit Frustration fertig geworden sind, und die, die sich wünschen, dass es ihnen gelungen wäre.

Rückkehr ins eigene Leben

Wie Sie Blockaden in Ressourcen verwandeln

Damit Ihnen der Umgang mit Widerständen, Frustration und Blockaden leichter gelingt, sollten Sie etwas über uns Menschen wissen, was nur die wenigsten bewusst in ihren Fokus nehmen: Wir sind nur auf den ersten Blick der Wolfram, die Eva, der Klaus, die Claudia – dieses eine Menschenwesen, klar und fest in Form und Körper. In unserem Inneren sind wir viele. Jeder von uns trägt Unterpersönlichkeiten in sich, die oft völlig verschieden in ihrer Ausrichtung und Art und in ihren Zielen sind. Und einer der wichtigsten Gründe, der Sie bisher davon abgehalten hat, Ihre Ziele zu erreichen, ist der, dass diese Unterpersönlichkeiten oft sehr widersprüchliche Bedürfnisse in sich tragen.

Wir alle funktionieren wie eine Ansammlung von Teilen. Ein Teil von uns strebt nach Veränderung, ein anderer Teil sehnt sich nach Konstanz und Zugehörigkeit. Ein Teil von uns hat das Gefühl, er kann nicht einen Tag länger wie eine Maschine funktionieren und möchte weniger arbeiten oder gar kündigen und etwas Neues beginnen. Ein anderer Teil braucht Sicherheit und reagiert mit Angst auf jeden Wandel. Wenn Sie sich diesen inneren Zielkonflikten nicht stellen, werden Ihre Bemühungen zur Veränderung nicht richtig fruchten. Einfach weil Sie immer, wenn Sie den Bedürfnissen eines Teils in Ihnen nachkommen, automatisch sofort in Konflikt mit einem anderen Teil geraten. Wenn es um Beziehungen geht, können Sie die Kraft der Unterpersönlichkeiten oft sehr deutlich erleben, wenn Sie unfreiwillig Single sind oder in einer unglücklichen und leeren Beziehung verharren, unter der Sie leiden und die Sie eigentlich nicht mehr wollen. Als Single möchte ein Teil von Ihnen unbedingt in eine neue Beziehung. Sie sehnen sich nach einem Partner, nach Nähe und Zärtlichkeit. Aber ein anderer Teil in Ihnen verfolgt ganz andere Ziele. Er hat Angst vor Verletzung. Er hat von Kind an gehört: »Ach, die Männer … auf die kann man sich doch nie verlassen.« Er ist unsicher und gehemmt. Er ist eng – oft zu eng – mit der Herkunftsfamilie verbunden.

Oder Sie bleiben in einer unglücklichen Partnerschaft, obwohl Sie eigentlich schon lange gehen wollen. Wer in Ihnen bleibt? Wer will gehen? Die beiden sind sehr unterschiedlich. Es kann ungeheuer erlösend und bekräftigend wirken, wenn Sie erst einmal erkennen, dass nicht *Sie* es nicht schaffen – zu schwach, zu doof, zu undiszipliniert sind – sondern dass es einen Teil in Ihnen gibt, der in einer alten Angst stecken geblieben ist und dringend das Licht Ihres neuen Bewusstseins benötigt, um vorangehen zu können.

Lernen Sie innere Zielkonflikte zu lösen

Es ist wichtig, dass Sie innere Zielkonflikte identifizieren lernen und Unterpersönlichkeiten, die destruktiv wirken, entlarven und neu ausrichten. Konkret hilft das begleitende CD-Übungsprogramm dabei. Beim Üben werden Sie sehen: Unterpersönlichkeiten tragen immer Ressourcen in sich. Mit der gleichen Kraft, mit der sie uns bei der Erreichung unserer Ziele blockieren, können sie uns unterstützen, sofern wir sie integrieren lernen.

Das gilt natürlich auch, wenn Sie beruflich wieder durchstarten und vorangehen wollen. Eine Umfrage unter hundert Personalberatern hat ergeben, dass drei Viertel ihrer potenziellen Umsteigerkandidaten am Ende nicht bereit waren, für einen neuen Arbeitsplatz oder einen beruflichen Wechsel einen Umzug auf sich zu nehmen. Als Hauptgründe für die Ablehnung einer womöglich passenderen und erfüllenderen Arbeit an einem anderen Ort gaben über neunzig Prozent der Befragten an, dass sich dann der Partner ebenfalls eine neue Stelle suchen müsste. Über achtzig Prozent waren nicht bereit, sich von ihrer derzeitigen Wohnung oder dem eigenen Haus zu trennen. Und fast die Hälfte hatte Angst davor, den vertrauten Freundeskreis zu verlieren.

Hier können Sie die oft widerstrebenden und nicht selten lähmenden Kräfte der inneren Mannschaft aus Persönlichkeitsanteilen studieren: Da waren Menschen, die auf der einen Seite offensichtlich nach Veränderung gesucht und sogar einen Personalberater eingeschaltet haben, der sie aktiv beim beruflichen Wandel unterstützen sollte. Aber auf der anderen Seite waren sie gar nicht zur Veränderung bereit, sondern haben sich am kritischen Punkt für Sicherheit, Stagnation und Festhalten entschieden. Es scheint – oft auch für die Betroffenen selbst – paradox: Man hat den erklärten Willen zu gehen, aber dann bleibt man doch stehen.

Diesem Dilemma können Sie entkommen, wenn Sie Ihre Unterpersönlichkeiten samt ihren verdeckten Bewertungen und Glaubenssätzen voneinander trennen. Nehmen Sie sich ein konkretes Thema, in dem Sie nicht weiterkommen, aber gern weitergingen. Personifizieren Sie den Teil, der vorangehen will, und stellen Sie ihm immer wieder die gleiche Frage:

Warum willst du dich verändern?

Spüren Sie einen Moment nach und schreiben Sie auf, was Ihnen spontan in den Sinn kommt:

❱ Weil ich was Neues will.
❱ Weil ich mich eingeengt fühle.

- Weil ich mich hier langweile.
- Und so weiter …

Wenn Sie merken, dass die Antworten versiegen, stellen Sie die Frage nochmals:

Warum willst du dich verändern?

Warten Sie wieder auf innere Antworten:

- Weil ich mehr verdienen möchte.
- Weil ich mich am falschen Platz fühle.
- Weil ich weiß, dass ich mehr kann.
- Weil mich hier niemand wirklich anerkennt.
- Weil ich es XY beweisen will.
- Und so weiter …

Und dann fragen Sie den verdeckten Teil, der stehen bleibt und die Entwicklung blockiert:

Warum hältst du fest?

Notieren Sie auch hier alle Antworten:

- Weil ich Angst vor der Zukunft habe.
- Weil ich nicht daran glaube, dass es einen Ausweg gibt.
- Weil ich keine Kraft mehr habe.
- Weil ich mich dann von meiner Familie weg bewege.
- Und so weiter …

Und dann fragen Sie sich:

- Was würde mein Vater/meine Mutter von meinem Wunsch halten, mich zu verändern?
- Was würde mein Vater/meine Mutter in meiner Situation tun?

Wie Sie Blockaden in Ressourcen verwandeln   ∞   **173**

Warten Sie wieder auf Antworten und schreiben sie auf. Auch wenn Sie längst erwachsen sind und Ihren eigenen Weg gehen: Unterschätzen Sie nicht die heimischen Prägungen. Weiter zu gehen, als es unsere Herkunftsfamilien getan haben, sorgt in unserem Inneren oft für große Verwirrung und für Angst. Deshalb ist es besonders wichtig, dass Sie sich noch einmal ganz bewusst und detailliert vor Augen führen, in welcher Art die Weltbilder Ihrer Herkunftsfamilien begrenzt sind.

Kürzlich arbeitete ich (Eva) mit Elvira, einer Elektroingenieurin, die sich seit über einem Jahr nur noch erschöpft und mit größtem Widerwillen in ihr Büro schleppte und mittlerweile unter diversen körperlichen und seelischen Symptomen litt. Die Ärzte und auch ihre Eltern rieten ihr zu Psychopharmaka und Therapie. Sie selbst fühlte sich immer einsamer und verzweifelter, weil sie nicht das Gefühl hatte, psychisch krank, sondern nur am falschen Platz in Ihrem Leben zu sein.

Elvira hatte diesen Beruf ihren Eltern zuliebe ergriffen, war dort aber nie glücklich geworden. Ausgelaugt und krank, wie sie mittlerweile war, wollte sie gern kündigen, hatte aber große Angst vor den Konsequenzen und vor einem möglichen Verlust ihrer Sicherheit.

Wir begannen, ihren Zielkonflikt näher zu beleuchten. Sie entdeckte, dass sie mittlerweile immer ängstlich und erschöpft war. Nur nicht, wenn sie tanzen ging. Beim Tanzen wurde Elvira lebendig und alle Symptome fielen wie von ihr ab. Sie hatte beim Tanzen nicht nur Freude – sie war mittlerweile eine hervorragend trainierte Tänzerin, hatte alle möglichen Fortbildungen und auch schon öffentliche Auftritte absolviert. Wenn es ums Tanzen ging, besaß Elvira großen Ehrgeiz, Leidenschaft und Zielstrebigkeit.

Aber erst im Gespräch wurde ihr klar, wie extrem der Wandel war, der sich in ihr vollzog, wenn sie zum Tanzen ging. Wie viele Ressourcen ihr zur Verfügung standen, wenn sie in ihrem Element war, und wie sehr sich ihr Herz öffnete, dass sich ihr inneres System wieder beruhigte und in seine Kraft zurückfand, wenn sie tat, was ihrem Wesen entsprach.

So begannen wir den Prozess der Bewusstwerdung: Wer in ihr hielt sie bei der unbefriedigenden, krank machenden Arbeit fest? Wer in ihr blühte auf, wenn es zum Tanzen ging? Welche Ziele hatte die Tänzerin und welche verfolgte die Frau im Büro? Welche Kräfte standen der Tänzerin zur Verfügung? Welche setzte die Frau im Büro dagegen? Welche Sehnsüchte hatte die Tänzerin und welche Ängste die Frau im Büro?

Im Laufe der Gespräche wagte Elvira, der Tänzerin einen neuen Raum zu geben. Sie gestand sich ein, wie gern sie in diesem Feld arbeiten und ihr Geld verdienen würde. Aber als wir dieser Vision mehr Raum geben wollten, tauchten alle möglichen Zweifel und Widerstände auf. Wir arbeiteten mit ihren Prägungen und landeten bei ihren Eltern.

Elvira erschien es absolut unmöglich, ihre Eltern mit ihrer Vision zu konfrontieren. »Sie würden mich ganz sicher für verrückt halten. Das könnte ich ihnen einfach nicht sagen.« Aber was noch schwerer wog: Elvira hatte große Angst, ihre Eltern zu enttäuschen, wenn sie ihrem Weg folgen würde. Es war der Traum ihres Vaters gewesen, dass sie Ingenieurin würde. Starke Schuldgefühle tauchten auf, wenn sie sich vorstellte, den Traum ihres Vaters nicht zu erfüllen.

Elvira erkannte, dass sie bisher eigentlich noch nie wirklich ihr eigenes Leben gelebt hatte, sondern unbewusst stets versucht hatte, ihren Eltern zu gefallen und Dinge zu tun, die Mutter und Vater glücklich machen sollten. Sie entdeckte, wie verwickelt sie mit Mitte vierzig immer noch in die Dynamiken ihrer Herkunftsfamilie und der Ehe ihrer Eltern war. Und dass es jetzt an der Zeit war, sich unbeliebt zu machen und für sich selbst einzustehen. Kurz: dass es Zeit war, erwachsen zu werden.

Elvira entdeckte, dass dieser Prozess in kleinen Schritten verlaufen durfte, dass sie erst mal gar nicht über jeden Schritt ihrer Entwick-

Wie Sie Blockaden in Ressourcen verwandeln ∞ 175

lung und Veränderung mit ihren Eltern reden musste. Sie lernte, sich mehr gesunden Abstand zu verschaffen, sodass sie gar nicht gezwungen war, ihre Eltern tagtäglich mit Enttäuschungen zu konfrontieren.

Sorgen Sie für inneren Dialog und Verbindung

Der letzte Schritt, wenn es um die auseinanderstrebenden Ziele von Unterpersönlichkeiten geht, ist der Dialog. Wenn Sie klar erkannt haben, was Ihre bewussten Ziele sind und was Ihre unbewussten Begrenzungen und Blockaden, dann ist es wichtig, für eine innere Reorientierung und Rückverbindung zu sorgen. Schauen Sie sich an, was Sie aufgeschrieben haben – sowohl Ihre bewussten Ziele, als auch Ihre unbewussten Blockaden. Und dann beginnen Sie, beide in Kontakt zu bringen.

Die erste wichtige Frage zur Reorientierung lautet: Was sind die guten Absichten des Teils, der Sie von Ihren Zielen abhält? Und genauso des Teils, der voranschreiten möchte. Schreiben Sie alles auf.

Im Falle von Elvira gab es mehrere gute Absichten des Teils, der sie mit allen Mitteln im alten Job festhielt: Er wollte verhindern, dass Elvira unnötige Risiken eingeht, ihre Sicherheit verliert und womöglich allein ist, weil sie andere enttäuscht und abgewiesen wird.

Die Tänzerin hatte als Ziel, Elvira in ihre Lebendigkeit und Weiblichkeit zu bringen. Sie verhalf ihr zu einem unmittelbaren Ausdruck ihrer Gefühle, dazu, sich zu spüren und ihre Willensstärke und Zielorientiertheit zu entdecken.

Als Elvira bei beiden Unterpersönlichkeiten die gute Absicht erkennen konnte, ging es für sie darum, beide in einen Dialog zu bringen. Das ist ein wichtiger Schritt. Denn nur mit den vereinten Kräften der Unterpersönlichkeiten kommen wir wirklich in unsere Stärke. Denn in jeder Unterpersönlichkeit stecken Ressourcen – das

Problem ist nur, dass diese Ressourcen nicht in Verbindung stehen und auf ein gemeinsames Ziel hinarbeiten.

Bei Elvira gab es im Dialog eine überraschend leichte Lösung. Das große Aha-Erlebnis kam, als sie entdeckte, dass es gar nicht um Entweder-oder ging, sondern dass sie erst mal weiter in ihrem Beruf Geld verdienen konnte und trotzdem alle Weichen parallel dazu neu stellen konnte. Eigentlich hatte sie schon länger auch deswegen Angst um ihre Zukunft gehabt, weil es schlecht um ihre Firma stand und nur noch wenig zu tun war. Niemand wusste, wie lange es noch Arbeit gab. Auch Elvira hatte keine volle Stelle mehr und konnte meist schon früh nach Hause gehen. Als die beiden Teile nun in den Dialog traten, wurde deutlich, dass es noch Zeit und Ausbildung brauchte, bis sie als Tanzlehrerin und mit Auftritten Geld verdienen könnte. Und dass es ihr gleichzeitig viel besser ging, wenn sie nicht über eine abrupte Kündigung nachdenken musste, um ihrem angeschlagenen Zustand ein Ende zu machen. Es ging einfach darum, langsam loszulassen.

Elvira konnte die freie Zeit am Nachmittag nun für Fortbildungen und für mehr Tanzen nutzen. Und sie war überrascht, dass all das zusammen sie nicht mehr erschöpfte. Die Schritte nach vorn brachten sie so sehr zurück in ihre Kraft, dass sie mit neuer Gelassenheit und mehr entspanntem Abstand zur Arbeit gehen konnte. Vorübergehend hatte ihre Arbeit wieder einen Sinn.

Eine der größten mentalen Blockaden von Elvira war die, dass sie sich überhaupt nicht vorstellen konnte, dass ein Mensch tatsächlich eine so große berufliche Veränderung in seinem Leben durchmachen könnte und durfte. Sie kannte aus ihrer Familie nur, dass man ein Leben lang im gleichen Ort wohnte, den gleichen Partner und die gleiche Arbeit hatte. So war es für sie zwar erhebend und beflügelnd, sich vorzustellen, dass sie irgendwann ihren alten Beruf aufgeben und vom Tanzen leben könnte. Aber sie bekam gleichzeitig regelrecht Panik, wenn sie versuchte, sich ihr neues Leben konkret vorzustellen.

Es gab in dieser Vorstellung keine vertrauten Erfahrungen und keine Anhaltspunkte. Nichts, was sie schon mal erlebt hatte.

Was ihr half, über diese Angst hinwegzukommen, war ein Vorbild. Jemand, der einen ähnlichen Weg vor ihr beschritten und sein Ziel erreicht hatte. In unseren Gesprächen erinnerte sich Elvira irgendwann strahlend an einen ihrer Lieblingstanzlehrer. Er hatte ihr einmal erzählt, dass er früher in seinem Heimatland als Ingenieur gearbeitet hatte und dabei sehr unglücklich war. Heute, Jahre später, lebte er in Deutschland und führte mit seiner Frau eine Tanzschule. Sein Leben zeigte Elvira, dass die Verwirklichung ihrer Träume möglich war.

Abgucken erlaubt!
Suchen Sie sich Vorbilder

Abgucken bei anderen, die leben, wovon Sie träumen, oder erreicht haben, was Sie anstreben, ist nicht verwerflich. Abgucken bei anderen öffnet einen neuen Raum in Ihnen. Wenn jemand eine Hürde genommen hat, vor der Sie gerade noch unsicher stehen, dann kann Sie das ermutigen und Ihnen den Kick geben, den es für den entscheidenden Schritt braucht.

Von ihm oder ihr können Sie lernen, wie man es am besten macht, welche ungewöhnlichen Strategien funktionieren können und was über Ihre bisherigen Vorstellungen und Prägungen hinaus möglich ist. Deshalb sollten Sie sich bewusst nach Vorreitern und Vorkämpfern auf Ihrem Weg umschauen: Menschen, denen leicht und selbstverständlich von der Hand geht, was Sie anstreben. Sie zu studieren, kann bisher noch unberührte Kräfte in Ihnen freisetzen und Ihnen helfen, in schwierigen Phasen und auf unbekannten Wegstrecken über sich selbst hinauszuwachsen.

Rollenmodelle und Vorbilder sind nicht nur hilfreich und motivierend, wenn Sie beruflich nach mehr Erfolg oder Erfüllung streben. Vorbilder helfen auch, wenn es um persönliche Dinge geht. Wenn Sie jemanden treffen oder von jemandem hören, der eine ähnliche Krankheit oder Beziehungskrise gemeistert hat wie die, in der Sie gerade stecken, kann Sie das auch in Sachen Gesundheit oder Partnerschaft über die eigenen Ängste und mentalen Begrenzungen hinwegtragen.

Instinktiv habe ich (Eva) mir von früh an immer Menschen gesucht, an denen ich mich orientieren und von denen ich abschauen konnte. Viele Jahre später las ich erst in der entsprechenden Managementliteratur, dass dieses Vorgehen als Unterstützung auf dem Weg durch die eigene Karriere anerkannt ist und allgemein als Erfolg bringend gilt.

Mich hat Paulo Coelho schon früh als Vorbild in vielerlei Hinsicht begleitet. Und das nicht nur wegen seines sagenhaften Erfolges, sondern vor allem deshalb, weil er sich durch nichts und niemanden von der Verwirklichung seiner Träume hat abhalten lassen. Sein Leben hat mir immer gezeigt: Geh voran – egal, was die anderen sagen oder welche Steine dir jemand in den Weg legt.

Bleiben Sie bei sich

Weiter vorn habe ich ja ausführlicher beschrieben, dass Coelhos Eltern ihn sogar mehrfach in die Psychiatrie einweisen und mit Elektroschocks behandeln ließen, um ihm seinen Traum von der Schriftstellerei auszutreiben. Wenn mich mal wieder jemand zurückhalten wollte, dann half es mir, an Paulho Coelho zu denken und mich zu fragen: Hätte er sich durch solche Bemerkungen von seinem Weg abbringen lassen? Fast immer war die Antwort: Nein, ganz sicher nicht! Und dann hatte ich wieder neuen Schwung.

Die meisten von uns sind schon mal für eine Idee belächelt oder vor einem Schritt gewarnt worden: »Lass bloß die Finger davon! Das wird sowieso nicht funktionieren … Das Risiko ist zu groß … Das ist doch Spinnerei … « Solche Bemerkungen werden Sie sicher aus Ihrem Umfeld zu hören bekommen, wenn Sie beruflich einen neuen

Kurs einschlagen. Und erst recht in Sachen Partnerschaft haben Freunde und Familienmitglieder wohlgemeinte Ratschläge parat, wie: »Schieß ihn in den Wind, wenn er eine andere hat … Mach sie doch einfach mal ordentlich eifersüchtig, dann kommt sie schon wieder zur Besinnung … Was erwartest du nach all den Jahren? Du kannst nicht alles haben… Arrangier dich doch endlich! Das tun andere schließlich auch …«

Aber Fakt ist: Niemand weiß, was für Sie der beste Weg ist. Niemand kennt das Potenzial Ihrer Beziehung. Niemand weiß, wann es Zeit für Sie ist, Grenzen zu setzen. Niemand weiß, welche Arbeit Sie erfüllt und welche Träume Sie im Herzen tragen. Niemand kann Ihnen eine wichtige Entscheidung und die damit verbundenen Risiken abnehmen. Erst recht nicht, wenn Sie sich verändern wollen.

In Phasen des Wandels sollten Sie sich bewusst machen, dass alle, mit denen Sie bisher auf einer Wellenlänge waren, gut zu Ihrem bisherigen Leben passen. Dass diese Menschen sich aber auf dem neuen Territorium, auf das Sie zusteuern, im Zweifel genauso wenig auskennen wie Sie. Deshalb werden auch all ihre Ratschläge Sie eher dahin zurückführen, von wo Sie sich gerade wegbewegen wollen.

Mit Ratschlägen ist es sehr einfach: Schauen Sie sich an, wie ein Mensch lebt, und Sie wissen, wohin Sie seine Ratschläge führen – direkt in sein Leben.

Wenn Sie also für eine neue Idee, einen Wunsch nach Veränderung oder eine Vision Unverständnis und Kopfschütteln ernten, ist es wichtig, dass Sie klar und bei sich bleiben. Fragen Sie sich: Will ich so leben wie dieser Mensch? Lebt er das, was ich mir für mein Leben wünsche? Führen Sie sich vor Augen, dass auch alle anderen von ihren jeweiligen Ängsten, Vorstellungen und Prägungen beschränkt werden. Und dass niemand anderes Ihren Weg kennt und Ihre Ressourcen in sich trägt.

In Zeiten des Wandels ist es deshalb gut, vermehrt bei sich zu bleiben, um das innere Ziel nicht aus den Augen zu verlieren. Es ist wichtig, dass Sie den Glaubensmustern anderer keine Macht über sich geben. Lassen Sie sich nicht in Diskussionen verwickeln, die Sie nur unnötig ins Grübeln bringen. In Zeiten des Wandels sind deshalb Phasen des Alleinseins und Nachspürens so wichtig.

Suchen Sie sich Mentoren und Gleichgesinnte

Gleichzeitig brauchen Sie Menschen in Ihrem Umfeld, die ähnliche Erfahrungen und Ziele haben wie Sie. Menschen, die bereits Schritte gegangen sind, die Sie noch tun wollen. Menschen, die Sie motivieren und verstehen. In deren Nähe Sie sich verstanden, ermutigt und bekräftigt fühlen.

In Zeiten des Wandels kann es gut sein, dass das nicht unbedingt Ihre alten Freunde oder vertrauten Familienmitglieder sind. Es kann sein, dass Sie genau von denen, die Ihnen bisher nah waren, Zweifel und Unverständnis ernten. Es kann sein, dass Sie mit Ihren Ideen auf massive Ablehnung stoßen. Türen werden verschlossen bleiben, hinter denen Sie sich Zuwendung und Unterstützung erhofft haben. Lassen Sie sich nicht beirren. Diese Reaktionen sagen nichts darüber aus, ob Ihre Ziele falsch sind. Sie zeigen nur, dass Sie sich verändern und andere vielleicht nicht.

Wenn Sie jetzt bei sich bleiben und die Augen offen halten, werden Ihnen neue Menschen begegnen. Menschen, die Sie vielleicht früher gar nicht wahrgenommen hätten, sind Ihnen jetzt nah. Sie erzählen etwas und ein noch gar nicht so vertrauter Mensch sagt: »Das verstehe ich gut … Das kenn ich auch …« Und auf einmal sind Sie in ein Gespräch verwickelt und fühlen sich erleichtert und genährt.

Oft geht es dabei nicht darum, dass jemand äußerlich perfekt zu Ihnen passt, sondern dass es eine neue innere Nähe und Verbundenheit gibt. Dass sich ein Gefühl von Verstandensein einstellt, das Sie

182   ∞   *II. Teil: Der Königsweg*

motiviert und darin bestärkt weiterzugehen. Sie können hier nur Ihrem Herzen vertrauen und zulassen, dass Sie sich jetzt von manchen Menschen zumindest vorübergehend entfernen und neue Menschen in Ihre Nähe rücken, die jetzt besser passen und Sie auf Ihrem Weg bekräftigen.

Die Ermutigung von außen – ob durch neue Freunde, Mentoren und Begleiter oder durch Vorbilder aus dem öffentlichen Leben – wirkt wie Dünger für Ihr Vorhaben. Ich (Eva) hatte immer wieder Mentoren im realen Leben, von denen ich mich habe leiten und inspirieren lassen. Und manchmal, wenn ich mich besonders einsam und verlassen fühlte, waren eben die Worte Paulo Coehlos mein Dünger, der mich bestärkte, meiner inneren Navigation mehr zu folgen, als ich es allein, ohne Coelho als Wegweiser, gewagt hätte.

Die Hauptaussage der Bücher Coelhos ist: Lebe deine Träume. Dieser Leitsatz ist kein motivatorisches Konstrukt, sondern Ergebnis seines Lebens: »Ich bin immer dabei, meine Träume zu leben«, schreibt er. »Ich wollte immer ein Schriftsteller sein, und ich habe immer dafür gekämpft. Heute kann ich sagen: Wenn ich meinen Traum verwirklichen konnte, dann kann es jeder. Denn ich habe gegen alle nur denkbaren Widerstände gekämpft.«

Einmal surfte ich abends genervt von einem unergiebigen Tag durch das Internet, um dort noch mal ein bisschen in Coelhos Leben herumzustöbern. Ich war frustriert, weil ich den ganzen Tag nichts Gescheites geschrieben hatte und mich einfach ein bisschen entspannen wollte. Da las ich plötzlich irgendwo, dass Coelho immer nachts schreibt. Das war für mich wie ein Wegweiser im Dunkel.

Ich haderte schon so lange mit mir, dass ich tagsüber so schlecht schreiben konnte und immer erst abends richtig in den Fluss kam. Ich hatte es mit diversen Umerziehungsprogrammen meiner selbst versucht, weil »man« ja nun mal tagsüber arbeitet. Jetzt hatte mir Coelho eine Tür geöffnet. Ich entspannte mich und schrieb nicht nur an diesem Abend bis spät in die Nacht.

Gehen Sie ungewöhnliche Wege

Ich (Wolfram) hatte lange sehr klassische und konservative Gewohnheiten und Vorstellungen, was meine Arbeit anging. Aber ein Mann faszinierte mich immer wieder: der Brite Richard Branson. Einfach deshalb, weil er immer wieder volles Risiko gewagt hat und weit über seine bisherigen Grenzen an Erfahrung, Wissen und Geld hinausging, wenn er von etwas begeistert und überzeugt war. Dabei hat er sich weder von fehlenden finanziellen Mitteln noch von der Skepsis anderer zurückhalten lassen.

Branson hatte für mich so eine starke motivatorische Kraft, weil er in seiner Person und seiner Biografie so viele (scheinbare) Widersprüche vereinen konnte: Als Kind war er Legastheniker und wurde einer der erfolgreichsten Unternehmer der Gegenwart. Er ist von Natur aus ein schüchterner Mann, der trotzdem keinem Risiko aus dem Weg geht. Von Hause aus musikalisch unbegabt, hat er eine der größten Plattenfirmen der Welt geschaffen. Und bei allem ist er unbeirrt seiner Maxime gefolgt: »Business should be fun« – Geschäft soll Spaß machen.

Ein Motto, mit dem Branson gut gefahren ist. Vor rund vierzig Jahren begann seine sagenhafte Erfolgsgeschichte, als er im zarten Alter von dreiundzwanzig das erste Tonstudio seines Plattenlabels Virgin in Betrieb nahm und mit einem damals unbekannten, ziemlich schrägen jungen Musiker namens Mike Oldfield das Album *Tubular Bells* aufnahm. Und das, nachdem Oldfield von allen arrivierten Pop-Produzenten abgewiesen worden war. Das Album wurde ein Klassiker der Popgeschichte, der sich millionenfach verkaufte. Damit war der Grundstein für Bransons riesigen Gemischtwarenhandel gelegt.

Heute gehört dem Briten ein gigantischer Mischkonzern aus über 150 eigenständigen Unternehmen, in denen rund 25 000 Menschen arbeiten. Seinem Label ist er dabei treu geblieben. Unter dem Namen

Virgin betreibt er Megastores, Radiostationen und Kinos, mit Virgin verkauft er Brautmode, Cola, Wein, Motorräder und Hubschrauber, produziert Popvideos, betreibt ein Mobilfunknetz, bietet Rentenpakete und andere Finanzdienstleistungen. Zu Virgin gehören zwei Fluggesellschaften und ein Reiseveranstalter, selbst Nachtklubs und eine Kondom-Firma … Das wilde Imperium eines Mannes, für den sein Konzern ein Abenteuerspielplatz ist.

Bransons Erfolg kam nicht von allein. Immer wieder stand er vor dem Aus. Zum Beispiel als der frisch gegründete Schallplatten-Versandhandel des damals zwanzigjährigen Jungunternehmers durch einen Poststreik ins Schleudern kam. Über Nacht entschied sich Branson dafür, in der Londoner Oxford Street einen Plattenladen aufzumachen, in dem er seine nicht mehr versendbaren Restbestände an den Mann bringen konnte. Mit Erfolg. Durch die Blitzaktion konnte die Insolvenz vermieden werden. Und nebenbei hatte Branson ein neues Geschäftsmodell erfunden: einen Laden, der etwas von dem Geist der Produkte atmete, die dort verkauft wurden. Ein kundennahes Modell, das sich gegen die etablierte Konkurrenz durchsetzte.

Branson folgte früh seinem Instinkt und spottete allen Managementlehren, die predigen, ein Unternehmen müsse sich auf sein Kerngeschäft konzentrieren. »Letztlich funktionieren alle Unternehmen mehr oder weniger gleich«, verriet er einst dem *Focus*. Man müsse nur die richtigen Leute finden und sie richtig motivieren.

So kaufte er 1984 eine marode Fluggesellschaft. Branson hatte damals nicht die leiseste Ahnung von Luftfahrt, aber großen Spaß an diesem Geschäft. Gegen jede wirtschaftliche Vernunft folgte er seiner Begeisterung und leaste einen Jumbojet. Ärgerlich nur, dass zwei Tage vor dem Jungfernflug ein Triebwerk explodierte. Aber Branson ließ sich nicht erschüttern. Er kratzte sein letztes Geld zusammen – und siehe da: Am 22. Juni 1984 startete sein »Maiden Voyager« zu einer legendären Party über den Wolken, die seiner Virgin Atlantic

Airline einen gigantischen Medienrummel bescherte. Branson hatte es wieder geschafft. Sehr zum Kummer seiner Konkurrenten. Vor allem die mächtige British Airways (BA) versuchte mit allen Mitteln, den Newcomer in die Knie zu zwingen – auch mit unlauteren. Doch Branson klagte gegen die BA und erstritt eine Entschädigung von mehr als einer halben Million Pfund.

Bransons eigentlicher Beruf scheint es zu sein, das Leben auszuprobieren. Er steckt sein Geld und seine Energie auch in ungewöhnliche Projekte abseits seiner Unternehmungen: Etwa in sein ehrgeiziges Projekt, einen neuen Geschwindigkeitsrekord für die Atlantiküberquerung aufzustellen. Sein erstes Schnellboot ging zwar unter, mit seinem zweiten aber kam der Triumph. Später wechselte er zur Ballonfahrt. Sein Ziel: als erster Mensch im Ballon die Welt umrunden. Dabei allerdings hatte er kein Glück. Ein Schweizer Team schaffte es vor ihm. Mehr als elf Mal ist der zweifache Familienvater bei seinen Abenteuern in Lebensgefahr geraten – und dem Tod doch jedes Mal von der Schippe gesprungen.

Für mich war die stärkste Kraft in Bransons Geschichte seine über allem stehende Motivation: »Geschäft soll Spaß machen.« Spaß, Leichtigkeit und Lebensfreude gehören seit jeher zu meinem Wesen. Aber sie gehörten in meiner Prägung nicht zum Beruf. So war es erleichternd und ermutigend, dass ein wirklich erfolgreicher Mann wie Branson so etwas zu seiner unternehmerischen Maxime machte.

Richard Bransons Geschichte bestärkt mich darin, dass man immer wieder neue Abenteuer wagen darf. Dass man sehr wohl über Altvertrautes hinauswachsen und seiner Faszination und seinem Herzen in unbekannte Gefilde folgen darf. Dass es nicht sprunghaft und auch nicht unnormal ist, sondern dem menschlichen Wesen entspricht, wenn man sich weiterentwickelt, für Neues öffnet und ausdehnt.

Wir beide können Ihnen sagen, dass das nicht nur für den Beruf, sondern auch für die Beziehung gilt. Eine Beziehung muss sich verändern, Häutungen und Wandlungen unterziehen, sonst laugt sie aus. Auch in Sachen Beziehung sollten Sie sich Vorbilder suchen. Wenn Sie Angst vor dem nächsten Schritt in Ihrer Partnerschaft haben, dann schauen Sie sich nach jemandem um, der diesen Schritt bereits gewagt hat. Studieren Sie Paare, die etwas leben, wonach Sie sich sehnen.

In Vorbildern die eigenen Ressourcen entdecken

Gibt es jemanden, der Sie begeistert, tief beeindruckt oder ermutigt? Studieren Sie diesen Menschen, seine Art, die Dinge zu handhaben und sein Leben zu meistern. Finden Sie heraus, was er tut, wie er es tut und welche innere Haltung ihn dabei trägt. Und dann integrieren Sie das, was passt und Sie anzieht, in Ihr Leben und Ihre Art, die Dinge zu handhaben.

Dabei geht es nicht darum, so zu werden wie ein anderer Mensch. Es geht darum, dass Sie in Ihrer Begeisterung für einen anderen entdecken können, was Sie bewegt und was damit latent auch in Ihnen angelegt ist.

Oft ist der Unterschied zwischen uns und Menschen, die uns begeistern und als Vorbilder dienen können, nicht, dass sie einfach talentierter, begabter und großartiger sind. Auch nicht, dass sie den besseren Partner oder den besseren Chef haben. Oft ist es einfach so, dass sie nicht lockerlassen, wo wir uns fügen. Oft ist es einfach die Tatsache, dass sie sich an bestimmten Stellen mehr erlauben, sie selbst zu sein, als wir es uns erlauben. Sie folgen sich selbst mehr. Sind sich treuer. Nehmen ihre Vorlieben und Bedürfnisse ernster als wir.

Deshalb sind Ihre Vorbilder sichere Indikatoren für Ihr Potenzial. Während Sie sich begeistern, geht etwas in Ihnen in Resonanz. Während Sie ein Vorbild studieren, können Sie immer auch etwas über Ihre eigenen Ressourcen entdecken. Fragen Sie sich also:

Abgucken erlaubt! Suchen Sie sich Vorbilder ∞ 187

- Was begeistert mich an diesem Menschen?
- Was berührt mich an seinem Leben?
- Was spornt mich an?
- Was hat er erreicht und wie hat er es erreicht?
- Was möchte ich davon für mein Leben?

Schreiben Sie die Antworten auf und bauen Sie innerlich eine Brücke. Holen Sie Ihr Vorbild gedanklich näher an Sie heran und erkennen Sie es als einen Teil Ihrer selbst.

Vorbilder repräsentieren Ihre inneren Potenziale, die Sie bisher noch nicht in vollem Umfang ins Leben eingebracht haben. Mit einem Vorbild treten Sie mit für Ihren Weg hilfreichen, unterstützenden und erweiternden Kräften in Verbindung. Vorbilder sind Wegweiser.

Als wir anfingen, uns mit Menschen wie Paulo Coelho und Richard Branson zu beschäftigen, schienen unsere Leben und ihre kaum etwas gemeinsam zu haben. Nur Faszination und Sehnsucht schien uns mit ihnen zu verbinden. Im Laufe der Jahre wurden die Schnittmengen immer größer, aber zugleich auch unsere eigenen Profile immer klarer.

Verabschieden Sie sich vom Vergleichen

Sich an Vorbildern zu orientieren hat nichts damit zu tun, jemandem hinterherzurennen. Es hilft Ihnen, Ihr eigenes Profil zu stärken. Ganz anders ist es, wenn Sie sich vergleichen. Schauen Sie sich von Menschen, die Sie begeistern und bewegen, so viel ab, wie Sie nur können. Aber vergleichen Sie sich nicht. Vergleiche mit anderen haben fast immer nur zwei Konsequenzen, die beide in eine ungünstige Richtung gehen: Sie frustrieren und lähmen – oder sie machen bequem.

II. Teil: Der Königsweg

Fast jeder kennt das: Sie kommen an einem Punkt nicht voran und schauen instinktiv auf andere, denen es noch schlechter geht oder die noch weniger von ihren Zielen realisieren als Sie selbst. Innerlich beginnen Sie zu vergleichen – und schon haben Sie für einen kurzen Moment ein gutes Gefühl, mit Ihrem Frust nicht allein zu sein. Wenn Sie dieser Strategie allerdings zu oft folgen, wenn es gerade nicht vorangeht, wirkt sie kontraproduktiv. Beruhigungsvergleiche führen dazu, dass Sie sich nach unten orientieren und sich damit auch am unteren Ende Ihrer persönlichen Skala einrichten.

Nicht besser ist es, sich immer mit den »Klassenbesten« zu vergleichen. So hilfreich es ist, bei guten Leuten abzugucken – so demotivierend ist es, sich ständig zu sagen: »Das kann der ja sowieso besser … Die hat es leichter … Der ist schon weiter …« Dann nehmen Sie sich den Schwung und das Erfolgsgefühl, das Sie brauchen, um weiter durchzuhalten.

Genießen Sie es, sich von Menschen und deren Leben inspirieren und motivieren zu lassen. Setzen Sie sich dynamische und entwicklungsfähige Ziele, die Ihnen helfen, das zu tun, was für Sie passt. Aber versuchen Sie nicht, das zu erreichen, was andere erreicht haben.

Es wird immer Menschen geben, bei denen es langsamer geht als bei Ihnen. Und andere, bei denen es schneller oder weiter geht. Beides ist für Ihren Weg nicht wichtig. Sich damit zu beschäftigen hält Sie nur vom Entscheidenden ab: Ihre inneren Impulse gut wahrzunehmen und ihnen zu folgen.

Abgucken erlaubt! Suchen Sie sich Vorbilder

Sie brauchen Licht, Dünger und den richtigen Boden

Das A und O in diesem Prozess ist der wachsende Kontakt zu sich selbst. Es geht darum, dass Sie eine immer tiefer gehende Beziehung zu sich selbst aufbauen und immer unmittelbarer mit Ihrem Inneren verbunden sind. Diese Vertiefung nach innen fordert Schritt für Schritt ein Loslassen von festen, äußeren Selbstbildern.

Vielleicht haben Sie sich jahrelang darüber definiert, eine engagierte und fürsorgliche Mutter und Ehefrau zu sein, die ganz und gar in der Familie aufgeht. Aber jetzt sind Sie krank und gezwungen, sich mehr um sich selbst zu kümmern, mehr nachzuspüren, sich mehr Ruhe zu gönnen und sich um Ihren Körper zu kümmern.

Wenn Sie jetzt damit anfangen, Ihrem Körper mehr zuzuhören und die kleinen Impulse Ihrer Seele deutlicher wahrzunehmen, entdecken Sie vielleicht ganz andere, neue oder lange verschüttete Bedürfnisse und Gefühle in sich.

Es kann sein, dass Sie anfangen, Ihre Rolle als Mutter und Ehefrau infrage zu stellen. Gefühle von Erschöpfung und Einsamkeit tauchen auf. Während Sie sich Ihrem Körper wieder mehr zuwenden, spüren Sie neue Lebendigkeit, aber vielleicht kommt auch Wut hoch, darüber dass alle um Sie herum ihrem Leben nachgehen, nur Sie nicht.

Wenn Sie beginnen, sich selbst feiner und tiefer zu erkunden, dann kann es sein, dass Sie nicht mehr in Ihre alten Vorstellungswelten von Familie, Partnerschaft und Karriere passen. Wenn Sie sich für neue Möglichkeiten und Ziele öffnen, dann kann sich so manches in Ihrem Leben auf einmal anfühlen wie eine zu enge Hose. Während Sie sich mehr und mehr nach innen ausdehnen und wieder unmittelbarer fühlen, wirken feste, äußere Selbstdefinitionen auf einmal sperrig und beengend.

Auf dem Weg in Ihre Berufung oder in mehr Verbundenheit in Ihrer Partnerschaft kommen Sie nicht umhin, sich von vertrauten Selbstdefinitionen zu verabschieden. Sie kommen nicht wirklich weiter, solange Sie sich sagen: »Ich bin Ehefrau … Ich bin alleinerziehende Mutter … Wir sind seit zwanzig Jahren verheiratet … Ich bin nicht so der Gefühlstyp … Ich bin EDV-Fachmann … Friseurin … Ingenieurin … Banker … Ich habe Bäcker, Speditionskaufmann, Schlosser gelernt … Ich kenne nur die Automobilbranche, habe immer nur im Einzelhandel gearbeitet, habe nun mal Jura studiert …«

Sie mögen das eine oder das andere gelernt oder nicht gelernt haben. Auf Ihrem Gesellenbrief steht vielleicht eine Berufsbezeichnung, auf Ihrer Bürotür ein Titel, in der Schublade unter den Geburtsurkunden Ihrer Kinder liegt noch ein Studiendiplom einer bestimmten Fakultät oder Ihre Patienten nennen Sie Herr Doktor. Aber das alles sind nicht Sie. Sie sind nicht Ihr Abschlussdiplom, Ihre Zunft, Ihr Titel, Ihre Branche.

Und Sie sind auch all das nicht, was Sie als Mangel definieren: Ihr fehlender Abschluss oder Ihre geringe Erfahrung. Ihre einschränkenden Selbstbeschreibungen wie: »Das konnte ich noch nie … Das passt bei uns sowieso nicht zusammen … Das wird mein Mann nie mitmachen …«

Wenn Sie beginnen, sich für etwas Neues zu öffnen und in sich selbst hineinzuwachsen, werden Sie entdecken, dass Sie mehr sind. Dass Sie vieles von sich noch gar nicht kannten. Dass Sie nicht einfach

Sie brauchen Licht, Dünger und den richtigen Boden ∞ 191

in ein vorgegebenes Raster oder das Bild eines anderen passen, sondern eine einzigartige Schöpfung mit einer unverwechselbaren Kombination aus Talenten, Fähigkeiten, Zielen und Lebensaufgaben sind.

Georg, einer unserer Klienten, hatte sein halbes Berufsleben bei einem Automobilkonzern verbracht. So wie schon vor ihm sein Vater, der dort als Arbeiter angefangen hatte. In Georgs Familie hätte niemand je infrage gestellt, dass er in Vaters Fußspuren treten würde. Georg hatte also nach der Schule eine Lehre als Kraftfahrzeugelektroniker gemacht, war später in den Vertrieb gewechselt, wurde früh Abteilungsleiter, war im Außendienst, steigerte die Umsätze, genoss Respekt und Anerkennung, bei seinen Chefs ebenso wie bei seinen Kunden.

Georgs Vater war stolz auf seinen Sohn und seine Familie gut versorgt. Die Welt schien in Ordnung: eine Frau, die ihn auf seinem Weg unterstützte, zwei Kinder, ein eigenes Haus, gute Freunde. Manch einer in seinem Umfeld beneidete ihn. Aber als er bei uns ankam, war Georg leer und desorientiert. Er konnte es nicht mehr ertragen, von seinem Vater den Satz zu hören: »Der Georg hat es geschafft!« Er versetzte ihm eher einen eigenartigen, lähmenden Stich in der Brust, weil Georg sich überhaupt nicht so fühlte, als ob er es geschafft hatte.

Da war diese unbestimmte Sehnsucht. Dieses vage Gefühl, das könne noch nicht alles gewesen sein, schlich immer wieder in ihm hoch. Vor allem dann, wenn er von seinen ewigen Magenproblemen eingeholt wurde. Keine ernsten Beschwerden, aber doch unangenehm. Dann wollte er weg, raus. Irgendwohin. Er verstand sich selbst nicht mehr. Nur eines dämmerte ihm langsam: Linderung fand er in seinem Garten. Dort züchtete und zog er alle möglichen Pflanzen.

»Der Georg hat eben einen grünen Daumen!«, sagten Freunde anerkennend, wenn sie die Blütenpracht bewunderten. Das versetzte ihm keinen Stich in der Brust. Wenn er das hörte, wurde ihm leicht ums Herz. Er konnte machen, was er wollte, aber es zog ihn immer mehr in den Garten. Erst zaghaft, dann mit Macht. Wenn er säte, schnitt und pflanzte oder auch nur seinen Rasen mähte, konnte er durchatmen. Wenn er in der Erde wühlte, fühlte er sich stark. Wenn er bei seinen Blumen war, verschwanden die Magenschmerzen.

Georg war einundfünfzig, als er irgendwann in unseren Gesprächen mit fester Stimme verkündete: »Ich bin kein Automann. Ich gehöre in den Garten.« Eine ganze Zeit noch behielt er diese Erkenntnis für sich und funktionierte im Alltagsleben weiter in den gewohnten Bahnen. Wie sollte er seiner Frau beibringen, dass er am liebsten seinen Job schmeißen wollte? Wie sollte er ihr klarmachen, dass er noch einmal bei Null anfangen wollte?

Aber als er sich eines Tages endlich ein Herz fasste, sagte seine Frau überraschend schnell Ja zu seinem Plan, nicht länger Automann sein zu wollen. Die ganze Familie ging bald ins Emsland, wegen einer kleinen Gärtnerei, von der Georg gelesen hatte. Der dortige Gartenbetrieb brauchte einen Nachfolger. Seine Freunde schüttelten zwar den Kopf, aber Georg ließ sich nicht beirren. Er verkaufte sein Haus, investierte den Erlös in den neuen Betrieb. Die ganze Familie zog fern von der Heimat in eine Mietwohnung. Die Kinder murrten, aber auch das hielt ihn nicht auf. »Ich musste gehen«, sagt er heute.

Natürlich hat er manchmal gezweifelt. »Das gehört dazu«, meint er. Aber er hat seine Zweifel überwunden und ist dankbar dafür. »Heute bin ich viel ausgeglichener«, erzählt er. Die gesundheitlichen Beschwerden haben aufgehört. Nicht, weil er weniger arbeiten würde. »Arbeit gibt es noch immer genug, aber sie macht mir Freude.« Nachmittags kommen seine Kinder manchmal in die Gärtnerei. Sie kommen gern, denn ihr Vater ist ausgelassen und heiter. Ganz anders als früher. Nur das Verhältnis zu seinen Eltern ist angespannt geblieben. Sie haben noch nicht verdaut, dass ihr Sohn den sicheren Job geopfert und mit der Familientradition gebrochen hat. »Das ist schade«, findet er, »ich würde ihnen so gern mal meine Rosen zeigen.«

Sie brauchen Licht, Dünger und den richtigen Boden   193

Vielleicht sind Sie von Hause aus Automann oder seit Jahren Hausfrau. Das heißt nicht unbedingt, dass Sie das von Herzen sind und es Ihrem Wesen entspricht. Vielleicht sind Sie sich der Natur Ihres Wesens und der einzigartigen Kombination aus Talenten und Ressourcen in Ihrem Inneren nicht bewusst. Aber das heißt nicht, dass es sie nicht gäbe. Das heißt nur, dass Sie vielleicht noch nie den Fokus auf sie gerichtet haben – vielleicht auch, weil noch nie jemand anderes den Fokus auf Sie gerichtet hat.

Viele von uns halten sich für Frösche, bloß weil niemand sie je geküsst hat. Sie leben nur einen Bruchteil ihres Potenzials, weil niemand sie je auf ihre Schätze angesprochen hat. Sie bleiben klein, weil niemand sie nach ihrer Größe gefragt hat.

Weder in der Schule noch im Berufsleben schaut jemand auf unsere Individualität und die Einzigartigkeit unseres Wesens. Meist wird nur geprüft, in welches bestehende Kästchen wir am ehesten hineinpassen könnten. Geht es um die Berufswahl, fragt kaum jemand: Wer bist du? Wofür schlägt dein Herz? Was macht dir wirklich Spaß? Was macht dich einzigartig? Und was zeichnet dich aus? Sind wir jung, schaut man, wie unsere Noten sind, wo wir gute Leistungen bringen könnten und welche Berufe gerade sicher scheinen oder gute Bezahlung versprechen. Werden wir älter, schaut man, was wir schon geleistet haben und wo wir noch mehr Leistung bringen könnten.

Irgendwann stehen wir dann in der Mitte unseres Lebens auf einer Party und werden von der Frage ereilt: »Was machen Sie denn so?« Mehr als zwei, drei Worte kommen den meisten von uns dann nicht mehr über die Lippen. Die einen definieren sich über eine Position und antworten: »Ich bin Geschäftsführer.« Die anderen verkünden »Oberstudienrat« und zeigen so den Grad ihrer akademischen Weihen. Egal ob Ingenieurin, Schlosser, Sekretärin, Pilot – eigentlich ist jeder dieser Begriffe wie ein Standardformular, auf dem individuelle Persönlichkeiten mit Leidenschaften, Talenten, Visionen und persönlichen Entwicklungen in ein vorgedrucktes Kästchen gequetscht werden.

Wer sind Sie jenseits dieses Kästchens? Wenn ich (Eva) einem Menschen auf die Frage »Was machen Sie beruflich?« eine echte Antwort geben sollte, dann wäre es sicher nicht »Coach« oder »Autorin«. Würde ich tatsächlich über mich reden, wäre die kürzestmögliche Formulierung: »Andere Menschen und mich selbst entdecken und uns dabei einander näher bringen.« Ab da wäre alles Weitere nur noch eine Beschreibung der möglichen Wege, die ich dabei gehe: »Manchmal schreibe ich zu diesem Zweck Bücher. Ein anderes Mal gebe ich Seminare oder rede mit einzelnen Menschen in unserer Praxis. Antrieb finde ich für all das in meiner Vision, Menschen zu verbinden und in ihre Kraft zu bringen.«

Fragen Sie sich: Was ist mein Antrieb? Was ist meine Vision? Was sind meine Fähigkeiten? Bin ich tatsächlich nur das Kästchen im Standardformular? Was tut mir wirklich gut? Was sind die Bedingungen, unter denen ich erblühe?

Der erste Schritt aus dem Kästchen heraus dreht sich fast immer darum, einer scheinbar selbstverständlichen Gewohnheit mit einer Frage zu begegnen:

- Empfinde ich unmittelbar Freude bei dem, was ich tue?
- Entspricht es meinem Rhythmus?
- Worauf habe ich keine Lust mehr?
- Welche Veränderung würde mir am meisten Entspannung verschaffen?
- Welche Veränderung würde mir am meisten Freude bringen?
- Wovon würde ich mich am liebsten trennen?
- Wann geht mir die Arbeit am besten von der Hand?
- Wie sähe mein idealer Arbeitsplatz aus?
- Arbeite ich lieber allein oder lieber mit anderen?

Sie brauchen Licht, Dünger und den richtigen Boden

Ihre Arbeitsbedingungen und -rhythmen sind vielleicht für andere selbstverständlich und Sie sind daran gewöhnt. Aber das heißt deshalb noch nicht, dass sie richtig für Sie sind und Sie unter allen Umständen weiterhin in ihnen verharren müssen, wenn sie Ihnen nicht mehr guttun oder Sie sich nach etwas anderem sehnen. Denken Sie an eine Pflanze. Wenn sie am falschen Ort, im falschen Boden oder im falschen Licht steht, dann gedeiht sie nicht, trägt vielleicht niemals Blüten oder geht ein.

Vielleicht haben Sie ja ein schickes Büro. Oder sogar eins in der oberen Etage mit Sekretärin und Besprechungszimmer. Aber ist es deswegen der Ort, an dem Sie gedeihen? Haben Sie dort heute schon Spaß gehabt – vielleicht sogar laut gelacht, vor Freude gehüpft oder den Moment genossen? Schafft es Umstände, die Ihr Körper zum Erblühen braucht? Macht es Ihr Herz glücklicher? Stimuliert es Ihre Kreativität? Nimmt es Ihnen den Druck und die Angst?

Vielleicht finden Sie solche Fragen gar nicht so wichtig. Oder sie sind Ihnen unangenehm. Aber wenn Sie eine scheinbare Normalität hinterfragen, kommen Sie sich selbst und Ihren Bedürfnissen näher. Das gilt natürlich auch für Ihre Beziehung. Es gibt keine »normale« Beziehung. Und schon gar keine perfekte. Es gibt aber viele Menschen, die sich im Laufe der Jahre in ihren Beziehungen komplett zurücknehmen und so den Kontakt zu ihren natürlichen Bedürfnissen verlieren. Beides, Beruf und Beziehung, gehört untrennbar zusammen, wie Sie schon im ersten Teil dieses Buches sehen konnten.

Wenn Sie sich mehr Nähe und Lebendigkeit für Ihre Partnerschaft wünschen, dann braucht es zuerst eine feine Bestandsaufnahme dessen, was Ihnen guttut und entspricht und was nicht. Dabei geht es oft gar nicht um die großen Themen, sondern um subtile feine Strömungen. Fragen Sie sich:

▶ Bin ich gelöst, wenn mein Partner nach Hause kommt?
▶ Wie fühlt sich unser Begrüßungskuss an?

- Haben wir einen gemeinsamen Rhythmus im Alltag?
- Weiß er, was mich im Herzen berührt?
- Fühle ich mich unterstützt und verstanden von ihm?
- Ziehe ich wirklich die Grenzen, die ich brauche?
- Wo gehe ich über mich hinweg?
- Was müsste ich endlich offen ausdrücken?
- Wo konsequenter handeln?
- Wo opfere ich meine Lebendigkeit für Sicherheit?
- Welcher Wesenszug von mir kommt in meiner Partnerschaft nicht zum Tragen?
- Was bräuchte ich von mir selbst, damit dieser Wesenszug wieder Raum fände?

Wenn Sie wirklich auf Ihren Weg wollen, müssen Sie alles zur Disposition stellen, was sich nicht gut anfühlt und nicht Ihrem Wesen entspricht. Wenn Sie nicht Ihrem Wesen entsprechend leben, verkümmern Sie oder werden irgendwann krank.

Auch wenn alle sagen, dass man etwas auf diese bestimmte Art und Weise macht: Sie müssen – und zwar auf immer feineren Ebenen – herausfinden, was wirklich zu Ihnen und genau zu Ihren Anforderungen passt und was Ihnen hilft, optimal zu wachsen und zu gedeihen.

Egal ob in Ihrer Beziehung oder in Ihrem Beruf. Es braucht immer wieder Phasen, in denen Sie bisher selbstverständliche Abläufe und Gewohnheiten infrage stellen und durch echtere Alternativen ersetzen sollten. Wählen Sie das Thema, das Sie gerade am meisten beschäftigt und fragen Sie sich:

- Was fehlt mir am meisten?
- Was schadet mir am meisten?
- Was schwächt mich am meisten?
- Welche meiner Ziele bringen mir unmittelbares Wohlgefühl und spürbare Befriedigung? Welche sind eher äußerlich?

Sie brauchen Licht, Dünger und den richtigen Boden

- Welchen Mangel, welche Unzufriedenheit in meinem Leben kompensiere ich durch Arbeit, Ablenkung oder Aufopferung?
- Wo opfere ich mich auf?
- Wo lenke ich mich ab?
- Womit kompensiere ich innere Unzufriedenheit, Angst oder Selbstzweifel?
- Wo leiste ich viel, aber ohne nennenswerten Erfolg?

Fast ausnahmslos gibt es eine Ursache dafür, wenn wir uns opfern, wenn wir ohne Erfolg leisten, wenn wir kompensieren, wenn wir unter Bedingungen arbeiten, die uns nicht guttun: Unbewusst stehen wir in den Schuhen von jemand anderem. Wir gehen den Weg von jemand anderem. Wir verfolgen die Ziele von jemand anderem.

Auch wenn Sie sich für selbstbewusst halten – in Ihnen, genauso wie in jedem anderen von uns, wirken ausgesprochene und unausgesprochene Erwartungen aus der Herkunftsfamilie, von unserem Partner und aus unserem sozialen und beruflichen Umfeld. Jeder von uns versucht mehr oder minder ausgeprägt, den Erwartungen anderer gerecht zu werden. Dabei kann er es meist niemandem wirklich recht machen – am wenigsten aber sich selbst. Der entscheidende Ausstieg aus dieser Endlosschleife ist auch hier die Bewusstheit.

Nur wer sich der Erwartungen anderer, die in ihm wirken, bewusst ist, kann sich entscheiden, ihnen zu entsprechen oder auch nicht.

Entlarven Sie also das Leben und die Träume der anderen in sich selbst. Finden Sie heraus, wo Sie Fremderwartungen Ihrer Herkunftsfamilien, Ihrer Geschwister, Ihres sozialen Umfeldes, Ihrer Freunde und später Ihrer Partner übernommen haben.

- In welchen Bereichen entspricht mein Berufsleben eher den Prägungen und Wertesystemen meiner Eltern, meines Partners, meiner Freunde oder einem gesellschaftlichen Ideal als mir selbst?

- Was tue ich heute noch so, wie ich es gelernt habe, obwohl es nicht mehr richtig passt?
- Wo ähnelt mein Leben sehr stark dem meiner Eltern?
- Wo versuche ich, Idealbildern zu entsprechen und gesellschaftliche Standards zu erreichen?
- Wo habe ich das Gefühl, dass ich selbst das Steuer nicht in der Hand habe? Dass ich immer wieder Dinge tue, die mir nicht wirklich entsprechen, mich nicht wirklich befriedigen? Die sich wie ferngesteuert anfühlen?
- In welchen Bereichen meines Lebens fühle ich mich manchmal fremd?
- Wo habe ich das Gefühl, etwas aus Verantwortung für andere heraus tun zu müssen?
- Wo versuche ich, die Bedürfnisse meiner Familie, meines Partners, meiner Kinder zu leben oder mehr zu befriedigen als meine eigenen? Wo versuche ich, ihnen mit meinem Verhalten und meinem Tun Sicherheit zu geben?

Es geht bei jeder dieser Fragen ums Loslassen, ums Abgrenzen und um Ihren Mut, Nein zu anderen zu sagen, wenn das für ein Ja zu sich selbst nötig ist. Es geht um Selbstverwirklichung – nicht im Sinne eines Egotrips, sondern im ursprünglichen Sinn des Wortes. Nur wenn Sie lernen, Ihr Selbst zu verwirklichen, haben Sie anderen wirklich etwas zu geben. Wenn Sie sich anpassen und aufopfern, verlieren Sie Ihre Kraft, ohne wirklich etwas verändern zu können.

Wie wäre es, wenn Sie sich selbst einige Fragen lang begegnen, wie einem wirklich kostbaren und faszinierenden Menschen, der das Potenzial hat, diese Welt zu verändern? Stellen Sie sich vor, Sie würden jemandem wie Nelson Mandela oder Mutter Teresa begegnen. Mit denen würden Sie sicher nicht übers Wetter plaudern wollen, oder? Welche Kräfte schreiben Sie ihnen zu? Welche Fragen würden Sie ihnen stellen wollen?

Sie brauchen Licht, Dünger und den richtigen Boden

Stellen Sie sich selbst einmal einige große Fragen:

- Was würde ich gern auf dieser Welt verändern?
- Was ist das Wichtigste in meinem Leben?
- Was fehlt mir am allermeisten auf dieser Welt?
- Für welches Ziel wäre ich bereit zu kämpfen?
- Wofür würde ich alles geben?
- Was ist das Bedeutendste, das ich anderen und dieser Welt geben kann?
- Was liebe ich über alles?
- Wo steckt meine ganze Leidenschaft?

Und dann stellen Sie sich vor, Sie wären mit allem gesegnet, was man sich nur wünschen kann. Gehen Sie bewusst über die Grenzen Ihrer momentanen Realität hinaus. Begeben Sie sich beim nächsten Fragenblock in die Rolle eines Regisseurs, der einen neuen Film produziert. Sie bestimmen völlig frei und jenseits Ihres aktuellen Erfahrungshorizonts, wie und wohin sich Ihr Held, Sie selbst, entwickelt:

- Was würden Sie tun, wenn Sie zwanzig Millionen auf dem Konto hätten und nie mehr arbeiten müssten?
- Was würden Sie sich wünschen, wenn die gute Fee vorbeikäme? Diese spezielle Fee erfüllt Ihnen gern auch mehr als drei Wünsche …
- Was wäre das Bedeutendste, das jemand am Ende Ihres idealen Lebens über Sie sagen könnte?
- Was wäre das Bedeutendste, das Sie Ihren Kindern weitergeben oder dieser Welt hinterlassen wollen?

Solche Fragen schaffen Raum, dass sich das deutlicher zeigen kann, wofür Ihr Herz jenseits der engen Bahnen Ihrer Verstandesaktivitäten schlägt.

- Wie geht es Ihnen, wenn Sie lesen, was Sie aufgeschrieben haben?
- Tauchen Gefühle auf?
- Sind Sie bei manchem überrascht?
- Wird Ihnen etwas klar?
- Wie groß ist der Abstand zwischen Ihrem inneren und Ihrem äußeren Leben?
- Fühlen Sie sich beim Lesen aufgefordert, eine Entscheidung zu treffen, etwas loszulassen oder einen Schritt zu tun?
- Was müssten Sie in Ihrem Leben ändern, um entsprechend Ihrer Antworten zu leben und zu handeln?
- Was denkt ein Mensch, der so lebt, über sich und über die Bedeutung seines Lebens?

Geben Sie sich und Ihren noch weiter aufkeimenden Antworten einfach ein bisschen Zeit. Gehen Sie mit den Fragen und auch mit den Antworten ein paar Tage schwanger. Es geht ja nicht um das Bestehen eines Tests. Entscheidend ist Ihre offene und neugierige Haltung sich selbst gegenüber und nicht die sofortige umfassende Beantwortung aller Fragen. Wichtig ist dabei, dass Sie sich darin üben, die Antworten eher spontan zuzulassen, als sie angestrengt »erdenken« zu wollen.

Wenn Sie sich erlauben, einfach hinzuschreiben, was Ihnen gerade in den Sinn kommt, ohne dass Sie es gleich auf Machbarkeit, Sinnhaftigkeit oder Zweckdienlichkeit prüfen, kann sich eher zeigen, was in Ihnen wartet und vielleicht schon lange unter Ihren rationalen und von außen geprägten Selbstbildern verschüttet war.

Es geht um den Prozess des Sich-selbst-Zuhörens. Darum, Antworten eher passiv zu empfangen, als sie konzentriert und willentlich finden zu wollen.

Je mehr Sie sich Ihrem Inneren zuwenden, desto mehr zeigt es sich. Desto mehr finden Sie eine natürliche Orientierung und Halt. Ihre unmittelbaren Gefühle kehren zu Ihnen zurück. Es braucht jetzt

Sie brauchen Licht, Dünger und den richtigen Boden

Wachheit und Geduld bei dieser inneren Entdeckungsreise. Die meisten von uns waren ihr Leben lang so stark im Außen aktiv, dass sie nur wenig Zugang zu ihrem inneren Wesen haben.

Vielleicht staunen Sie ja über die Zusammenhänge. Vielleicht verblüfft Sie so manche Ihrer Antworten. Vielleicht rührt Sie etwas an. Vielleicht setzt sich einiges auf einmal wie ein Puzzle endlich zu einem Bild zusammen. Vielleicht zweifeln Sie und finden das alles zu weit hergeholt. Vielleicht tauchen Gefühle auf, die Sie schon lange nicht mehr hatten. Bleiben Sie ruhig einen Moment bei dem, was ist. Entdecken Sie den Zweifler genauso wie Ihre Sehnsucht.

Wenn Sie dabeibleiben und wahrnehmen, beginnt etwas in Ihnen aufzutauen und lebendig zu werden. Ungewohnte Fragen an sich selbst setzen eine Art mentale Entrümpelungsaktion in Gang und sorgen für eine Erweiterung des Bewusstseins. Eine wichtige Grundregel für alles, was wir in diesem Buch beschreiben, lautet: Die äußere Entwicklung folgt immer der inneren Entwicklung. Es braucht immer zuerst einen gedanklichen Wandel und eine innere Bewusstseinsentwicklung, bevor der Wandel auf äußerer Ebene in Erscheinung treten kann.

Wenn Sie sich Ihren Gefühlen wieder stellen und ihnen wie einem eingebauten, verlässlichen Navigationssystem folgen, befreien Sie sich aus einem selbstgezimmerten Gefängnis. Sie werden erleben, wie lange festgehaltene, aber lebendige Energien Ihnen in Ihrem Inneren wieder zuströmen. Und: wie dadurch sogar Dinge in Ihrem äußeren Leben wieder in Bewegung kommen, von denen Sie es nicht für möglich gehalten hätten.

Stopp sagen und den Sprung wagen

Vielleicht haben all die Fragen des vergangenen Kapitels etwas in Ihnen in Bewegung setzen können. Vielleicht rumort es in Ihrem Inneren. Vielleicht beginnt etwas zu drücken, so als ob es herauswollte. Vielleicht haben Sie etwas entdecken können, von dem Sie sagen: »Ja! Das ist es! Das ist das, was ich eigentlich tun will. Genau dafür schlägt mein Herz. Danach sehne ich mich schon lange. Das geht in die richtige Richtung. Das ist meine Berufung!«

Vielleicht wissen Sie, dass jetzt eine Aussprache mit Ihrem Partner ansteht. Dass Sie Ihre Gesundheit aufs Spiel setzen, wenn Sie in Ihrer Beziehung oder Ihrem Job so weitermachen. Dass etwas in Ihnen größer, empfindsamer, lebendiger, wilder und wertvoller ist als das, was Sie sich und anderen im Moment im Umgang mit Ihnen erlauben. Vielleicht spüren Sie, dass es jetzt ein deutliches Signal an die anderen braucht. Dass Sie von Pflichten und von anderen Menschen loslassen und sich ganz um Ihre eigene Entwicklung kümmern müssen.

Vielleicht spüren Sie, dass Sie nicht mehr im gewohnten Tempo weiterkönnen. Dass Sie nicht einfach weiter funktionieren können. Dass Sie Ihre Ruhe brauchen und gerade niemandem etwas zu geben haben. Dass Sie Langsamkeit und kleine Schritte brauchen, um sich

Stopp sagen und den Sprung wagen ∞ 203

selbst überhaupt wahrnehmen zu können. Dass Sie überhaupt erst mal lernen müssen, wieder wahrzunehmen und zu fühlen.

Was ist, wenn Sie diesen Impulsen jetzt tatsächlich nachgehen? Dann kann es gut sein, dass Sie die Angst im Nacken packt. Dass sich eine bedrohliche Stimme aus Ihrem Inneren meldet und sagt: Das kannst du nicht machen! Dann stehst du bald ganz allein da! Wovon willst du leben? Du verlierst deinen Job, das Haus, deine Frau! Es kann aber auch sein, dass Sie sich eher dumpf und desorientiert fühlen. Sie wissen nicht mehr so recht, wo Sie hingehören. Fühlen sich Menschen entfremdet, verlieren den Spaß an etwas, das Sie früher begeistert hat.

Jetzt braucht es viel Präsenz. In der Übergangsphase von einem vertrauten, aber nicht mehr passenden zu einem neuen Zustand, tauchen fast immer Ängste, Verunsicherung und Zweifel auf. Und oft wirkt alles ein bisschen wahnsinnig: In einer Minute ist man beseelt von einer Idee, überzeugt davon, dass es etwas Besseres gibt. Und in der nächsten hält man sich für eine Fehlkonstruktion und wird von Ohnmachtgefühlen geschüttelt.

Viele Menschen haben kurz vor einem größeren Wandel das Gefühl, ihr Leben teile sich immer mehr in zwei Hälften. Etwas drängt in ihnen auf Veränderung. Etwas anderes jedoch hält mit aller Gewalt an Gewohntem fest. An manchen Tagen fühlen Sie sich wie gelähmt und an anderen sind Sie in Aufbruchstimmung. Dinge bekommen Bedeutung, die Ihnen bisher unwichtig schienen. Dinge, die Sie lange Zeit angestrebt haben, wirken auf einmal fad und leer. Es ist, als ob Sie auf halbem Wege stecken geblieben wären.

So ging es mir (Eva) damals, bevor ich anfing, das Buch *Liebe dich selbst und es ist egal, wen du heiratest* zu schreiben. Mein Leben fühlte sich an wie ein Schuh, der zu klein geworden war. Ich mochte zwar meine Arbeit in der Praxis. Aber etwas fehlte. Das Schreiben, von früh an ein wichtiger Teil von mir, lag brach. Immer öfter kam ich aus der Praxis und hatte das Gefühl, mich mit all dem, was ich dort erlebt hatte, zurückziehen zu müssen. Mir fehlte Raum zur Verarbeitung. Manchmal, wenn ich aus einem Gespräch mit einem Klienten kam und wir gemeinsam etwas erarbeitet hatten, dachte ich: Das müsste ich unbedingt aufschreiben. Das ist doch auch für viele andere Leute wichtig.

Mitten im Alltag keimte mein alter Traum wieder auf. Manchmal döste ich bei der Hausarbeit und malte mir aus, wie es wohl wäre, ein Buch über all das zu schreiben, was ich bei meiner Arbeit erlebte und weitergab. Ich hatte Ideen, machte manchmal sogar Notizen und hing oft Tagträumen darüber hinterher, wie ich irgendwo in Ruhe säße, schriebe und Erfahrungen aus meiner Arbeit in der Praxis weitergäbe. Aber dann dachte ich wieder: Alles Quatsch! Wie soll das gehen? Und so blieb am Ende mein Alltagsleben mit all seinen Anforderungen und Ablenkungen doch stärker. Und mein alter Traum blieb nur ein Traum, den ich immer wieder wegschob.

Aber das Wegschieben funktionierte nur bedingt. Ich wurde zunehmend unruhiger. Fühlte mich innerlich immer mehr im Stau. Heute weiß ich, dass man solche inneren Kräfte nicht einfach wegschieben kann. Sie wirken unsichtbar weiter. Und wenn man sich ihnen partout nicht zuwendet, werden Sie wie Guerillas im Untergrund. Unzufriedenheit, Spannung und Druck breiten sich aus, wenn wir unseren Kräften keinen Raum geben und inneren Impulsen nicht folgen. Viele Menschen leben jahrelang in einer latenten Spannung und wissen nicht, dass sie daher rührt, dass sie ihre Kräfte und ihr Wesen unterdrücken.

Die Grundspannung und die latente, graue Unzufriedenheit, die sich ins Alltagsleben so vieler einschleicht, hat immer etwas damit zu tun, dass wir zwar unseren Pflichten nachkommen, aber unser Potenzial nicht leben. Wir sind dann wie Rennpferde, die nur in der Box stehen.

Ich stand in der Box und hatte Angst, mich zu bewegen. Das geht vielen so. Sie wissen, dass sie einen Schritt tun müssten, drängen die-

Stopp sagen und den Sprung wagen ∞ 205

se Einsicht aber weg. Sie spüren, dass ihnen etwas fehlt oder nicht guttut, lassen das Gefühl aber gar nicht erst hochkommen. Wenn wir zu lange in der Box stehen, uns ablenken oder ständig funktionieren, dann werden aus den ungelebten Kräften irgendwann Krisen. Oder wir bekommen immer deutlichere Zeichen von außen.

Es ist ein interessantes Phänomen, das wir schon bei vielen Leuten entdecken konnten. Wenn sie in die Zeit vor einer Krise oder vor einem großen Umschwung zurückschauen, können sie mit der nötigen Distanz erkennen, dass sie regelrechte Weckrufe und hilfreiche Zeichen bekommen haben. Die, die in der Krise gelandet sind, haben diese Weckrufe und Zeichen ignoriert.

In der Zeit vor meinem ersten *Liebe-dich-selbst*-Buch gab es keine Krise, aber tatsächlich deutliche Signale von außen. Bei mir fing es damit an, dass sich mehr und mehr Menschen, die ich gut kannte, überraschend trennen oder scheiden lassen wollten. Ich stand fassungslos davor und dachte manchmal nur: Wie könnte ich ihnen nur sagen, was Wolfram und ich erlebt haben? Wie könnte ich ihnen sagen, dass es noch so viele Möglichkeiten gibt?

Wieder kam mir das Buch in den Sinn. Wieder dachte ich: Quatsch, das wird sowieso nichts! Wieder verdrängte ich den Impuls. Bis mich eines Tages ein wirklich überdeutlicher Weckruf ereilte. Nach über zehn Jahren rief ein ehemaliger Mentor von mir aus heiterem Himmel an und fragte mich, ob ich denn noch schreiben würde. Als ich mit Nein antwortete, sagte er: »Das dürfen Sie nicht tun. Das Schreiben ist Ihnen gegeben worden. Sie können damit die Menschen bewegen, so wie Sie mich damals mit Ihren Texten bewegt haben.«

Mir liefen die Tränen herunter, als er aufgelegt hatte. Ich hatte nie gewusst, was mein Buch mit den Erfahrungen aus Südafrika, das kaum jemand gelesen hatte, in ihm ausgelöst hatte. Ich war berührt, aber auch wie elektrisiert. Es war, als ob er mich an mich selbst erinnert hatte: Ja, ich wollte mit dem Schreiben schon immer Menschen bewegen. Diese innere Leidenschaft hatte ich nur im Alltagstrott völ-

206 ∞ *II. Teil: Der Königsweg*

lig verblassen lassen und mich hinter Pflichten und Routinen eingerichtet.

Nach diesem Gespräch ließ ich die Wäsche Wäsche sein. Und meine Zweifel Zweifel. Ich kaufte mir einen Laptop und legte los. Mein
Herz klopfte, und es fühlte sich an wie ein echtes Abenteuer.

Aber das Abenteuer konnte niemand so richtig sehen. Da draußen
war noch das alte Leben: der Alltag, meine Familie, meine Arbeit in
der Praxis, der Haushalt und bald auch noch mein arbeitsloser Mann.
Oft hatte ich kaum Zeit zum Schreiben, es sei denn, ich wartete, bis
abends alle im Bett waren. Dann, wenigstens für ein, zwei Stunden,
konnte mein Abenteuer weitergehen. Und wenn ich dann dasaß und
alles aufschrieb, fühlte es sich mit jeder fertigen Seite deutlicher so
an, als ob nichts mich mehr aufhalten könnte.

Aber dann, ganz langsam, begann ich mit anderen darüber zu reden. »Du willst ein Buuuch schreiben? Das ist doch nicht dein Ernst!
Du weißt doch, wie das ist: Manuskripte landen im Papierkorb und
man findet sowieso keinen Verlag.« Diese oder ähnliche Kommenta-
re hörte ich von nun an wöchentlich von allen Seiten. Aber jetzt, da
ich mit Haut und Haaren dabei war, schienen die Zweifel und die
Warnungen alle an mir abzuperlen. Dadurch, dass ich endlich gewagt
hatte, meinem Ruf zu folgen und meine Talente wieder einzusetzen,
war ich auf einmal wie imprägniert und mit neuen Kräften versorgt.

Falls Sie gerade an einem Punkt des Übergangs stehen, sollten Sie
unbedingt sehr wach sein für Zeichen, Signale und Weckrufe von außen. Es gibt immer wieder Hinweise, die Sie auf den richtigen Weg
führen können, auch wenn Sie selbst bewusst noch nicht genau wissen, wo es langgeht. Oder wenn Sie Angst vor der eigenen Courage
haben.

In meinem Fall habe ich den Weckruf nicht nur hören können, er
hat mir auch endgültig den letzten Schubs gegeben, mich aus meiner
längst zu engen, aber sicheren Komfortzone hervorzuwagen. Die Er-

Stopp sagen und den Sprung wagen ∞ 207

mutigung meines Mentors war die Aussage eines Mannes, dem ich vertraute und der in seinem Leben Großes geschaffen hatte. Deshalb gab sie mir Anschubkraft. Kaum hatte ich mich mithilfe dieses Fremdschubs über meine imaginäre Grenze hinausgewagt und mit meinem Buch begonnen, konnte ich auch gleich eine faszinierende Entdeckung machen: Beim Schreiben waren alle Ängste verflogen. Ich war jetzt in meinem Element und konnte nach langer Zeit endlich das ausdrücken, was ich in mir hatte und von Herzen mit den Menschen teilen wollte.

Auf einmal war ich getragen von einem höheren Ziel: Ich schrieb, um anderen einen Ausweg aus ihrem Ehedilemma zu zeigen. Ich schrieb, weil ich etwas mit anderen teilen wollte, das mir selbst so sehr geholfen und das ich in meiner Arbeit in der Praxis auch mit anderen als so hilfreich erfahren hatte.

Mit dieser Überzeugung im Herzen war ich wie immunisiert gegen die Ablenkungen und Widerstände meines Alltags. Mein Projekt entwickelte nun so viel eigene Kraft und Dynamik, dass mich nichts Persönliches mehr aufhalten konnte. Kein voller und kräftezehrender Tagesplan. Nicht die Kündigung meines Mannes und unsere finanzielle Unsicherheit. Und auch nicht all die Unkenrufe aus meiner Umwelt.

Zwei Erfahrungen kann ich aus dieser Zeit mit Ihnen teilen:

1. Sie sind nur so lange unsicher und kraftlos, wie Sie in der Box bleiben. Je mehr Sie den inneren Impulsen folgen, desto mehr neue Sicherheit bekommen Sie. Wenn Sie endlich Ihrem Ruf folgen, Ihren Gefühlen, Ihren Visionen und Ihrem natürlichen Wesen mehr Raum geben, wachsen Ihnen neue Kräfte zu. Dann fangen die Dinge von selbst an zu heilen.

Falls Sie also noch mit dem ersten Schritt hadern, sollten Sie wissen: Der Schub kommt, wenn Sie durch die Angst hindurchgehen. Wenn Sie aus der Box herauskommen, Ihre inneren Impulse und Sehnsüchte wichtiger nehmen als alles sonst und tatsächlich die ersten Schritte mit aller Disziplin und Konsequenz wagen, auch wenn sie mühsam oder beängstigend wirken.

Wenn Sie Angst und Zweifel überwinden und endlich wagen, das zu tun, was Sie tun müssen, weil Ihr Herz es Ihnen sagt, dann werden Sie auf einmal vom Projekt selbst getragen. Diese Dynamik ist nicht ganz leicht in Worte zu fassen. Vielleicht so:

Solange Sie nur träumen, müssen Sie die Kraft aufbringen, um den Traum Wirklichkeit werden zu lassen. Ist er erst einmal geboren, dann hat er genügend Kraft, um Sie über größere Hürden hinwegzutragen.

2. Ein Traum entfaltet dann wirkliche Kraft, wenn er einem höheren Ziel folgt und etwas in sich trägt, das über Ihre rein persönlichen Ziele hinausgeht. Er bekommt Schub, wenn er einer natürlichen inneren Freude entspringt. Er bekommt Kraft, wenn Sie in Ihrem Element sind und Ihre Talente sich entfalten können. Und wenn Sie an Ihrem Platz sind und Ihre Gaben teilen, so wie eine Pflanze im richtigen Boden und im richtigen Klima erblühen und Früchte tragen wird.

Wenn Vision, Talente, Gaben und Freude zusammenkommen, dann kann nichts Sie mehr bremsen. Die Vision zeigt Ihnen das Ziel. Ihre Gaben sind wie Samen. Ihre Talente sind Ihre Werkzeuge und Ihr Motor. Und die innere Freude ist der Kraftstoff, der Sie am Laufen hält. Erfüllung kommt in Ihr Leben, wenn Sie erleben, dass die Samen aufgehen und die Pflänzchen Früchte tragen. Wenn Sie das Gefühl haben, Ihre Werkzeuge für etwas Bedeutsames, Heilsames oder Hilfreiches einsetzen zu können.

Ob das, was Sie tun, bedeutsam, heilsam oder hilfreich ist, bestimmt weder die Gesellschaft noch Ihre Firma, Ihr Chef, Ihr Partner oder Ihre Herkunftsfamilie. Über die wirkliche Bedeutung dessen, was Sie ins Leben bringen, bestimmt nur das Hüpfen Ihres Herzens. Mein Herz hüpfte damals so lebendig und voller Freude, dass ich mich oft den ganzen Tag schon auf die Stunden des Schreibens am

Stopp sagen und den Sprung wagen

Abend freute, egal wie hundemüde ich war. Beim Schreiben begleitete mich dieses Gefühl, etwas Sinnvolles zu tun. Oft klopfte mein Herz bei dem Gedanken, anderen Menschen vielleicht Hoffnung geben zu können. Manchmal wurde ich ganz aufgeregt bei der Vorstellung, dass vielleicht überall Menschen einen neuen Weg zurück in ihre Beziehungen finden könnten.

Manchmal war ich einfach nur dankbar, dass ich so einer erfüllenden Arbeit nachgehen durfte. Manchmal war ich beim Schreiben so voller Leidenschaft, dass ich einen Satz ein dutzend Mal umschrieb, bis er genau das ausdrückte, was ich fühlte und weitergeben wollte. Ich war extrem pingelig. Aber nicht, weil mich jemand dazu anhielt oder ich bei Ungenauigkeiten mit Sanktionen rechnen musste. Ich trug etwas in mir und wollte es einfach nur so genau wie möglich wieder- und an andere weitergeben.

Das Hüpfen, das im Herzen entsteht, wenn sich Passion, Talent und höherer Sinn miteinander verbinden, ist die wahre Kraft, die einen Menschen dauerhaft nach vorn tragen kann.

Wenn das Herz hüpft, Ihre Gefühle beim Tun lebendig sind und Sie dabei auch noch von innen heraus voller Freude sind, dann können Sie sich sicher sein, dass Ihr Handeln Ihnen und dieser Welt – in höchstem Maße! – dient. Genauso sicher können Sie sich sein, dass jede andere Art der Zielstrebigkeit der eigenen Bedürftigkeit entspringt und damit weder Ihnen noch irgendjemand anderem wirklich etwas bringt. Wenn Sie sich anstrengen, wenn Sie Druck machen, wenn Sie mit Kontrolle und Macht etwas erreichen wollen, dann haben Sie darunter Angst. Dann glauben Sie unterschwellig, dass Ihnen etwas fehlt oder dass jemand anderes Ihnen etwas wegnehmen könnte.

Druck entspringt der Angst und führt zu nichts. Wir sagen es wieder und wieder, wenn es um Beziehungskrisen geht: Lassen Sie los von Ihrem Partner. Fragen Sie sich nicht einen Tag länger, was er falsch macht, Ihnen nimmt oder nicht gibt. Schauen Sie auf Ihr eigenes Leben und beginnen Sie mit Dingen, die Ihnen Freude machen und Ihnen ein Gefühl geben, wieder selbst für Ihr Glück und Ihre Erfüllung sorgen zu können. Das fühlt sich vorübergehend wie kalter Entzug an. Aber es führt Sie aus der Abhängigkeit durch die Angst in die Eigenmacht.

Es braucht auch in Zeiten einer Beziehungskrise den Blick auf Ihre Gaben und auf das, was Ihnen Freude macht. Es geht darum, dass Sie sich wieder an Ihre Visionen im Leben erinnern und herausfinden, was Ihr Herz hüpfen lässt. Wenn Sie die ganze Zeit ängstlich, verzweifelt oder wütend auf Ihren Partner gucken, werden Sie immer schwächer und abhängiger.

Wenn Sie Ihren Partner da lassen, wo er gerade ist, und über Ihre eigenen Ängste und Grenzen hinausgehen, dann kann Ihr Wesen wieder hervortreten und Ihre Freude wieder zurückkommen. Mit dieser Kraft können Sie entweder Ihre Beziehung neu in Bewegung bringen oder Sie treffen auf Menschen, die Ihnen mehr Wertschätzung entgegenbringen. Die zu Ihnen jetzt besser passen, weil Sie sich endlich selbst gegenüber mehr Wertschätzung zeigen.

Es gibt einen feinen Unterschied zwischen Loslassen und sich Trennen. Beim Loslassen entscheiden Sie sich für sich und bei einer Trennung gegen einen anderen. Beim Loslassen können Sie aufhören, für den anderen irgendwelche Dinge zu tun, einfach weil sie Ihnen nicht mehr guttun. Sie können aus dem gemeinsamen Schlafzimmer ausziehen, weil sich das für Sie beengend und im Moment zu nah anfühlt. Sie können sich eine neue Wohnung suchen, weil Sie mehr eigenen Raum benötigen. Und es kann sein, dass Loslassen in eine Trennung mündet. Aber wenn Sie loslassen, ist jede Handlung erst mal eine Hinwendung zu sich selbst. Loslassen führt Sie sicherlich unterwegs auch in zähe Sumpfgebiete oder stürmische Gewässer, aber am Ende auf Ihren ureigenen Weg und in Ihre Kraft.

Sie sehen – nicht nur, wenn Sie den Sprung vom Job in Ihre Berufung wagen, sondern auch wenn Sie sich von einer alten Form der

Beziehung in eine neue bewegen, ist es wichtig, dass Sie sich auf Ihre Ressourcen konzentrieren und sich um Ihre inneren Bedürfnisse kümmern. Wenn Sie damit anfangen, wird Ihnen an allen möglichen Ecken klar, wo Sie sich und anderen etwas vorgemacht oder sich pflichtbewusst, aber freudlos geopfert haben.

Wenn Sie mehr und mehr bereit sind, Ihrem inneren Wesen entsprechend zu handeln, werden viele Dinge, die Sie vorher vor allem aus Pflichtgefühl heraus getan haben, oft regelrechten Widerwillen in Ihnen erzeugen. Sie werden außerdem erleben, dass vieles, das vorher im Zentrum Ihrer Aufmerksamkeit stand, Sie nicht mehr wirklich zu berühren scheint. Immer öfter haben Sie einfach keine Lust mehr, noch irgendwelche Anstrengungen zu unternehmen, um die alte Tretmühle am Laufen zu halten. Und dann heißt es: Loslassen.

Sosehr mein Herz damals hüpfte, wenn ich schrieb, sosehr wurden mir viele meiner bisherigen Pflichten und Beschäftigungen lästig: Wäscheberge, Banküberweisungen, Kindertaxi … Manchmal hätte ich gern alles hingeschmissen und gesagt: Lasst mich doch in Ruhe mit dem ganzen Zeug! Oft habe ich widerwillig in der Küche gestanden und für meine Familie Essen gekocht, das dann auch nicht selten so schlecht schmeckte, wie ich beim Kochen drauf war.

Es war nicht so, dass ich zu Hause nichts mehr tun wollte oder meiner Familie überdrüssig war. Ich merkte nur, dass ich tausend kleine Pflichten hatte, von denen ich jetzt gern hundertfünfzig abgeben hätte, weil sie mir hundertmal weniger Spaß machten als das Schreiben. Entscheidungen standen an. Ich wollte etwas Neues. Da konnte ich nicht mit dem Alten einfach so weitermachen wie bisher.

Love it, change it or leave it heißt es im Englischen. Das sind die drei entscheidenden Kriterien in der Übergangsphase, wenn es ums Loslassen und Erneuern geht. Wenn Sie bewusst mit dem Wandel umgehen, bekommen Sie Ihre Motivation bei vielen Dingen, die Sie bisher einfach routiniert und pflichtbewusst erledigt haben, deutlicher mit. Sie merken, wo Sie sich opfern, anpassen, pflichtbewusst funktionieren, Dinge nur abarbeiten und vieles gedankenverloren und freudlos nebenbei erledigen.

Machen Sie jetzt nicht einfach weiter, sondern seien Sie ehrlich zu sich und zu den anderen. Ich weiß noch genau: Unsere Ehe stand Jahre zuvor auf dem absoluten Tiefpunkt, wir waren seelisch und emotional Lichtjahre voneinander entfernt, und ich wusch trotzdem immer noch brav die Wäsche, bügelte alle Hemden meines Mannes und bereitete das Essen. Dabei war ich damals eigentlich voller Wut, Ablehnung und Resignation. Ich funktionierte, wie ich es gelernt hatte. Und wenn ich ganz ehrlich war, dann wusch ich die Hemden aus Angst. Ich hatte Angst, ihn zu verlieren, wenn ich leben würde, was ich fühlte.

Es hat damals lange gedauert, bis ich die Wäsche dreckig und den Herd kalt gelassen habe. Bis ich endlich losgelassen und mich um mich gekümmert habe, statt mich dabei zu verausgaben, eine tote Beziehung am Leben zu halten. Wenn Sie gerade Ihr Leben auf neuen Kurs bringen, dann mogeln Sie sich nicht um das notwendige Entrümpeln herum. Fragen Sie sich:

❱ Hilft mir das, was ich da gerade tue, auf meinem neuen Weg voranzukommen?
❱ Mache ich es aus echter Überzeugung?
❱ Bin ich mit Freude bei der Sache?
❱ Tue ich es wirklich von Herzen für den anderen?

Wenn nicht, dann sollten Sie sich fragen, ob Sie Ihre Einstellung oder die äußeren Umstände ändern oder die Finger davon lassen könnten. Wenn Sie sich innerlich sträuben, die Dinge aber weiter tun, verlieren Sie Kraft und tun keinem anderen einen Gefallen damit. Das Essen, das Sie pflichtbewusst, aber widerwillig für die Familie kochen, schmeckt nicht wirklich und nährt schon gar nicht auf tieferer Ebene. Alles, was Sie auf diese Weise tun, tun Sie, ohne wirklich die Verant-

Stopp sagen und den Sprung wagen ∞ 213

wortung für sich selbst zu übernehmen. Sie funktionieren einfach weiter, weil Sie nicht den Mut oder die Konsequenz aufbringen, die Abläufe Ihrer inneren Wahrheit entsprechend zu ändern.

Wenn ich ehrlich gewesen wäre, hätte ich damals während der Schreibzeit große Teile des Haushalts einfach abgeben müssen. Aber am Anfang konnte ich mir nicht vorstellen, dass so etwas für mich erlaubt gewesen wäre. Den Haushalt zu schmeißen, war selbstverständlicher Teil meiner Prägung. Ich hatte auch Angst, auf den Erfolg in meinem Projekt zu vertrauen und bereits in den Anfängen mehr Geld für eine Haushaltshilfe auszugeben.

Dieses Dilemma kenne ich von vielen Frauen: Sie wollen wieder raus, sehnen sich nach neuen Herausforderungen, wollen wieder ihre Gaben und Talente ins Leben bringen und sich nicht nur um die Bedürfnisse ihrer Familienmitglieder kümmern. Aber wenn es drauf ankommt, trauen sie sich nicht wirklich, zu Hause neue Spielregeln aufzustellen.

In einer Übergangsphase müssen Sie oft nicht nur deutlich von der Familie und den alten Pflichten loslassen, sondern unter Umständen auch bereit sein, Geld zu investieren, um Haushalt und Betreuung der Kinder an jemand anderen zu übergeben. In manchen Fällen heißt das weniger Geld und Einschränkungen in anderen Bereichen Ihres Lebens. In manchen Fällen heißt es, Geld, das gerade neu dazukommt, gleich wieder in die eigene Entlastung zu investieren. In der Übergangsphase braucht es immer den Mut, etwas zu riskieren und zu investieren und über einen vertrauten, sicheren Rahmen hinauszugehen, ohne zu wissen, ob die Veränderungen wirklich Früchte tragen.

Eine Frau, deren Leben vieles ganz praktisch zeigt, was wir hier in diesem Kapitel vermitteln wollen, ist Susanne Schöning. Die Gründerin von Zwergenwiese sagt:

»Heute darf ich behaupten, dass man als Unternehmer etwa zwanzig Prozent mehr Mut als Angst braucht. Das bedeutet auch

die Bereitschaft, persönlich zu wachsen und die eigenen Grenzen auszudehnen. Daraus erwächst eine positive Spirale von Kraft und Fähigkeiten, und irgendwann wird man gewahr, dass einen die Idee trägt.«

Die Bereitschaft zu wachsen und mit Zwergenwiese eines der heute erfolgreichsten Naturkost-Unternehmen Deutschlands zu gründen, entstand in ihr aus einer sehr persönlichen Motivation. Aus Mitgefühl für die Tiere in der Massentierhaltung wurde Susanne Schöning Vegetarierin. Als ihre Tochter zur Welt kam, lebte sie in einer Landkommune, hatte wenig Geld und das Bedürfnis nach einer schmackhaften Alternative zu Käse und danach, etwas Sinnvolles zu tun.

Sie erinnerte sich an den Zwiebelschmelz ihrer Mutter, die allerdings Schweinefett für den Brotaufstrich verwendet hatte. Das sollte es bei der Vegetarierin nicht geben, also experimentierte sie mit Brotaufstrichen ohne tierisches Eiweiß herum. Im heimischen Garten wuchs ihr Gemüse, in der Kommunenküche wurde es zerhackt und eingekocht, anschließend mit einer großen Kelle in Marmeladengläser gefüllt. Und samstags wurden die Gläser auf umliegenden Wochenmärkten unter die Leute gebracht. Mit Erfolg. Die Nachfrage wurde immer größer. Bis es der Aussteigerin zu viel wurde. »Irgendwann konnte ich meine Handgelenke vom vielen Zudrehen der Gläser nicht mehr bewegen«, erinnert sie sich. »Da war mir klar: Maschinen müssen her. Und größere Räume für mehr Personal.« 1991 stellte sie ihren ersten Mitarbeiter ein.

Heute lautet Susanne Schönings Credo: »Man muss an seine Visionen glauben – es kann sich alles erfüllen.« Mittlerweile verzeichnet die Angebotspalette mehr als sechzig Produkte, darunter der pflanzliche Zwiebelschmelz, mit dem alles angefangen hatte. Heute produziert ihr Unternehmen rund acht Millionen Gläser Naturkost pro Jahr und erwirtschaftet acht Millionen Euro Umsatz.

Das hört sich wie eines der Unternehmermärchen an. Die Entscheidung zur Firmengründung ist Susanne Schöning damals aller-

Stopp sagen und den Sprung wagen

dings nicht leichtgefallen. Eigentlich wollte sie ja aussteigen und Teil einer Landkommune sein. Aber dann kam die überwältigende Nachfrage nach ihren Produkten. Auf die Frage nach dem Warum antwortet die erfolgreiche Biounternehmerin: »Wahrscheinlich haben wir einfach etwas entwickelt, was die Menschen brauchen und mögen.«

Warum sie damals alles gewagt, einen 80 000-DM-Kredit aufgenommen und eine Produktionsstätte in ihrer norddeutschen Heimat erworben hat?

Susanne Schöning: »Ich bin mit zwei rechten Händen, Gesundheit, einem klaren, einfachen Verstand und einer guten Spürnase ausgestattet, also ist es meine Pflicht, diese Gaben einzusetzen, für mich selbst und zum Wohle aller.«

Dass daraus ein dermaßen erfolgreiches Unternehmen werden könnte, hätte sie damals nicht zu träumen gewagt. »Ich wollte nur mein Problem lösen«, sagt sie.

Nur wenn Sie Ihr Leben verändern, verändert sich Ihr Leben

Es gibt die großen Visionen und Durchbrüche, von denen wir im letzten Kapitel geschrieben haben. Aber dazu gehört es meistens auch, viele kleine Schritte im Alltagsleben zu tun, damit sich der Wandel wirklich erlebbar einstellen kann. Susanne Schöning, die erfolgreiche Bio-Unternehmerin, hatte eine Vision. Aber auf dem Weg dorthin hat sie jahrelang beständig Gemüse gehackt, probiert und gerührt, Gläser zugedreht und ist von Wochenmarkt zu Wochenmarkt gefahren. Sie hat die Dinge in die Hand genommen und unermüdlich herumprobiert, bis sie selbst zufrieden war und ihren Kunden geben konnte, was sie suchten.

Wenn Sie etwas Neues in Ihr Leben bringen wollen, braucht es Öffnung, Loslassen und Beharrlichkeit zugleich. Aber auch wenn Öffnung und Loslassen zwei in sich passive Verhaltensweisen sind, so braucht es auch hier Übung und Konstanz, damit sie in Ihr Leben kommen. Egal also, ob Sie sich nach mehr Entspannung oder nach einer konkreten Veränderung im Alltag sehnen – für beides gilt: Warten Sie nicht darauf, dass sich etwas von selbst ändert. Ändern Sie etwas! Sonst wird sich nichts ändern.

Wenn Sie aus Ihrer bequemen, aber engen Komfortzone heraus wollen, wenn Sie Ihre Angst überwinden, Ihre Stärke entdecken, Ihr

Nur wenn Sie Ihr Leben verändern, verändert sich Ihr Leben 217

Potenzial entfalten und einen Durchbruch erleben wollen, dann werden Sie etwas wagen und Dinge anders machen müssen als bisher. Sie kommen nicht umhin, Ihr Leben einem Klärungs- und Loslassprozess zu unterziehen und alte Gewohnheiten aktiv zu durchbrechen.

Damit sich eine Veränderung einstellt, braucht es Training. Training ist für alles Weitere ein wichtiger Schlüssel. Wie viel und wie dauerhaft Ihr Leben Glück, Erfüllung und Erfolg erfährt, hängt nicht davon ab, ob Sie mit überdurchschnittlicher Intelligenz oder großartigen Förderern, perfekten Chefs und idealen Partnern gesegnet wurden. Und auch nicht damit, ob Sie jahrelang Selbsthilfebücher gelesen, sich spirituell geöffnet und viele Seminare zur Persönlichkeitsentwicklung besucht haben.

Tatsächlich entscheidet darüber, ob Menschen dauerhaft ein befriedigendes und zugleich erfolgreiches Leben führen, wie sehr sie bereit sind, ihrem individuellen Weg zu folgen, Ängste zu überwinden, mit Misserfolg und Widerstand umzugehen und sich trotzdem beharrlich auf ihr Ziel auszurichten.

Im Weiteren zeigen wir Ihnen hier im Kern die wichtigsten Praktiken für einen inneren Wandel. Die Übungen und Meditationen, mit denen Sie die Praktiken konkret umsetzen können, finden Sie im begleitenden CD-Arbeitsprogramm. Dort können Sie mit den von uns geführten Übungen konkret lernen,

- wie Sie still werden,
- Ihre inneren Impulse deutlicher wahrnehmen,
- wie Sie von innen Antworten und Führung bekommen,
- wie Sie behindernde Gewohnheiten überwinden,
- wie Sie mit Schmerz und Angst auf völlig neue Weise umgehen,
- wie Sie unbewusste Widerstände und Blockaden aufdecken und lösen,
- wie Sie Ihre Ressourcen aktivieren,
- wie Sie sich von innen heraus auf neue Ziele ausrichten.

Still werden und bei sich ankommen

Das Fundament für alle weiteren Praktiken ist das Stillwerden. Nur wenn Sie still werden, können Sie Ihren Fokus von außen nach innen lenken. Computer, Handy, Fernsehen, alle möglichen Termine, Gespräche und Aufgaben – immer gibt es da draußen etwas, das all unsere Aufmerksamkeit absorbiert und uns von uns selbst wegzerrt. Still zu werden und den Fokus nach innen zu verlagern ist die Grundvoraussetzung für alle weiteren Schritte hier. Still werden ist für Ihren Wandel wie der Boden, in den Sie neue Samen einpflanzen. Solange Sie nicht still sein können, finden Sie keinen Zugang zu Ihren inneren Ressourcen. Nur wenn Sie still werden, können Sie bewusst auf alte Gewohnheiten schauen, ohne sich von ihnen mitreißen zu lassen. In der Stille können Sie sich neu ausrichten und neue Programme in Ihr System implantieren.

Still zu werden ist die Grundvoraussetzung, um sich selbst wirklich kennenzulernen. Nur wenn Sie still werden, kommen Sie in tieferen Kontakt mit Ihrem Inneren, dem Ort, an dem wirkliche Veränderung möglich ist. Nur wenn Sie still und aufmerksam werden, können Sie Ihre körperlichen, emotionalen und mentalen Impulse genauer wahrnehmen und in ihrer Aussage besser verstehen lernen. In der Stille können Sie Ruhe und Entspannung finden und Impulse für eine Neuausrichtung setzen.

Still zu werden braucht weder große Mühe noch dramatische Veränderungen in Ihrem täglichen Ablauf. Ein guter Anfang ist es bereits, hier und da für fünf Minuten einfach ohne Ablenkung für sich selbst zu sein. Allein wenn Sie eine der kleinen geführten Fünf-Minuten-Meditationen aus dem CD-Übungsprogramm einige Wochen lang regelmäßig praktizieren, werden Sie bereits mehr innere Ruhe finden und sich mehr bei sich selbst fühlen. Erst recht, wenn Sie diese Meditationen immer dann als Unterbrechung nutzen, wenn Sie akut von Stress oder Angst geplagt werden. Mit etwas Übung und Veränderungsbereitschaft können Sie sich den Luxus gönnen, es sich morgens oder abends zwanzig Minuten lang im Bett oder auf Ihrem Lieblingssessel gemütlich zu machen, um sich mithilfe unserer geführten CD-Übungen auf Ihre Ziele auszurichten und Ihre Ressourcen zu aktivieren.

Die beste Zeit für die neue stille Praxis ist die Zeit vor dem Einschlafen und nach dem Aufwachen. Da sind die Türen in tiefere Regionen Ihrer selbst weit offen. Sie können sich leichter wahrnehmen und mentale Impulse, die Sie setzen, breiten sich leichter in Ihnen aus. Wenn Sie Ideen, Ziele und Gefühle, die Ihr Wesen düngen und nähren, abends mit in den Schlaf oder morgens nach dem Aufwachen mit in den Tag nehmen, dann hat das großen Einfluss.

Eine sehr einfache neue Gewohnheit könnte es werden, wenn Sie abends vor dem Zubettgehen ein, zwei Minuten mit oder ohne Musik den Körper ausschütteln und so bewusst den Tag mit all seinen Verspannungen abschütteln. Legen Sie sich danach ins Bett und fragen Sie sich, wofür Sie heute dankbar sein konnten – mag es auch noch so klein sein – und nehmen Sie diese Gedanken mit in den Schlaf. So kann Ihr System nachts besser regenerieren.

Geben Sie sich auch morgens nach dem Aufstehen eine stille, »leere« Zeit, ein paar Minuten, in denen Sie schon wach, aber noch mit sich selbst sind. Spüren Sie in Ihren Körper hinein. Beginnen Sie bei den Füßen und wandern Sie langsam bis hoch zum Kopf. Einfach nur innerlich spüren und wahrnehmen. Das verankert Sie für den Tag. Sagen Sie sich innerlich: Möge ich mich heute annehmen, so wie ich bin. Möge ich mich wertschätzen, so wie ich bin.

Schenken Sie sich wieder Zeit für sich selbst. Erlauben Sie sich, einfach mal zehn Minuten nichts zu tun, sich irgendwo hinzusetzen und sich selbst zu spüren. Eine schlichte, aber wirkungsvolle Übung kann es sein, regelmäßig in Ihre Füße hineinzuspüren. Immer wenn Sie merken, dass Sie sich verlieren, dass der Stress zu groß wird oder Sie kurz auftanken möchten – dann spüren Sie nach, wie es sich in

Ihren Zehen und unter den Fußsohlen anfühlt. Ganz egal, ob Sie in der Schlange im Supermarkt, im Büro oder im Streit mit Ihrem Partner sind – die Füße zu fühlen, das geht überall. Es erdet Sie, bringt Sie wieder zu sich und in den gegenwärtigen Moment. Das beruhigt und hilft Ihnen, sich innerlich neu auszurichten und zu fragen: Was ist mein Ziel in diesem Moment?

Der leise Wandel beginnt, wenn Sie überall einfache, kleine, neue Entscheidungen für Ihren Umgang mit dem Alltag treffen. Beginnen Sie, Ihrem Alltag Achtsamkeit zu schenken. Beginnen Sie, ab jetzt zu essen, wenn Sie essen. Ab jetzt zu telefonieren, wenn Sie telefonieren. Und ab jetzt auf dem Sessel zu sitzen, wenn Sie auf dem Sessel sitzen. Das Erfüllende am Leben sind nicht die Dinge, die in ihm geschehen, sondern wie sehr Sie sich auf jeden einzelnen Augenblick einlassen und ihn wirklich erfahren und auskosten können. In unserem Buch *Ida – die Lösung liegt in dir* finden Sie viele weitere Beispiele und Anregungen für einen heilsamen inneren Wandel im Alltag sowohl zum Lesen als auch zum Hören und Mitmachen.

Eins sollten Sie nur wissen: Wenn Sie es lange gewohnt waren, ständig im Außen aktiv zu sein, dann kann sich das Stillwerden – so einfach es eigentlich ist – erst mal unangenehm anfühlen. Sie setzen sich hin, schließen die Augen oder spüren einfach in Ihren Körper hinein – und schon werden Sie unruhig und halten die Ruhe gar nicht aus. Aber eigentlich werden Sie jetzt gar nicht unruhig – weil Sie bei sich ankommen, merken Sie vielmehr, wie unruhig Sie die ganze Zeit sind.

Wenn das Runterkommen Sie erst mal verrückt machen sollte, dann ist nichts falsch. Dann spricht das eher dafür, dass Sie auf dem richtigen Weg sind. Wenn Sie nach all den Jahren wach werden und beginnen, die Dinge wieder aufmerksam und bewusst zu tun, können auf einmal Spannungen zutage treten, die Sie bisher eher verdrängt und von denen Sie sich mit Aktivitäten abgelenkt haben. Es wird jetzt nicht schlimmer – innere Abläufe werden Ihnen nur bewusster. Die angenehmen genauso wie die unangenehmen.

Nur wenn Sie Ihr Leben verändern, verändert sich Ihr Leben ∞ 221

So können Sie spontan tief entspannen und wohlige Gefühle emp-finden, wenn Sie die ersten kleinen Körperwahrnehmungsübungen machen. Aber Ihr Versuch, mehr Ruhe und Achtsamkeit in Ihr Leben und in den Augenblick zu bringen, kann auch Widerstand aktivieren. Wichtig ist dabei nur, dass Sie Ihre neue Bewusstheit nicht für den Tumult in ihrem Inneren verantwortlich machen. Sondern dass Sie lernen, das, was ist, immer mehr anzunehmen.

Beim Sport gibt es Muskelkater, wenn Sie ungeübt sind. Beim Still-werden gewissermaßen auch – durch die wachsende Bewusstheit ge-genüber Ihrer alten Gewohnheit, zu verdrängen. Da kann es jucken und zwicken oder sich lähmende Erschöpfung ausbreiten. Da kön-nen Sie angespannt oder unleidlich werden. Einfach weil sich Ihr Be-wusstsein tiefer in Ihren Körper, Ihre Gefühle und auf Ihre Gedan-ken richtet. Durch Ihre verstärkte Aufmerksamkeit fließt jetzt Energie an Stellen in Ihrem inneren System, die lange verengt und verspannt waren. Wenn Sie diese Stellen wieder öffnen, kann es kribbeln, sich plötzlich wie zum Verrücktwerden unruhig oder aggressionsgeladen anfühlen, weil irgendwo aufgestaute Spannung freigesetzt wird. Da-her ist es beim Stillwerden gerade am Anfang hilfreich, wenn Sie sich durch eine Hörübung nach innen in die Ruhe, die Entspannung oder tiefer in den Körper führen lassen.

Ankommen, Annehmen und Anheben

Wenn Ihnen das Stillwerden leichter fällt (bei manchen Menschen tut es das sofort), können Sie sich der nächsten Praxis widmen. Ver-änderung und Entwicklung brauchen Öffnung und Empfänglichkeit, um zu erblühen. Auf Druck reagieren wir meist eher allergisch und mit Erstarrung und Fixierung. Veränderung und Entwicklung brau-chen zuerst eine wertfreie und neugierige Hinwendung zu den beste-henden Umständen, eine bejahende Haltung und Annahme der Blockaden, Widerstände und Ängste sowie eine bewusste und beharrliche Ausrichtung auf neue Möglichkeiten und Ziele.

Sich Ihren Herausforderungen genauso wie Ihren Wünschen auf diese Art zuzuwenden, ist der kraftvollste Weg, um Wandel und Heilung in Gang zu setzen und Ihre Ressourcen zu aktivieren. In unserer Arbeit haben wir diesen Prozess in drei Kernschritten zusammengefasst: Ankommen. Annehmen. Anheben.

Ankommen heißt, still zu werden, sich zu entspannen, von den äußeren Dingen loszulassen und bei sich selbst einzukehren. Von hier aus können Sie sich dann im Laufe der Zeit immer mehr an das universelle Informationsnetz andocken und von dort sowohl Impulse empfangen als auch neue Impulse aussenden.

Mit den Übungen auf der CD werden Sie lernen,

▶ wie Sie sich tief entspannen und von bewussten Gedanken loslassen,
▶ wie Sie in innere Anspannung hinein loslassen können,
▶ wie Sie auch von akutem Stress loslassen und unabhängig von äußeren Bedingungen immer schneller zur Ruhe finden,
▶ wie Sie wieder wacher und präsenter werden,
▶ wie Sie sich tiefer im gegenwärtigen Augenblick verankern, sodass Ihr innerer Halt gestärkt wird,
▶ wie Sie innere, feinere Impulse wahrnehmen, sodass Ihr unmittelbarer Zugang zu Ihren Ressourcen gestärkt wird,
▶ wie Sie gelassener werden und lernen wahrzunehmen und zu beobachten, statt automatisiert auf Impulse zu reagieren.

Annehmen, der nächste Schritt, heißt, sich für das, was Sie in Ihrem Inneren entdecken, auf eine bejahende, sehr wache Art bewusst zu öffnen und den Widerstand gegen das, was ist, aufzugeben. Radikales Annehmen bringt Transformation. Annehmen hilft Ihnen, mit Ihren

Nur wenn Sie Ihr Leben verändern, verändert sich Ihr Leben ∞ 223

Gefühlen, Spannungen und Gedanken zu gehen, ohne sich von ihnen wegreißen oder aufsaugen zu lassen. Die Akzeptanz dessen, was Sie beschränkt, ist sozusagen die Startrampe für die Veränderung. Sie sorgt dafür, dass Veränderung und Entwicklung überhaupt erst möglich werden. Beim Annehmen werden Sie lernen,

- überall dort eine offene, forschende Haltung zu entwickeln, wo Sie bisher vor Ihrer Kraft ausgewichen sind oder Schmerz verdrängt haben,
- den eigenen Widerständen und Blockaden bewusst zu begegnen,
- ein schwieriges Gefühl, einen Schmerz, eine herausfordernde Situation auf neue Art anzunehmen, sodass Heilung stattfinden kann,
- innerlich freien Raum für den dritten Schritt, das Anheben, entstehen zu lassen.

Anheben heißt, so still und offen zu werden, dass Sie sich über die eigenen, unbewussten Grenzen hinaus ausdehnen und sich mit dem universellen Informationsfeld verbinden und sein unerschöpfliches Potenzial anzapfen können. Beim Anheben werden Sie lernen,

- wie Sie sich auf spielerische und kreative Art mit dem wissenden, schöpferischen Teil in sich verbinden,
- wie Sie die Dimension jenseits Ihres bewussten Verstandes entdecken und langsam mit neuem Bewusstsein füllen können,
- wie Sie entspannt und ohne Erwartungsdruck neue Ziele in Ihr Navigationssystem einprogrammieren,
- wie Sie in der Entspannung mühelos neue Absichten setzen können.

224 ∞ *II. Teil: Der Königsweg*

Durch die Angst hindurchgehen

Bei allen drei Schritten des Ankommens, Annehmens und Anhebens werden Sie immer auch auf Angst und Schmerz stoßen. Wenn Sie vorangehen wollen, müssen Sie lernen, im Alltag mit diesen beiden auf eine neue Art umzugehen und durch sie hindurchzugehen.

Vielleicht sagen Sie sich jetzt: »Ich bin kein ängstlicher Typ. Das ist nicht mein Thema.« Dann sollten Sie bedenken: Angst steckt in jeder alltäglichen Vermeidungsstrategie. Wenn Sie sich vor dem Joggen am Morgen oder vor dem Gespräch mit Ihrem Chef drücken. Wenn Sie sonntagsmorgens nicht ans Telefon gehen, weil da meistens Ihre Schwiegermutter anruft. Oder nicht mehr in die Sauna gehen, weil Sie nach der Geburt Schwangerschaftsstreifen am Bauch haben. Wenn Sie abends vor dem Fernseher sitzen bleiben, weil Sie keine Lust mehr auf Sex haben. Oder bei öffentlichen Auftritten oder beim Sport nicht mehr antreten, weil Sie Angst vor dem Versagen haben.

Angst ist unser aller Thema. Wenn wir Angst vor etwas haben, glauben wir, dass es uns Schmerz und Unwohlsein bereitet. Irgendwann in unserem Leben haben wir bei bestimmten Gelegenheiten Schmerz erlebt und nun tun wir alles, um diesen Schmerz zukünftig zu vermeiden. Wir richten uns in unserer Komfortzone ein und passen ganz genau auf, bloß nicht über ihre Grenzen hinauszugehen, weil dort schon der Schmerz lauern könnte. Nichts hält uns mehr von einem erfüllenden und erfolgreichen Leben und unseren Zielen ab als die Angst vor möglichem Misserfolg, Schmerz und Versagen.

Deshalb ist es wichtig, dass Sie lernen, sich Ihre Angst bewusst zu machen, mit ihr umzugehen und sie zu überwinden. Sonst wird der Aktionsradius Ihres Lebens immer begrenzter. Sie tun alles, um den Schmerz zu vermeiden, und dabei weichen Sie immer früher allen möglichen Situationen aus, in denen Sie mit ihm konfrontiert werden könnten. Irgendwann leben Sie nur noch als Schatten Ihrer selbst.

Nur wenn Sie Ihr Leben verändern, verändert sich Ihr Leben

Wir haben hier im Buch einige Menschen vorgestellt, die aus ihrer Komfortzone ausgestiegen sind. Sie alle zeichnet aus, dass sie an entscheidenden Punkten bereit waren, Schmerzen auszuhalten und mit Kritik, Ablehnung, Misserfolg und Scham umzugehen. Sie haben gelernt, sich zu überwinden und Schmerz nicht länger zu vermeiden. Wenn Sie genau hinschauen, sehen Sie bei den meisten von ihnen, dass sie wacher und lebendiger sind als die große Masse der Menschen.

Auch Sie können Ihre Angst vor Schmerz meistern und über Ihre Komfortzone hinauswachsen. Der Trick besteht im Annehmen. Darin, dass Sie unmittelbar und direkt auf den Schmerz zugehen und ihn mit Haut und Haaren bejahen. Ja, es geht sogar darum, dass Sie sich mit Ihrem Schmerz anfreunden. Dass Sie ihn kennenlernen wollen. Wie die Annahme des Schmerzes konkret funktioniert und wie Sie Ihre Vermeidungsstrategien überwinden, ist ein wichtiger Teil des begleitenden CD-Übungsprogramms.

Es gibt zwei Arten, wie Sie die Annahme des Schmerzes üben können: Sie warten bis zur nächsten akuten Situation im Alltag und praktizieren dann diesen Prozess. Oder Sie aktivieren diesen Schmerz, indem Sie sich ihn einfach vorstellen. Gehen Sie in Ihrer Vorstellung und mit allen Sinnen in eine Situation mit einem körperlichen oder seelischen Schmerz, den Sie gern vermeiden möchten. Konzentrieren Sie sich ganz auf diesen Schmerz. Lokalisieren Sie ihn im Körper und machen Sie sich bewusst, wo Sie Angst vor dem Alleinsein, der Auseinandersetzung oder Ablehnung mit allen Mitteln vermeiden.

Spüren Sie den Schmerz. Gehen Sie so bewusst und nah ran, wie Sie können. Seien Sie bereit, ihn ganz genau zu fühlen und in allen Facetten kennenzulernen. Seien Sie neugierig auf den Schmerz. Lassen Sie sich in ihn hineinfallen. Und machen Sie ihn groß, so als ob Sie eine Lupe drauflegen. Sie werden beim Üben erleben: Je intensiver und bewusster Sie sich auf Ihren Schmerz zubewegen und in ihn eindringen, desto mehr löst sich der Schmerz und verwandelt sich in lebendige Energie. Wenn Sie wieder und wieder auf den Schmerz zugehen, wird aus der Angst eine Ressource.

Ich (Eva) hatte, wie bereits erzählt, mein Leben lang Angst davor, öffentlich vor Menschen zu reden. So tat ich alles, um wirklich jede noch so harmlose Situation aus meinem Leben zu eliminieren, in der ich hätte vor Leuten den Mund aufmachen müssen. Ich verlagerte mich stattdessen ganz aufs Schreiben. Bis ich durch den Erfolg meines ersten Buches von allen Seiten aufgefordert wurde, in Interviews oder bei Lesungen vor Menschen zu reden. Ich hatte meine Vision und entschied schließlich, mit all meinen Ängsten vor die Menschen zu treten und aktiv und bewusst mit all den körperlichen Symptomen zu sein. Ich schnappte nach Luft, meine Stimme zitterte, ich schämte mich – aber ich redete trotzdem. Ich nahm all die Widerstände an und setzte gleichzeitig den Impuls für meinen neuen Wunsch, vor anderen Menschen zu reden. Diese Praxis führte ich von Vortrag zu Vortrag weiter und so ließen die Symptome langsam nach und die neuen Samen wuchsen heran. Heute, nachdem ich all meine Angst und den Schmerz angenommen und angehoben habe, rede ich frei und problemlos vor großen Menschenmengen.

Ziele von innen erreichen

Ziele von innen zu erreichen ist der Prozess, der sich aus dem Anheben entwickelt. Ziele von innen zu erreichen ist mehr als eine Praxis. In unserem Leben ist es mittlerweile zu einer Lebenshaltung geworden. Wie groß die Kraft dieser inneren Ausrichtung ist, habe ich (Eva) erstmals beim Schreiben des ersten *Liebe-dich-selbst*-Buches erlebt.

Wenige Wochen nachdem ich damals mit dem Schreiben begonnen hatte, verlor nicht nur mein Mann seine Arbeit. Eine Bekannte – eine der wenigen, die mein Unterfangen nicht für völlig hoff-

Nur wenn Sie Ihr Leben verändern, verändert sich Ihr Leben ∞ 227

nungslos hielten – drückte mir ein seltsames englisches Kassetten-
programm in die Hände, mit dem man Vorhaben »manifestieren«
konnte. Ich hatte zwar damals nicht die geringste Ahnung, was damit
genau gemeint war. Aber was sie sagte, machte mich neugierig: Die
Kassetten würden meine innere Vorstellungswelt aktivieren und
mich dabei unterstützen, mein Projekt optimal vorzubereiten.

Als ich mich näher mit dem Ganzen zu beschäftigen begann, lernte ich, dass es im Kern darum ging, still zu werden, sich zu entspannen und sich dann innerlich alles vorzustellen, was man gerade ins
Leben bringen wollte. Und zwar so, als ob es bereits auf ideale Weise
geschehen wäre. Ich war zwar fasziniert von dieser Idee und neugierig, es auszuprobieren. Aber es gab eine entscheidende Hürde: meine
damalige unterschwellige Existenzangst.

Mein Mann, und damit der Hauptverdiener unserer Familie, war
arbeitslos. Das sorgte für mentalen Stress und lag oft wie eine dunkle
Wolke auf uns. Außerdem hatte ich neben dem Schreiben noch meine ganzen Alltagspflichten zu erledigen, das sorgte für Zeitdruck. So
neugierig ich war, aber wie sollte ich mich entspannen und mir innerlich vorstellen, wie alles einfach ideal liefe? Ideal war, dass ich voller Freude endlich tat, was mir ein Herzensanliegen war. Aber der
Rest, vor allem ein neuer Job für meinen Mann, stand in den Ster-
nen – und ein Verlag für mein Buch erst recht.

Ein paar Mal versuchte ich zwischendurch, wenn ich allein zu
Hause war, die Augen zu schließen und den Kassetten zu lauschen.
Meistens schlief ich nach ein paar Minuten ein. Aber die Minuten bis
dahin waren überaus faszinierend. Eine ganz neue Welt tat sich mir
auf. Ich wollte unbedingt wach bleiben, deshalb entwickelte ich eine
neue Strategie. Ich setzte die Kopfhörer auf und ging morgens früh
im Wald joggen oder spazieren. So blieb ich wach und hatte Zeit für
mich und die Kassetten.

Von nun an verlief mein Leben in zwei Welten – der inneren und
der äußeren. Im Alltag ließ ich die Waschmaschine laufen, ging in die

Praxis oder holte wie jede andere Mutter mein Kind irgendwo vom Turnen ab. Aber darunter war dieses unglaubliche Abenteuer. In meinen freien Stunden schrieb ich voller Freude ein Buch, an das keiner um mich herum glauben wollte. Oder ich spazierte im Morgengrauen durch den Wald und hörte seltsame, geführte Meditationen und Visualisierungsübungen, die mein ganzes bisheriges Weltbild aus den Angeln hoben. Die so neu und frisch waren wie die Tageszeitung am frühen Morgen und die sich doch so richtig und vertraut anfühlten wie die Weisheit aller Jahrtausende.

Die Kassetten ließen mich nicht mehr los. Ich hörte sie wieder und wieder und verstand, dass ich mich, mein Projekt und seinen Erfolg aktiv unterstützen konnte, ohne dass ich äußerlich irgendetwas Besonderes dafür tun musste. Ich lernte, dass das alles Entscheidende war, dass ich innerlich meine Gedanken neu ausrichtete und konkret auf meine Ziele fokussierte. Klar war das eine Herausforderung für meinen Verstand und schien auf den ersten Blick zu simpel und eher naiv. Aber immer, wenn ich die Kassetten hörte, erlebte ich eine klare und überzeugende Kraft in mir. Das neue Wissen fühlte sich einfach richtig an. Es schien genau zur rechten Zeit zu mir gekommen zu sein, wie ein Geschenk.

Ich erzählte kaum jemandem davon, um nicht für vollends verrückt erklärt zu werden, und ging einfach frühmorgens mit Kopfhörern auf den Ohren in den Wald, wie andere Leute das auch taten. Nur ich hörte keine rhythmische Musik, die mich beim Laufen in Schwung brachte. Ich lauschte Worten, die mir eine neue Welt eröffneten. Entweder joggte ich dabei oder machte einen Spaziergang. Manchmal setzte ich mich einfach auf einen Baumstumpf und ließ mich hinwegtragen in eine innere Welt voller Kreativität, Fülle und Klarheit.

Ich schrieb ein gutes Jahr an dem Buch. Und in diesem Jahr habe ich die geführten Meditationen und Visualisierungsübungen Hunderte Male gehört. Oft klopfte mein Herz, wenn ich mir, von der

Nur wenn Sie Ihr Leben verändern, verändert sich Ihr Leben ∞ 229

Stimme auf dem Band angeleitet, in allen Formen und Farben vorstellte, wie ich das nächste Textpensum innerlich erschuf und das Buch seine eigene Kraft annahm. Wie ich immer klarer definierte, was ich mit diesem Buch in meinem und vor allem im Leben anderer Menschen bewirken wollte. Wie ich meinen Vertrag bei meinem künftigen Verleger unterschrieb und das Buch seinen Weg zu den Menschen fand und sich wie ein Lauffeuer ausbreitete. Ich sah vor meinem inneren Auge, wie manche Menschen strahlten und andere befreit weinten, während sie das Buch lasen. Und ich erlebte, wie die Kraft, die ich aus mir selbst herausgab, unendlich vervielfacht wieder zu mir zurückkam.

Wenn ich von meinen morgendlichen Ausflügen in den Wald nach Hause kam, war ich wie elektrisiert. Manchmal platzte ich regelrecht, so voller Einsichten, Ideen und aufgeregter Vorfreude war ich. Manchmal stellte ich mir im Wald Fragen zu Dingen, die ich noch nicht klar erkennen konnte, und bat um Führung. Inspiriert und angeleitet von diesem inneren Schaffens- und Erkenntnisprozess, schrieb ich und schrieb und ließ auch im Außen entstehen, was mir jeden Morgen im Inneren gegeben wurde.

Die Diskrepanz zwischen den beiden Welten in meinem Leben – der inneren und der äußeren – wuchs unaufhörlich, und eine Distanz zu einigen alten Freunden stellte sich ein. Wie sollte ich mit ihnen darüber reden? Ich wollte einfach nicht für verrückt erklärt werden. Also konnte ich fast immer nur auf einer formalen Ebene mit anderen über das Buch reden: Ja, ja, habe schon so und so viele Seiten fertig … Nein, habe noch keinen Verlag, bin aber zuversichtlich … Werde schon Glück haben … Ja, ich weiß, dass es Tausende von Beziehungsratgebern gibt …

Um eine lange Geschichte kurz zu machen: Ich schrieb und »manifestierte« mein Buch auf diese Art und Weise bis zur Vollendung, fand auf unglaubliche Art und Weise nicht nur einen Verlag, sondern meinen Wunschverlag. Und mein Buch fand seine Leser. Unzählige

Male schrieben sie mir die gleiche Rückmeldung: »Danke! Es war, als ob Sie meine eigene Geschichte aufgeschrieben hätten. Als ob Sie jeden Satz für mich persönlich geschrieben hätten.« Kaum einen Wunsch hatte ich beim Schreiben öfter gehabt als den, meine Geschichte mit anderen so zu teilen, dass sie ihnen in ihrem eigenen Leben wieder Mut und Hoffnung macht. Mit all diesen E-Mails wusste ich, dass tatsächlich angekommen war, was ich ausgesendet hatte.

Mittlerweile ist das, was damals so neu und unglaublich schien, fester Bestandteil unseres Lebens geworden. Alle unsere neuen Projekte beginnen heute in unserem Inneren.

Längst ist es auch für mich (Wolfram) ganz selbstverständlich, regelmäßig meine innere Arbeit zu tun. Immer öfter sitzen wir in Stille, joggen oder gehen durch den Wald, um uns für unser Inneres zu öffnen und uns bewusst auf das auszurichten, was wir gerade für unser Leben wünschen. Längst meditieren wir regelmäßig, wobei Meditation sich auf viele verschiedene Weisen ausdrücken kann. Wichtig ist nur eins: dass wir Zeit finden, uns unserem Inneren zuzuwenden. Sonst fühlen wir uns schnell leer, unruhig, desorientiert oder angespannt.

Je mehr wir uns dieser Art der Kontemplation und der Stille zuwenden, desto leichter fällt alles in unserem Leben an seinen Platz. Desto weniger müssen wir uns anstrengen, unsere Ziele zu erreichen. Ob Beruf, Beziehung oder Gesundheit, wir beziehen all unsere bedeutsamen Lebensbereiche in unsere innere Arbeit mit ein. Wir erfahren, wie viel Schwung, Verbundenheit und neue Kraft einer Familie auf diese Weise zufließen. Und wir haben nie erlebt, dass wir diese Dynamik auf andere Art hätten in Bewegung setzen können, die wir jetzt allein durch innere Ausrichtung und Bewusstwerdung aktivieren.

Führung ist passiv

Wenn Sie einen bedeutsamen Wandlungsprozess durchlaufen, kommen Sie immer wieder an Punkte, an denen Sie sich komplett orientierungslos fühlen. Dann haben Sie das Gefühl, vor einem schwarzen Loch oder einem tiefen Abgrund zu stehen, an dem Sie nicht wissen, wie es weitergeht. In Ihr Leben scheint ein Loch gerissen zu sein. All Ihre bisherige Erfahrung scheint Ihnen nichts mehr zu nützen. Sie haben Ihren alten Halt verloren, aber noch kein klares Ziel, auf das Sie zusteuern können, weil Sie das neue Terrain überhaupt nicht kennen. Sie müssen Dinge loslassen, die Ihnen Sicherheit gaben, ohne zu wissen, was passiert, nachdem Sie losgelassen haben.

Diese Lebenslöcher, diese Phasen des Nicht-Wissens und der Leere, sind oft sehr beängstigend, aber auch sehr kostbar. Es braucht die Leere, damit etwas wirklich Neues und Frisches zu Ihnen kommen kann. Wenn Sie lange in festen Bahnen funktioniert haben, braucht es eine Weitung, die Ihr Verstand oft nicht nachvollziehen kann. Damit Ihr Leben sich so weiten kann, dass es tatsächlich Ihrem Herzen entspricht, muss es Sie an entscheidenden Wendepunkten über die Grenzen Ihres bewussten Verstandes hinaus schieben. Wenn Sie den alten Rahmen verlieren und noch kein neuer in Sicht ist, ist es wichtig, dass Sie die Leere aushalten. Dass Sie nicht panisch losstrampeln, um die alte Ordnung wiederherzustellen, sondern dass Sie über alle

232 ∞ *II. Teil: Der Königsweg*

Maßen wach und empfänglich werden. Dann kann sich das Neue langsam zeigen.

Jetzt ist Ihre Intuition gefordert. Sich in kritischen Momenten auf sie zu verlassen, macht Ihnen vielleicht Angst. Aber vielleicht nur deshalb, weil Sie noch ungeübt sind im bewussten Umgang mit Ihrer Intuition und nicht genug über sie wissen.

Ihre Intuition ist an eine Art universelle Datenbank angeschlossen, die weit über Ihren persönlichen Wissens- und Erfahrungsschatz und den logischen Rahmen Ihres Verstandes hinausgeht. Sie speist sich aus einem feinen, umfassenden Informationsnetz, in das wir alle unsichtbar eingewoben sind und das erfüllt ist von einer allem Leben zugrunde liegenden Intelligenz. Die Quantenphysik hat entdeckt, dass diese Intelligenz sich selbst in den kleinsten subatomaren Wellen oder Teilchen befindet und in der Lage ist, eine universelle Verbindung zu anderen Teilchen herzustellen, unabhängig von jeder räumlichen Entfernung.

In jedem von uns wirkt diese Intelligenz. Wir sind alle Teil eines World Wide Web. Wir senden mit allem, was wir denken und fühlen, unsichtbare Informationen in das Netz und können diese Informationen umgekehrt auch aus dem Netz empfangen – wie eine Art Handy auf zwei Beinen. Unsere Gedanken und Gefühle sind die Informationen, und unser Herz ist bei Weitem der stärkste Sender und Empfänger in unserem System. Seine Strahlungs- und Empfangsmöglichkeiten sind um ein Vielfaches umfassender und komplexer als die unseres Gehirns.

Unser Herz kann Informationen deutlich schneller und ganzheitlicher verarbeiten als unser Verstand, der Zusammenhänge analysieren, einteilen und vergleichen, Erfahrungen erinnern und sortieren kann. Aber in vielen Situationen und erst recht in Zeiten des Wandels braucht der linear-logisch arbeitende Verstand zum einen zu viel Zeit und zum anderen bleibt er durch seinen vergleichenden Mechanismus zu sehr in vorgefertigten Erfahrungswelten stecken. Das ist gut bei der heißen Herdplatte, aber nicht, wenn Sie sich zu neuen Ufern aufmachen oder wenn es gerade eng wird in Ihrem Leben.

Da sollten Sie sich besser auf Ihr Herz verlassen: Es ist ständig in den universellen Informationsstrom eingebunden und hat in jeder Sekunde Zugriff auf das größere Ganze. Seine Sprache ist die Intuition, über sie sendet es uns unmittelbar spontane Informationsimpulse aus dem universellen Strom – vorausgesetzt, wir öffnen uns dafür. Dann aber strömen sie uns zu: als ein feines inneres Gefühl, das uns bestärkt, etwas zu tun oder es lieber zu lassen.

Wenn Sie lernen, wieder auf Ihr Herz zu hören, dann nehmen Sie etwas wahr und wissen auf einmal: Ja, das ist stimmig. Aber Sie wissen es nicht mit dem Kopf. Sie haben keine logische Erklärung. Sie wissen es in Ihrem inneren System. Da ist nur ein Impuls, der so minimal und fein wie komplex und informationsgeladen ist. In Ihrem Bewusstsein ist eine Information von innen angekommen, als ob Sie eine SMS erhalten hätten, die lautet: »Hallo, lass das, fahr heute nicht dorthin!« Und dann lesen Sie am nächsten Tag in der Zeitung, dass es auf dem Weg, den Sie eigentlich genommen hätten, am Vortag eine Vollsperrung gegeben hat und die Leute stundenlang feststeckten.

Oder Sie haben plötzlich das Gefühl, Sie müssten anhalten und kurz einen Kaffee trinken, obwohl Sie eigentlich gar keine Zeit haben. Aber etwas drängt Sie, und Sie gehen in das Café – und treffen dort einen ehemaligen Kollegen, den Sie seit Jahren nicht gesehen haben und der nach dem Gespräch den entscheidenden Kontakt für Ihren neuen Job herstellt.

Intuitiv kommunizieren wir alle unsichtbar, aber unentwegt mit allem um uns herum. Intuitiv spüren wir, dass mit unserem Partner etwas nicht stimmt. Intuitiv wissen wir, ob unser Baby Hunger oder Schmerzen hat, wenn es schreit. Intuitiv ahnen wir, dass Gefahr im Verzug ist. Intuitiv merken wir, dass an einer Sache etwas faul ist. Intuitiv spüren wir, dass wir lieber diesen Weg nehmen und von etwas anderem die Finger lassen sollten.

Oft können wir nicht erklären, warum, oft gibt es auch keinerlei sachliche Anhaltspunkte für unsere Entscheidung – aber innerlich wissen wir es. Intuition ist die Sprache des Herzens. So romantisch und mysteriös das auch klingen mag, aber längst attestieren auch alle modernen Wissenschaften unserem Herzen eine komplexe Intelligenz und seine Einbindung in ein universelles, kollektives Bewusstsein, das weit über die Möglichkeiten des Verstandes hinausgeht.

Viele erfolgreiche Menschen beschreiben, dass sie ihre bedeutendsten Entscheidungen, ihre größten Entdeckungen oder künstlerischen Leistungen intuitiv aus einem Raum jenseits ihrer persönlichen Erfahrungen und logischen Kompetenzen empfangen haben. Die einen sind berühmt für ihr Bauchgefühl, die anderen für ihre genialen Eingebungen.

Oprah Winfrey beispielsweise ist nicht nur Amerikas bekannteste Talkmasterin, sie ist als Medienunternehmerin eine der einflussreichsten Frauen der Welt. Sie sagt über ihren Weg:

»Meinen materiellen ebenso wie meinen geistigen Erfolg verdanke ich vor allem der Fähigkeit, auf meinen Instinkt zu hören … Das ist die Fähigkeit zu verstehen, wo der Unterschied liegt zwischen dem, was der Kopf sagt, und dem, was das Herz sagt. Ich folge immer dem Herzen. Ich bin dort, wo ich heute bin, weil ich es mir erlaubt habe, auf meine Gefühle zu achten.«

Dem Herzen zu folgen und auf ihre Gefühle zu achten, war sicher lange Zeit im Leben von Oprah Winfrey das Mutigste und Waghalsigste, was sie tun konnte. Geboren wurde sie als Tochter einer minderjährigen Putzfrau und eines Soldaten in einem Provinzstädtchen in Mississippi. Ihre Kindheit verbrachte sie bei den Großeltern auf einer Schweinefarm, bis sie zu ihrer Mutter ins Schwarzen-Ghetto von Milwaukee zog, wo sie über Jahre hinweg von drei verschiedenen Männern sexuell missbraucht wurde. Daraus ging ein Kind hervor, das sie mit dreizehn Jahren zur Welt brachte, doch kurz nach der Geburt wieder verlor.

Führung ist passiv ∞ 235

Aber dieses Schicksal konnte offensichtlich nicht am innersten Kern von Oprah Winfrey rühren. »Im Laufe meines Lebens habe ich immer wieder erfahren, dass es etwas gibt, das alle Menschen verbindet. Diese Einsicht erlaubt es mir, mich zu öffnen und meinem Herzen zu folgen. Und sie gab mir den Mut, in meinen Shows ich selbst zu sein und die Schönheit und die Würde in meinen Gästen zu sehen.«

Dieses Etwas, das uns alle verbindet, hält in Zeiten des Wandels noch ein kostbares Geschenk bereit: Führung. Wenn Sie nicht wissen, was der nächste Schritt sein könnte, aber erst recht, wenn sich die Leere, das große Loch in Ihrem Leben auftut und Ihnen jegliche Navigation fehlt, dann können Sie sich dieser Führung anvertrauen. Alles, was es von Ihnen braucht, ist eine erhöhte Aufmerksamkeit und Präsenz, während Sie in einer Art offenem Fragemodus in kleinen Schritten vorangehen, die kleinen Zeichen wahrnehmen und sich fragen: Wozu könnte das gut sein? Was könnte mir den richtigen Hinweis geben?

Es ist verblüffend, auf welchen Wegen Weisheit und Hilfe zu uns kommen, wenn wir uns öffnen! Auf einmal beginnen Synchronizitäten zu wirken. Der berühmte Zufall tritt ein, und Sie treffen an einem unmöglichen Ort, zu einer unmöglichen Zeit genau auf den richtigen Menschen, den Sie schon so lange treffen wollten. Oder es kommt Ihnen plötzlich in den Sinn, jemanden anzurufen, und prompt klingelt das Telefon und derjenige ist dran.

Führung kann dafür sorgen, dass Sie zur rechten Zeit am rechten Ort sind, um eine bestimmte Botschaft zu empfangen. Sie sitzen im Auto, schalten »zufällig« das Radio ein und dort wird Ihnen eine entscheidende fehlende Information geliefert. Sie haben das Gefühl: »Das sagt der gerade extra für mich.« Oder im Flugzeug sitzt »zufällig« jemand neben Ihnen, der genau das erzählt, was Sie zum nächsten Schritt ermutigt.

Gerade ganz unten in der Talsohle einer Krise haben Menschen auf diese Art völlig neue Lebensperspektiven entdeckt. Gerade als sie keinerlei Kontrolle mehr hatten und nicht mehr wussten, was sie selbst noch tun sollten, taten sich Möglichkeiten auf, mit denen sie nie gerechnet hätten. Rückblickend konnten die meisten feststellen, dass diese Möglichkeiten sich genau dann auftaten, als sie erschöpft allen Widerstand aufgegeben oder einen ungewöhnlichen Schritt gewagt haben, den sie sich so vorher nicht zugetraut hätten.

Fast ein Jahr war seit meiner (Wolfram) Kündigung vergangen. Ich spürte von Tag zu Tag deutlicher, dass ich nie mehr in mein altes Leben zurückgehen würde. Das Kapitel Modemanager war abgeschlossen. Aber alles Grübeln und Suchen verhalf mir nicht zu einer wirklich erkennbaren neuen beruflichen Perspektive. Ich wusste nur, dass ich mich mehr mit den Menschen als mit Produkten beschäftigen wollte, als meine Frau mit einer verrückten Bitte an mich herantrat. Sie wollte, dass ich sie zu einer ihrer Lesungen begleite. Sie erzählte mir, dass immer mehr Frauen während der anschließenden Diskussionsrunden über Ehe und Beziehung darum bitten würden, sie möge doch ihren Mann mitbringen. Die Frauen könnten zwar gut nachvollziehen, warum und wie meine Frau ihren Wandel in unserer Beziehung vollzogen habe, aber meine Rolle sei ihnen einfach nicht klar.

Es stand gerade eine Lesung in unserer Heimatstadt an, als sie mir sagte: »Was ich über dich sage, reicht nicht. Die Frauen wollen dich einmal persönlich sehen.« Sie bat mich eindringlich mitzukommen. Ich weiß bis heute nicht, was mich bewog, dem Abenteuer zuzustimmen. Hätte ich nur eine leise Ahnung gehabt, was mich erwartete, ich hätte sicher die Flucht ergriffen. Aber in dem Moment, als sie mich fragte, war da ein innerer Impuls, mich ihrer Arbeit und all den »Psychothemen« nicht mehr länger entziehen zu wollen. Ich willigte spontan ein und ging tatsächlich einige Tage später mit.

Kaum dass meine Frau an diesem Abend mit dem Lesen fertig war, ging in den hinteren Reihen die Hand eines Mannes hoch: »Herr

Führung ist passiv ∞ 237

Zurhorst«, begann seine Frage, »ich habe gelesen, Sie sind fremdgegangen. Wie war das? Wie haben Sie den Weg zurück in die Ehe gefunden?«

Ich war wie im Schock. Für den Bruchteil einer Sekunde dachte ich daran auszuweichen. Aber dann hörte ich mich schon wahrheitsgetreu und unvermittelt antworten: »Ja, das stimmt. Zurückgekommen bin ich, weil …« Das war meine Feuertaufe – nicht nur vor all den Menschen, sondern auch vor meiner Tochter und meiner Schwiegermutter, die an diesem Abend auch zum ersten Mal dabei waren, meine Wahrheit zu erzählen.

Wider Erwarten versagte meine Stimme nicht. Tatsächlich gab es an diesem Abend fast nur noch Fragen an mich. Statt Verunsicherung tauchte ein Gefühl von Sinnhaftigkeit in mir auf. Ich erlebte zum ersten Mal, dass alles, was wir durchlebt hatten, für andere Menschen hilfreiche Hinweise in sich barg. Zum ersten Mal konnte ich die Erfahrung machen, wie es ist, mich jenseits einer beruflichen Rolle vollkommen nackt zu zeigen, in aller Öffentlichkeit einfach ganz ich und mit anderen Menschen unmittelbar verbunden zu sein. Zum ersten Mal seit meinem Rausschmiss hatte ich das Gefühl, eine echte Fährte für mich gefunden zu haben. Wenn auch noch sehr vage, so ahnte ich doch, dass an diesem Abend endlich etwas Neues begonnen hatte.

So war es dann auch. Wenige Tage nach der öffentlichen Fragerunde mit mir gab es in der Praxis meiner Frau die ersten Anfragen, ob auch ich für Beratungs- und Klärungsgespräche mit meiner Erfahrung zur Verfügung stehen könne. Diese Anfragen riefen zwar erst mal alle möglichen Selbstzweifel in mir auf den Plan: »Das hast du nicht gelernt! Was hast du den Menschen schon zu sagen?! Wie sollst du anderen Leuten helfen?«

Meine Frau ermutigte mich, es einfach auszuprobieren. Schließlich wüssten ja alle, die angerufen hatten, dass ich nicht der Mann mit der erlernten, psychologischen Fachkompetenz, sondern der Mann mit praktischen Erfahrungen in der Wiederbelebung einer tot geglaubten Ehe war. Ich wagte den Sprung ins kalte Wasser und begann, Frauen die innere Welt von uns Männern nahe zu bringen. Mit dem Ergebnis, dass immer neue Anfragen dafür sorgten, dass ich von nun an als Beziehungscoach arbeitete.

Ein neues Kapitel begann. Mein Beruf war es jetzt, meine unmittelbare Lebenserfahrung weiterzugeben. Das berührte mich mehr als jeder Erfolg, den ich in meinem bisherigen Berufsleben hatte. Im Laufe der Gespräche zeichnete sich meine neue Aufgabe immer deutlicher ab: Auf der einen Seite war ich so etwas wie ein Übersetzer männlicher Verhaltensweisen für Frauen. Und für Männer wurde ich ein Begleiter auf ihrem Weg in die persönliche Öffnung und Selbstentdeckung. Das alles passierte organisch. Die Menschen kamen mit ihren Fragen und gaben mir damit quasi ganz natürlich meine Aufgabe vor.

Faszinierend war die Erfahrung, dass in fast allen Begegnungen etwas von dem, was ich gab, auch wieder zu mir zurückfloss. An manchen Tagen kamen Männer und wollten mich nach einer Sitzung in den Arm nehmen. An anderen kam ich selbst wie aufgeladen aus der Praxis, und die Energie strömte nur so aus mir heraus. Das war für mich eine fantastische Erfahrung, die mit nichts zu vergleichen war, was ich bisher in Büros oder bei Geschäftsbesprechungen erlebt hatte.

Manchmal fragte ich mich, ob das Ganze überhaupt möglich sein könne: dass mir, ohne dass ich mich groß darum gekümmert hatte, meine Berufung einfach zugeflogen war? Aber dann wurde mir immer klarer, dass mir da nicht einfach etwas zugeflogen war, sondern dass ich seit dem Tag meines Rauswurfs eine tief greifende Transformation durchgemacht hatte. Dass ich mich geweitet, verändert, hinterfragt, ausprobiert und neu zusammengesetzt hatte, sodass es jetzt nur zwangsläufig war, dass sich dieser Wandlungsprozess auch im Außen niederschlug und meine Erfahrungen hilfreich für andere

Führung ist passiv

sein konnten. Für mich herrschte kein Zweifel mehr: Ich hatte meine neue Berufung gefunden. Oder besser: Sie hatte mich gefunden.

Und für mich (Eva) hatte sich ein Traum erfüllt, der lange Zeit in unserer Ehe absolut unrealistisch und fern schien: Mein Mann und ich arbeiteten von nun an zusammen und waren uns gleichzeitig durch die Krise näher gekommen als jemals zuvor.

Nachwort

Wann immer etwas in Ihrem Leben endet, liegt darin bereits der Same für etwas Neues. Auch wenn es sich phasenweise anfühlt, als ob alles vorbei wäre und nichts jemals weiterginge – wenn der Körper streikt, die Seele nicht mehr kann, ein geliebter Mensch sich entfernt, die Beziehung oder die Karriere zu sterben droht. In jeder Kündigung, jedem Konkurs und jeder Krise eröffnet sich automatisch ein neuer Entwicklungszyklus in Ihrem Leben. Sie können verzweifeln und sich gegen das, was geschieht, wehren. Oder Sie können wach und aufmerksam dem Prozess folgen, in der Gewissheit, dass es wieder etwas zu verändern, zu erweitern und zu lernen gibt.

Wir haben Ihnen hier von großen Zusammenbrüchen in unserem Leben erzählt. Am Ende dieses Buches können wir Ihnen nur noch einmal sagen: All die scheinbaren Niederlagen haben uns in Wahrheit immer wieder wachsen lassen. Sie haben dafür gesorgt, dass unter den vermeintlichen Erfolgskonstrukten, die wir mit Kraft, aber oft ohne inneren Kontakt unermüdlich aufgebaut hatten, endlich wieder alles in eine natürliche Ordnung fallen konnte. Jedes Mal, wenn wir ins Abseits befördert wurden, waren wir gezwungen, still zu werden. Auf einmal konnten wir ohne all die äußere Geschäftigkeit unser eigenes Herz wieder hören und die feineren Kräfte, die unser Leben durchwirken und ordnen, wieder zulassen.

Wenn der Druck kommt und Sie weiterschiebt, etwas wegreißt oder zerstört, dann nehmen Sie die Herausforderung an: Fühlen Sie all die Gefühle, die hochgespült werden, und lernen Sie, auf die Angst zu und durch sie hindurchzugehen und das zu tun, was jetzt Neues von Ihnen verlangt wird, auch wenn es gerade sinnlos, banal, schmerzhaft oder wie ein Umweg erscheint. Es wird Phasen geben, in denen Sie keine Ahnung haben, was gerade geschieht, in denen Sie nur vertrauen können. Nur wenn Sie die Perspektive wechseln und Ihr Leben im größeren Zusammenhang betrachten, werden Sie erkennen können, dass gerade etwas Bedeutsames geschieht.

Nach unseren Jahren auf dieser Reise ist uns mittlerweile klar, dass man nicht irgendwann an irgendeinem bestimmten Punkt ankommt. Es kommen immer neue Veränderungen, gerade jetzt in Zeiten großen und schnellen Wandels auf der ganzen Welt. Wie abrupt, überraschend oder überwältigend die Veränderungen sind, können wir nicht bestimmen, wohl aber unseren Umgang mit ihnen und unsere Bereitschaft, uns ihnen zu stellen, mit ihnen zu wachsen und uns mit ihnen zu entwickeln. Für uns ist es mittlerweile Alltag geworden, ständig weiter von alten Einschränkungen und angestrengten Zielvorstellungen loszulassen und stattdessen kontinuierlich mehr unseren Instinkten und der inneren und äußeren größeren Führung zu vertrauen.

Wenn wir ehrlich in unserem Leben zurückschauen, müssen wir uns eingestehen, dass wir uns oft nur bewegt haben und über unsere Angst hinausgewachsen sind, wenn wir von außen durch Schmerzen und Krisen geschubst wurden. Dann auf einmal haben wir begonnen, etwas mehr von uns zu zeigen und zu leben.

Wenn gerade etwas in Ihrem Leben zu Ende gehen sollte, dann haben Sie wieder die Chance, etwas loszulassen und eine Hülle abzustreifen. Etwas mehr von sich selbst zu entdecken, sich selbst näherzukommen, sich selbst ein guter Gefährte zu werden und noch mehr auf sich selbst zu vertrauen. Egal, wie unüberwindbar und existenziell Ihnen die Dinge gerade erscheinen – Sie stehen an einem Startpunkt für etwas Echteres. Wenn Sie die Umstände erforschen, verstehen und annehmen, statt sich in die Rolle des Opfers fallen zu lassen, dann wird Ihre Krise zu einem solideren Fundament für Ihr Leben, als Sie es je hatten. Dann können Sie jetzt in ihr all das Potenzial und Ihre Stärke entdecken.

In Ihnen gibt es einen Schatz aus Talenten, Gaben und Leidenschaften, der darauf wartet, gehoben und mit anderen geteilt zu werden. Er war lediglich verborgen hinter alten Gewohnheiten, Ängsten und Glaubenssätzen. Je mehr davon Sie jetzt ablegen, desto mehr enthüllt sich Ihnen Ihr Schatz. Ihn zu heben hat wenig mit Machen und Erreichen zu tun. Sondern eher etwas mit Mut zu Authentizität und Verletzlichkeit und wachsender Achtsamkeit sich selbst gegenüber.

Ihren Schatz zu heben heißt, mehr und mehr das zu tun, was von Herzen kommt und Sie glücklich macht. Dann führen Sie das Leben, das Ihnen zugedacht ist. Deshalb können wir Ihnen hier nur eines sagen, auch wenn es allem widerspricht, was einem gemeinhin in Krisenzeiten geraten wird: Halten Sie sich mutig an das, was Sie glücklich macht, dann eröffnen sich Ihnen Möglichkeiten zu Erfolg, Wohlstand und Erfüllung, die Sie nie für möglich gehalten hätten.

Ich (Wolfram) bin während der letzten Monate so oft wie noch nie zuvor von Männern gefragt worden, ob es tatsächlich möglich ist, Beruf und Beziehung unter einen Hut zu bringen. Viele wirkten resigniert und hatten keine Hoffnung, dass ihre Kräfte für beides reichen könnten. Andere waren aggressiv und meinten, eine Verbindung von beidem sei doch heutzutage bei dem Druck und dem Tempo in der Arbeitswelt reine Utopie.

Ich bin davon überzeugt, dass beides zusammengehört und sich gegenseitig befruchten kann. Aber beides wieder in Balance und in Verbindung zu bringen braucht Mut, die Bereitschaft wieder zu fühlen und konsequentes Training von neuen Gewohnheiten. Das ist ein persönlicher Weg, für den einem niemand anderes die Richtung vorgeben kann als man selbst.

Sie können nur Ihrem Herz folgen und müssen bereit sein, von vertrauten Sicherheiten loszulassen. Unterwegs werden Sie sich allein und manchmal ziemlich verlassen fühlen. Aber wenn Sie vorangehen, wartet eine ganz neue Art von Partnerschaft auf Sie: eine Partnerschaft zwischen Ihnen und Ihrem Herz, zwischen Ihnen und Ihrem Partner und zwischen Beziehung und Beruf.

Ich kann nur sagen: Damals nach meiner Kündigung sah es so aus, als ob ich alles verloren hätte. Aber heute lebe ich in dem großen Genuss und Luxus, mein Privatleben und mein Berufsleben so eng miteinander verbinden zu können. Und zwar so, dass ich gar nicht mehr sagen könnte, wo das eine anfängt und das andere aufhört. Meine Gefühle, meine Freude und meine Leidenschaft haben im Berufsleben genauso viel Raum wie in meiner Familie. Die Gespräche, die ich während meiner Arbeit führe, sind heute näher, ehrlicher und persönlicher als jede meiner Begegnungen damals auf all den Partys in meiner Freizeit.

Sie könnten heute meine Tochter fragen – sie wüsste sofort ziemlich genau, wie es ihrem Vater gerade geht, was ihn beschäftigt, was er gerade tut, was ihm nicht gelingt und wovon er träumt. Ich muss nicht mehr länger das ermüdende, auslaugende und einsame Leben eines Einzelkämpfers leben. Meine Frau und ich sind uns so viel näher als damals. Wir haben die gleichen Ziele und ergänzen uns mit unseren so unterschiedlichen Fähigkeiten. Wir sind zu zweit heute um ein Vielfaches kraftvoller, als es je einer von uns allein war.

Von damals, als ich ein Leben als Manager führte, bis heute war es ein ziemlich weiter Weg. Nie hätte ich mir noch vor zehn Jahren vorstellen können, dass ich einmal so arbeiten würde, wie ich das heute tue. Es gab unterwegs radikale Einschnitte und es brauchte Mut, immer wieder Neues auszuprobieren. Neues hieß im Laufe der Entwicklung, sich immer öfter jenseits der gewohnten Erfahrungswelt und der bisherigen, begrenzten Kompetenzen und Schaffensfelder zu bewegen.

Nach allem, was wir beide erlebt haben und heute genießen, glauben wir, dass ein gesellschaftlicher Wandel nötig ist. Dass Menschen mit dem Mut gebraucht werden, ihre beruflichen Prägungen so sehr infrage zu stellen, dass sie ihr Berufsleben ihren Visionen und ihrem Privatleben anpassen und nicht umgekehrt. Wir glauben, dass wir als Partner wieder lernen müssen, uns gegenseitig anzuvertrauen, wo wir tatsächlich stehen und was wir brauchen. Es ist nötig, dass wir wirklich wissen wollen, was unser Partner tut. Und dass wir gegebenenfalls bereit sind, gemeinsam nach ganz neuen Betätigungsfeldern und Lebensformen zu suchen, die uns wieder Raum für Lebendigkeit und Nähe geben.

Wenn Sie sich jetzt bewusst für einen Neuanfang entscheiden und bereit sind, ein Risiko einzugehen und die Herausforderung anzunehmen, dann werden Sie garantiert an einem besseren Platz in Ihrem Leben landen als dem, von dem Sie aufgebrochen sind oder durch scheinbar äußere Umstände weggeschubst wurden. Oprah Winfrey sagt:

»Erfolgreich sein bedeutet, den Punkt zu erreichen, an dem du mit dir im Reinen bist. Und es spielt dabei überhaupt keine Rolle, was du sonst alles erreicht hast!«

Möge dieses Buch Sie daran erinnern,
wie kostbar und großartig Sie sind und
wie sehr diese Welt Sie braucht.

Möge Ihnen dieses Buch Mut machen,
auf Ihr Innerstes zu vertrauen,
sich der Stille zuzuwenden
und Ihrem Herzen zu folgen.

Möge Ihnen dieses Buch vermitteln,
dass Freude nicht das Ergebnis eines erfolgreichen Lebens ist,
sondern der Weg dorthin.

Danke

Unser Dank gilt allen, die an dieses Buch geglaubt haben.

Danke
von Paulo Coelho

Ich danke allen, die meine Träume belächelt haben.
Sie haben meine Fantasie beflügelt.
Ich danke allen, die mich in ihr Schema pressen wollten.
Sie haben mich den Wert der Freiheit gelehrt.
Ich danke allen, die mich belogen haben.
Sie haben mir die Kraft der Wahrheit gezeigt.
Ich danke allen, die nicht an mich geglaubt haben.
Sie haben mir zugemutet, Berge zu versetzen.
Ich danke allen, die mich abgeschrieben haben.
Sie haben meinen Trotz geschürt.
Ich danke allen, die mich verlassen haben.
Sie haben mir Raum für Neues gegeben.
Ich danke allen, die mich verraten und missbraucht haben.
Sie haben mich erwachsen werden lassen.
Ich danke allen, die mich verletzt haben.
Sie haben mich gelehrt, im Schmerz zu wachsen.

Ich danke allen, die meinen Frieden gestört haben.
Sie haben mich stark gemacht, dafür einzutreten.
Ich danke allen, die mich verwirrt haben.
Sie haben mir meinen Standpunkt klargemacht.
Vor allem aber danke ich all denen,
die mich lieben, so wie ich bin.
Sie geben mir die Kraft zum Leben!
Danke.

Literatur

Branson, Richard: *Loosing my Virginity*, München: Heyne 2005

Byrne, Rhonda: *The Secret – Das Geheimnis*, München: Goldmann Arkana 2007

Chu, Ernest D.: *Seelenwährung*, München: Goldmann Arkana 2009

Coelho, Paul: *Auf dem Jakobsweg*, Zürich: Diogenes 1999

Coelho, Paul: *Brida*, Zürich: Diogenes 2008

Coelho, Paul: *Der Alchemist*, Zürich: Diogenes 1996

Ein Kurs in Wundern, Gutach i. Br.: Greuthof 1994

Ferriss, Timothy: *Die 4-Stunden-Woche*, Berlin: Econ 2008

Gulder, Angelika: *Finde den Job, der dich glücklich macht*, Frankfurt a. M.: Campus 2004

Hirschhausen, Eckart von: *Das Glück kommt selten allein*, Reinbek: Rowohlt 2009

Jung, C. G.: *C. G. Jung im Gespräch*, Einsiedeln: Daimon 1986

Kerkeling, Hape: *Ich bin dann mal weg*, München: Malik 2006

Koark, Anne: *Insolvent und trotzdem erfolgreich*, Bad Nauheim, In-solvenzverlag 2005

Neu, Hajo: *Weniger arbeiten, mehr leben*, Frankfurt a. M.: Campus 2003

Norton, R. D. (Hrsg.): *Creativity and Leadership in the 21st Century Firm*, Bingley: Emerald 2002

Otte, Max: *Der Crash kommt*, Berlin: Econ 2006

Stutz, Phil; Michaels, Barry: *The Tools*, München: Goldmann Arkana 2012

Tepperwein, Kurt: *Vom Beruf zur Berufung*, Landsberg am Lech: mvg 2000

Tolle, Eckhart: *Eine neue Erde*, München: Goldmann Arkana 2005

Tolle, Eckhart: *Jetzt!* Bielefeld: Kamphausen 2000

Tolle, Eckhart: *Stille spricht*, München: Goldmann Arkana 2003

Walsch, Neale Donald: *Gespräche mit Gott*, München: Goldmann Arkana 1997

Williamson, Marianne: *Rückkehr zur Liebe*, München: Goldmann Arkana 1993

Kontakt zu den Autoren

www.zurhorstundzurhorst.com
team@zurhorstundzurhorst.com

Die Praxis-CD zum Buch

Mit den Übungen und Meditationen dieses CD-Praxisprogramms können Sie die Praktiken für einen inneren Wandel konkret umsetzen.
Entwickeln Sie u.a. Ihre Fähigkeit,
- Ihre inneren Impulse deutlicher wahrzunehmen
- von innen Antworten und Führung zu empfangen
- Ihre Ressourcen zu aktivieren
- sich von innen heraus auf neue Ziele auszurichten

ISBN 978-3-442-33972-3

Gesprochen von Eva-Maria und Wolfgang Zurhorst

Beziehungen heilen mit der wirkungsvollen Fragemethode

Byron Katie ermöglicht mit ihrem System der vier Fragen, tief verwurzelte Entscheidungen bezüglich Anerkennung, Liebe und Wertschätzung zu überdenken und dadurch echte, vertrauensvolle Beziehungen aufzubauen.

320 Seiten.
ISBN 978-3-442-21979-7

www.goldmann-verlag.de
www.facebook.com/goldmannverlag

GOLDMANN
Lesen erleben

Die Revolution unserer emotionalen und sozialen Intelligenz

Siegels therapeutische Methode „Mindsight" zeigt, dass wir unser Gehirn neu „verdrahten" und unser Leben positiv verändern können.

448 Seiten
ISBN 978-3-442-22005-2

www.goldmann-verlag.de
www.facebook.com/goldmannverlag

GOLDMANN
Lesen erleben